# 心地いい わが家の つくり方

01

## LIFE INTERIOR

インテリアの基本

インテリアもマイホームも
みんな“好き”から始めればいい。

ワンルームでもどんな家でも、
自分の“好き”をインテリアに生かせば、
場所が“部屋”に、住居が“わが家”になります。

暮らすことがインテリア（=LIFE INTERIOR）。

自分の“好き”と家族の“好き”が
まいにち過ごすなかでまじり合い、
少しずつ自分たちの家になっていくのです。

この本は、心地いいわが家をつくる
「インテリアの基本」をまとめた入門書です。
居心地満点の住まいづくりを始めてみませんか。

# CONTENTS

## CHAPTER 1

### I like

**“好き”から始めるインテリア**



## CHAPTER 2

### INTERIOR STYLE

**インテリアコーディネートの基本**

CONTENTS

・この本で使用している家具のサイズ表示は、W＝幅、D＝奥行き、H＝高さ、SH＝座高（ざたか）、$\phi$＝直径です。
・表示した価格は商品の税込み価格です。キッチンやウインドートリートメント、照明器具などは別途とりつけ工事費などが必要になります。
・ショップや価格などのデータは、2016年12月現在のものです。
・夏季、年末年始、GWなどの休業日は店舗にご確認ください。

**CHAPTER 7**

## WINDOW TREATMENT

**ウインドートリートメントの基本**



**CHAPTER 8**

## I DISPAY

**“好き”の飾り方＆楽しみ方**



**CHAPTER 9**

## INTERIOR WORD

**よくわかる！ インテリア用語辞典**



**CHAPTER 10**

## SHOP & SHOWROOM

**人気インテリアショップ＆
ショールーム96軒**

# CHAPTER 1

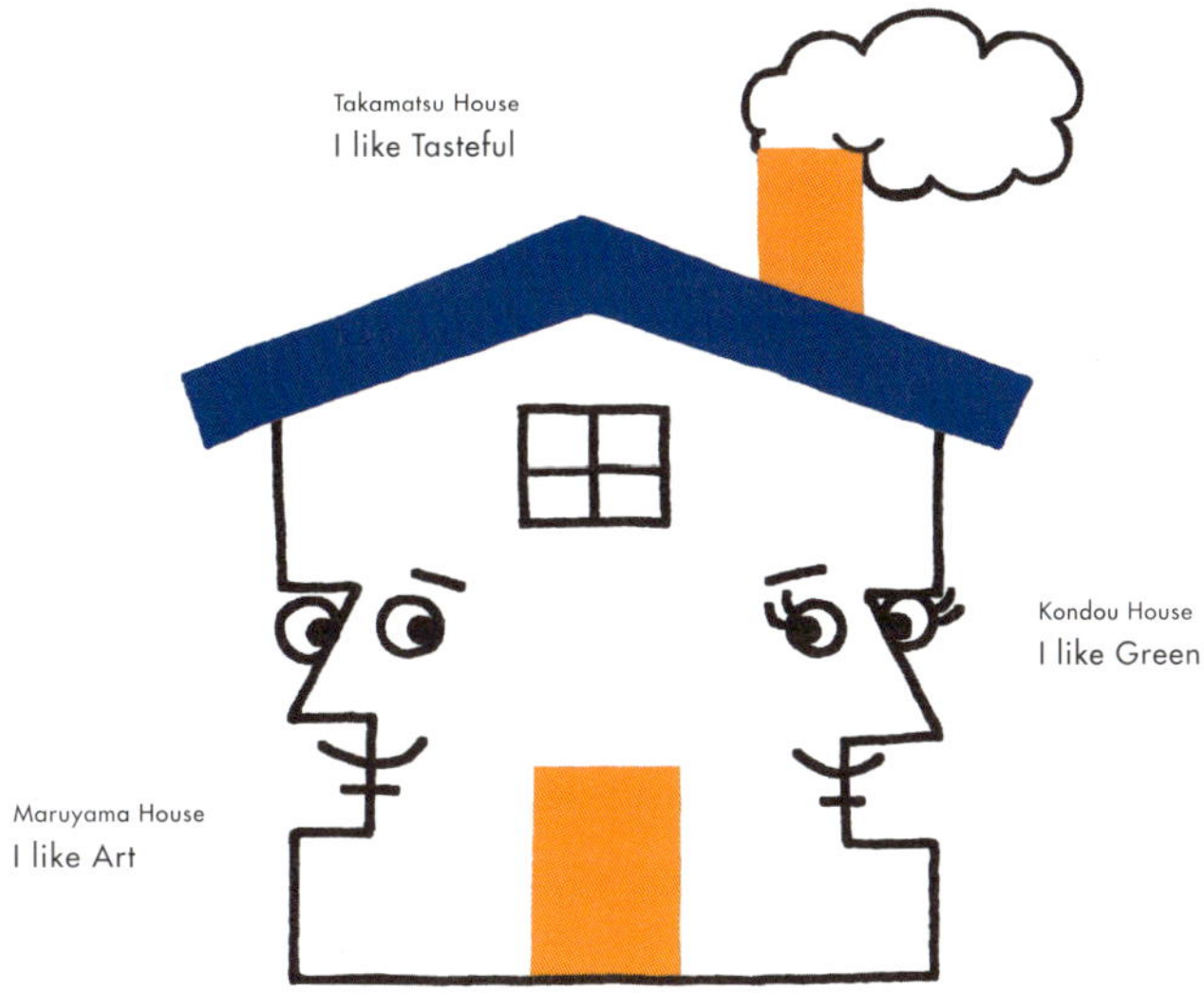


# I like ______

“好き”なものはまいにち眺めて、身近に感じていたい！
自分たちの“好き”を生かして
心地いいわが家を手に入れた３軒を紹介します。

Start from "I lIKE" Pleasant Interior [ ART / TASTEFUL / GREEN ]

3階リビングの壁には、「Hand＆Eye Letterpress」のポスター、西舘朋央さんのコラージュ、古賀充さんの作品を。黒い大きな窓は大原温さんによる造作。

CASE.1

# I like *Art*

## Maruyama House

Concept : ART　Area : TOKYO　Size : 78.1m²　Layout : 1SLDK　Family : 2

毎日、目にするもの、手にするものこそ
デザインにこだわりたい。
アートもインテリアも日用品もそれは同じ

( LIVING ROOM )

上 . リビングの白い壁に「SAT. PRODUCTS」のブラケットで棚をつくり、サイズやデザインで選んだ「Tivoli Audio」を置いて。下 . ソファは“スウェーデンの家具の父”といわれるカール・マルムステン作で、目黒の「HIKE」で購入。木のゴミ入れも北欧ヴィンテージ。筒井淳子さんの写真がひときわ美しい。

( KITCHEN )

上．コックピットのようなコンパクトなキッチン。入居後、生活動線に合わせてバーやシェルフを DIY で設置した。右下．奥行きの浅い棚と深い棚を組み合わせて、とり出しやすく。左下．ドイツのヴィンテージシェルフにはよく使う調味料を。キッチンホルダーは「オークス」、ナイフラックは「イケア」。

「ほかの部屋と雰囲気を変えたくて」グレーにした2階の寝室には、畦地梅太郎さんや小板橋雅之さん、西淑さん、fancomi さんの版画、イラストを額装して。

( BEDROOM )

# I like Art

## Maruyama House

Concept: ART　Area: TOKYO　Size: 78.1m²　Layout: 1SLDK　Family: 2

## 建坪7坪、3階建ての住まいに吟味されたアートや日用品を少しずつ

グラフィックデザイナーの丸山晶崇さんとイラストレーターの糸乃さんのふたりの住まいは、ワンフロアわずか7坪弱の3階建て。天井高4mもある3階リビングや2階寝室をはじめ、部屋の壁にはレタリングやコラージュ、写真などお気に入りのアート作品が飾られています。

「仕事柄もあって、アートは好きですね。作家の一部だと思って買うところがあって、好きな作品は毎日眺めて、身近に感じていたい」

美術館やギャラリーなどのグラフィックデザインの仕事も多い丸山さんにとってアートは刺激であり、生活に必要な大切なもの。

「安いとか高いとかでなく、有名とか無名とかも関係なくて、自分が心ひかれるかどうか。オブジェとして成立するかどうか。デザインの視点で見ていることも多いかも」

その基準はアートに限らず、住まいの内装や建具も、家具や日用品にいたるまで同じ目線でていねいに選び、味わいながら暮らしています。

「毎日、目にするもの、手にするものこそデザインにこだわりたい。〝新しいものはすぐ古くなるが、美しいものはいつまでも美しい〟という言葉が好きで、シンプルでロングライフなものやストーリーを感じるものを選ぶことが多いですね」

リビングの壁にはジャン・プルーヴェの照明「ポテンス」、ソファ正面の棚は「SAT.PRODUCTS」のブラケットに好みの天板をのせ、ベッドサイドにはシャルロット・ペリアンの明かりをセレクト。キッチンのオープンシェルフはドイツ製のヴィンテージ、浴室のアイアンバーは友人の作家、関田孝将さんにオーダー、玄関のシューズケースにいたるまで一点ずつていねいに選んでいます。

「暮らしながら、自分たちで探していければいいかな。壁のスペースもまだ余裕があるから、この先も気に入ったアートと出会って、もっと楽しみたいと思っています」

右．3階のリビング奥は、浴室・洗面所・トイレをひと部屋にして広々とした空間に。カップホルダーは海外のヴィンテージ。中．雨の日の洗濯物干し用に設けたバーは、関田孝将さんに依頼。観葉植物を飾っている。左．1階カフェスペースにつくった靴スペース。イベント時に簡単に移動できるよう靴箱は設けず、「PUEBCO」のシューズボックスを愛用している。

THIS IS YOUR LIFE.
DO WHAT YOU LOVE, AND DO IT OFTEN.
IF YOU DON'T LIKE SOMETHING, CHANGE IT.
IF YOU DON'T LIKE YOUR JOB, QUIT.
IF YOU DON'T HAVE ENOUGH TIME, STOP WATCHING TV.
IF YOU ARE LOOKING FOR THE LOVE OF YOUR LIFE, STOP;
THEY WILL BE WAITING FOR YOU WHEN YOU
START DOING THINGS YOU LOVE.
STOP OVER ANALYZING,
LIFE IS SIMPLE.
EVERY LAST BITE.
OPEN YOUR MIND, ARMS, AND HEART TO NEW THINGS
AND PEOPLE, WE ARE UNITED IN OUR DIFFERENCES.
ASK THE NEXT PERSON YOU SEE WHAT THEIR PASSION IS,
AND SHARE YOUR INSPIRING DREAM WITH THEM.
TRAVEL OFTEN; GETTING LOST WILL HELP YOU FIND YOURSELF.
SOME OPPORTUNITIES ONLY COME ONCE, SEIZE THEM.
LIFE IS ABOUT THE PEOPLE YOU MEET, AND
THE THINGS YOU CREATE WITH THEM
SO GO OUT AND START CREATING.
LIFE IS SHORT.
LIVE YOUR DREAM AND SHARE YOUR PASSION.
JE T'AiME
Please Water!!

デンマーク、アイラーセン社のソファ、ワイヤーバスケットに木の天板を合わせたテーブル、「ダイヤモンドチェア」。チェストは「ジャーナル スタンダード ファニチャー」で。

CASE.2

# I like *Tasteful*

## Takamatsu House

Concept : TASTEFUL　Area : NAGOYA　Size : 112.4m²　Layout : 3LDK　Family : 2

大事にされてきたアンティークや手仕事のもの、
海や山で拾ったものや旅先の思い出など、
味わいのあるお気に入りをインテリアに

## ( DINING & KITCHEN )

右上．流木に下げたドライフラワーをミニカーテンに。ガラスドームは、蓋に麻ひもで編んだカバーをかけたコーヒー豆のびんを逆さまにしたもの。左上．北欧「muuto」の円形フックにエプロンやバッグを。下．椅子は「アーコール」と「イームズ」の組み合わせ。カウンターテーブルはあと片づけがラク。

造作キッチンとシンクは以前の家のものを再利用。「ツェツェ」のメタルラックには、最初にはまった「ファイヤーキング」が。グリーンがさわやかな差し色。

( DINING & KITCHEN )

( ATELIER )

上.「ジャンク＆ガーリーな空間にしたくて」と、フランス製の三面鏡の割れた部分にカードを貼って。下.窓辺に置いたアンティークのガラス瓶には、主に手芸小物を。

# I like *Tasteful*

## Takamatsu House

Concept: TASTEFUL　Area: NAGOYA　Size: 112.4m²　Layout: 3LDK　Family: 2

### 目の前の、今をときめきたい！ これからも、住むことを楽しみたい

「味わいのあるものが好きです。アンティークや手仕事のにおいがするもの、インダストリアルなもの、海や山で拾った自然のもの」

そう話す高松さんが、ご主人と実家を建て替えたのは2014年秋。リビングの壁は白く、キッチンの壁は黒板塗装してゾーニングしたほかは、シンプルな内装にして、自分たちの好みで自由にアレンジしていけるようにしました。

20年ほど前、「ファイヤーキング」からアメリカンアンティークにはまり、そのあとフランスやイギリスの古いものにも興味が広がって。

「アンティークは、昔、どんなふうに使われていたのかを想像するのが楽しいです。大事に使われてきたことが味わいになっていて、同じものがないところも好き」

参考にするのはショップや海外のインテリアサイト、旅先のホテル。

「気になるアイテムを見つけると、すぐにキーワードを入れてネットで検索します。つくれるものは自分でつくり、買えるものは海外ショップにもメールして購入したり、ネットオークションで落としたり」

リビングはデンマーク「アイラーセン」のソファにオランダのワイヤーテーブルを合わせ、ダイニングには「アーコール」チェアと「イームズ」チェア。「コーラー」の古い陶器シンクを生かしたキッチンには、「ツェツェ・アソシエ」の食器棚。そんな部屋に彩りを添えるのが、グリーンやドライフラワー、流木など自然を感じるもの。さらに目にとまるのが、デンマークのフォントデザイン専門店「PLAYTYPE」やNYブルックリン発の「Holstee」による味わい深いレタリングのポスターの数々。

「最近は、海外の子ども部屋のきれいな配色に魅了されています。住むことをずっと楽しみたい」

その時々の〝ときめくもの〟にワクワクして心おどらせ、今も目の前の〝心ときめく〟アイテムに夢中です。

右.「TOTO」のシンプルな洗面台に、アトリエと同じ、昔の床屋さんが使用していたレトロな三面鏡をとりつけて。中.「トイレは花を飾ったり、香水をしつらえて、鏡の前に立つたび気分が上がるような空間にしました」 左. インパクトのあるうさぎの壁紙は、「いつか見た海外の壁紙が忘れられなくて」、ベルギーから直接取り寄せた「GROOVY MAGNETS」のもの。

近藤義展さん＆友美さんは、多肉植物アレンジを提案する夫婦ユニット。２階のアトリエは、ワークショップや展示スペースとして開放している。テーブルと椅子はイギリス製のリプロダクションで、中目黒「シャンブル ド ニーム」で購入。

CASE.3

# I like Green

## Kondou House

Concept: GREEN　Area: CHIBA　Size: 126.1$m^2$　Layout: 4LDK+LOFT　Family: 3

植物が生き生きと育つ家に建て替えてから
不思議と体調もいいんですよ。
植物には心を癒す力があると思う

( ATELIER )　右 . すべて色鉛筆で描かれた花のアートは、友人・須田真由美さんの作品。左 . 花台や棚は義展さんの手作り。

( DINING & KITCHEN )　建築家による造作のキッチン。壁はブルーグレーに、キャビネットはオイルステインでアンティーク風に。

上．アンティークの瓶は数本まとめて印象的に。下．パソコンデスクはドイツ軍の払い下げ。奥のチェストは日本の箪笥にアイアンをつけたもの。「SHOZO ROOMS」で購入。

**( LIVING ROOM )**

( HALL )

２階のアトリエから１階への吹き抜けには、リプサリスがシャンデリアのように伸びてオブジェのよう。光が降り注ぎ、家にいながら植物園みたいに、空気までおいしい。

# I like Green

## Kondou House

Concept: GREEN　Area: CHIBA　Size: 126.1m²　Layout: 4LDK+LOFT　Family: 3

### 白い空間に植物と古いものが仲よく。グリーンのために建てた光と風の家

実家を建て替え、2013年、近藤さんは自宅の一部に多肉植物ショップ「季色 TOKIIRO」と小さなカフェを開きました。1階から3階まで吹き抜けの白い空間には、ガラス窓から降り注ぐ光を浴びて、グリーンが生き生きと葉っぱを広げ、そこはまるでオアシスのよう。

「光合成するために、植物は家の中でも光と水が必要なんです。光と水の量を比例させて、バランスよく光合成できるように。風通しも大事」

植物に光が届くように、2階アトリエの壁面をUV加工していないガラス張りに。天窓も強度が許す限り大きくして、ルーフファンが一年じゅう、やさしい風を送っています。

「夏はエアコンがきかないくらい暑いですが、この家を建ててから、不思議と体調がいいんですよ」

多肉植物との出会いは9年前。長野・八ヶ岳倶楽部でリースの本を買い、友美さんに頼まれてつくった多肉植物リースがすべての始まり。

「植物を買っても必ず枯らすふたりだったのに、初めてつくったリースを妻がびっくりするほど喜んでくれて。もっと喜ばせたい!と思ってつくるうち、どんどんはまって」

裏庭がアレンジでいっぱいになり、玄関の外に置いたら近所で話題に。口コミで広まり、イベント販売を始め、いつしか趣味が仕事になりました。

近藤さん宅で目を引くのは、立体的な空間使い。吹き抜けを生かし、ロープやSカン、ラックを駆使してグリーンをハンギングするセンスがとても独創的。小さな鉢植えも可憐ですが、生命力を感じるダイナミックなディスプレイは圧巻です。

「人間て癒されたいとき、ビルの展望台より、海や山を見たくなるじゃないですか。地球というか自然を感じたいんだと思う。グリーンを見ると心が落ち着く。植物と生活しながら、癒されているんですね」

植物の元気な家は、人の心を解き放つ居心地のよさに満ちています。

右.器も含めてアレンジを提案。ふたりの理想へ向け、数年前から陶芸作家に鉢の制作を依頼。月の器も「TOKIIRO」オリジナル。中.玄関先にあるラックのアレンジは数年前につくったもの。「多肉植物も紅葉するんですよ。春夏秋冬、季節ごと違う表情を楽しんでほしい」。左.静かな住宅街の中にある「TOKIIRO」。白壁にグレーの扉が目印。

LIFE INTERIOR 01 ( BASIC )

# I like...

↓

**FAVORITE**
お気に入り

×

**STYLE**
“好き”のかたち

×

**FAMILY**
家族

×

**DAY BY DAY**
まいにち

↓

# LIFE INTERIOR

## 暮らすことがインテリア

家族それぞれの“好き”なものを、まいにち楽しむほどインテリアが生き生きしてきます。暮らしがインテリアになった家は、心地いいリラックス感でいっぱい。

**BASIC**
インテリアの基本

インテリアスタイル、配色、家具、照明、窓、キッチン、飾る etc.

〝好き〟から「心地いいわが家」へ――

# CHAPTER 2

# INTERIOR STYLE

“好き”に合うインテリアスタイルを12に分け、特徴を解説。
「色」「形」「素材」「質感」の4つの要素から
めざすスタイルを見つけ、つくる方法を伝授します。

LESSON.1 FAVORITE (CAFE) × (INTERIOR) STYLE → LIFE INTERIOR
LESSON.2 INTERIOR RULE / LESSON.3 MY STYLE

CHAPTER.2
INTERIOR STYLE

LESSON 1

だれのマネでもない
自分らしい部屋をめざして

# 「好き」を見つけたら次は自分らしい部屋の「スタイル」を見つける

たとえば「カフェが好き」といっても、
部屋はいろいろ。それは「スタイル」の違い。

▼

**FAVORITE (CAFE)**
**× (INTERIOR) STYLE**
**→ LIFE INTERIOR**

「アートが好き」「自転車が好き」「食べることが好き」……。そんな、家族の「好き」をたしかめたら、次に見つけるのは「どんな雰囲気の部屋にするか」です。

たとえば、「カフェが好き」といっても、ナチュラルな雰囲気のカフェが好きな人もいれば、和の雰囲気が好きな人もいます。この雰囲気の違いが、インテリアの「スタイル」の違いです。逆にいえば、「ナチュラルスタイルのインテリアが好き」という人でも、アート好きもいれば、アウトドア好きもいます。「家族が好きなこと」×「好きなスタイル」の組み合わせは無数。だからこそ、それらを掛け合わせることで唯一無二の「わが家」になるのです。

Cafe × Natural Style

**「ナチュラルスタイル」のカフェのよう**

ホワイトオーク材のテーブルをはじめ、木やタイルを使ったナチュラルなスタイルのダイニング。（木村さん宅・岡山県）

Cafe × Industrial Style

**「“インダストリアル”スタイル」のカフェのよう**

古材やコンクリート、古い照明などの武骨な素材を使い、インダストリアルな雰囲気の空間に。（吉川さん宅・大阪府）

## Cafe × Scandinavian Style

**「北欧スタイル」のカフェのよう**

アアルトのテーブルやルイスポールセンのペンダント照明、板張り天井などが北欧スタイルを感じさせる空間。(相田さん宅)

## Cafe × French Style

**「フレンチスタイル」のカフェのよう**

塗り壁と梁のある部屋を、黒い部材で引き締めた、シックなフレンチスタイルのインテリアに。(M さん宅・神奈川県)

## Cafe × Japanese Modern Style

**「和のスタイル」のカフェのよう**

もと農家だった民家をリノベーションし、日本家屋のよさを受け継いだ空間。食卓には作家ものの器が。(小菅さん宅・兵庫県)

## Cafe × Classical Style

**「クラシカル」なティーサロンのよう**

ジョージアン様式でコーディネートされた、自宅紅茶教室を開くリビング。イギリスの邸宅を思わせる。(谷内さん宅・富山県)

部屋づくりを始める前に知っておきたい基本

# 心地いい部屋をつくる6つのルール

おしゃれでリラックスできて、いつもきれいに保てる。
そんな理想の部屋をつくるための
基本ルールをチェックしましょう。

RULE

## 「好き」を見つける

人にはそれぞれ、暮らしで大切にしていること、好きなことがあります。それをぜひ、インテリアに生かしましょう。食べることが大好きな家族なら、ソファをやめてビッグテーブルを置くのもいいですし、釣りが趣味の人ならリビングに釣り道具を飾ってもいいのです。部屋を見た瞬間に、その人の「好き」がわかるインテリアは、不自然さがなく、味わいが感じられます。まずは自分や家族の「好きなこと」を見つけましょう。

CHECK LIST

- □ 趣味、好きなことは何か
（同居する家族の趣味も知る）
- □ 趣味や好きなことのために必要なモノや道具はあるか
（趣味の道具、その種類や量、収納方法は）
- □ 好きなことを家の中のどこでどのように楽しむのが理想か
（好きなことをする場所づくり、一緒に楽しむ人数）

RULE

## 「スタイル」を見つける

部屋は、内装や家具はもちろん、小さな雑貨や日用品にいたるまで、自分たちで選んだものが１つずつ積み重なってでき上がります。デザインの選択肢が豊富な今、自分が好きなインテリアスタイルを知って選択基準をもつことはとても大事。部屋づくりは暮らしの変化に合わせながら長期間にわたって進めるので、基準がないとちぐはぐなインテリアになってしまいます。家族の好みや暮らしを考えながら、めざすスタイルを見つけて。

CHECK LIST

- □ 好みはどんなスタイルか
（p.36～52で好きなスタイル名を知る）
- □ パートナーの好みのスタイルは
（同居する相手の好みも知る必要がある）
- □ めざすスタイルは
ライフスタイルに合っているか
（片づけや掃除、メンテナンスなど）

RULE

## 家族構成や家での過ごし方を考える

わが家にぴったりのインテリアにするには、ライフスタイルに合った機能と、好みを反映したデザインの双方に配慮することが大切です。まずは暮らしを振り返り、部屋にはどんな機能が必要かを考えてください。リビング・ダイニングの場合は、家族の人数や年齢構成、食事の仕方や団らんの過ごし方、来客の頻度やもてなし方などを再確認してみて。そうすれば、どんな家具をどのように配置したらよいかなどがわかってくるはずです。

CHECK LIST

- □ その部屋を使う家族構成や年齢は
（だれがどのように使う部屋か）
- □ 部屋の用途は
（過ごし方は。LDの場合は来客の頻度など）
- □ 部屋を使う人が
リラックスできるか
（家族の好みやくつろぐ方法をこまかく知る）

# INTERIOR RULE

## RULE 4

### インテリアエレメントのバランスを考える

部屋をつくる内装や家具、カーテンや照明など、それぞれの単体のことをインテリアエレメント（インテリアを構成する要素）といいます。単体ではすてきでも、部屋に合わなければそのよさは生きません。単体のデザインより、部屋の中での組み合わせ＝コーディネートのほうが重要な場合もあります。何かを新調するときは、ほかのものとの相性、サイズやボリューム感など、今の家に似合うかどうかバランスと調和を考えて。

**CHECK LIST**

- □ 家具やカーテン、照明器具などのデザインや素材、色は（全体的に見て、調和がとれているか）
- □ 家具のサイズや色は（部屋の広さ、家族の体格に合っているか）
- □ カーテンや壁紙、床材などの色柄は（部屋の広さに合っているか）

## RULE 5

### メンテナンスや生活のしやすさを考える

家具や日用品は、毎日の生活で酷使され、汚れたり傷ついたりします。また、素材や仕上げによって手入れ法や耐久性はさまざまで、すべてのモノにメリットとデメリットがあります。それらを知ったうえで、自分たちが優先すべきものを選んで。

また、家具の配置やサイズも大事です。すてきなベッドも寝室を埋め尽くす大きさでは、よさが生きないばかりか掃除もできません。日常の動作がしやすい配置やモノ選びをしましょう。

**CHECK LIST**

- □ 素材や仕上げの強度や手入れ方法は暮らしに合っているか（気づかいの多いアイテムか）
- □ 日常生活が安全に送れるか（素材やデザイン面でケガをしないか）
- □ 掃除しやすい家具の配置か（掃除機をかける場合の動線は効率的か）

## RULE 6

### 予算が厳しい場合は優先順位を決める

予算が少ないからといって、すべてを妥協して選ぶのは禁物です。中途半端なものばかりに囲まれていたのでは、やがて不満が生まれます。優先順位を決め、少しずつ気に入ったものをそろえましょう。自分で棚などをつくるDIYも、上手なコスト調整方法のひとつです。

また、すべてに均一にお金をかける必要はありません。こだわる部分に予算をかければ、ほかの部分のコストを抑えても満足感が得られるはずです。

**CHECK LIST**

- □ インテリアにかける総予算は（合計して割り出しておく）
- □ 長期戦で臨む場合はどこから手をつけるか（優先順位をつける）
- □ 使用期間を考えて購入する（値段と使用期間・満足度を判断する）

CHAPTER. 2
INTERIOR STYLE

LESSON 3

部屋づくりの成否を決める大切な一歩

# めざすスタイルの見つけ方・つくり方

理想の部屋をつくるために、
頭の中のイメージを整理して、その部屋の内装や
アイテムについて具体的に考えるコツを紹介します。

## MY STYLE

**シンプル＆ナチュラルをベースに好きなものを**
ホワイトオークの素材感とシンプルなデザインが雰囲気のいいオープンシェルフ。家族の好きなものを並べて。（木村さん宅・岡山県）

### 好みの素材やデザインで具体的に考えてみる

部屋づくりを思い立ったら、コーディネートの基準となる「自分スタイル」を見つけることからスタート。インテリアスタイルにはさまざまな種類があり、それぞれ固有の雰囲気＝イメージをもっています。それを形づくっているのが、インテリアを構成しているアイテムの「色」「形」「素材」「質感」です。

自分のスタイルを決めるときは、「私が好きなのはナチュラル」などと、大雑把にとらえないこと。ひと口にナチュラルといっても、やさしい感じからハードな感じまで、イメージに幅があるからです。さらに、感じ方は人によっても幅があるので、同じスタイルでも、思い描くイメージは千差万別。めざす部屋を実現するには「家具の色は明るめで、ラインは骨太で手作り風、オーク材で木目が浮き立つもの……」など、好きなものを、カラーやライン、素材や質感という要素に分けて具体的に考えてみることが必要です。

### 「違いがわかる」のがセンスのよい人

インテリアセンスのよい人は、家具売り場やカタログを見て、瞬時にしてベストの選択ができます。それは、自分がめざすインテリアの方向性(自分スタイル)がはっきりしていることに加え、モノの特徴やよしあしを的確にとらえる能力にすぐれているから。インテリアアイテムには、似ているようでも実はテイストが異なるものがあります。その違いを見極める目をもつことも、コーディネートでは重要です。

インテリアスタイルは、ライフスタイルとも直結します。たとえば、自然素材の経年変化を楽しむナチュラルスタイルは、手入れや古くなることを味わいととらえられる気持ちが必要です。デザインへのあこがれだけでなく、どのような暮らしをしたいか、そこからスタイルを決めることも必要です。

## インテリアイメージを決める４つの要素

色、形、素材、質感の４つの要素に分解して見てみると、
めざすインテリアにするために選ぶべきものの特徴がわかりやすくなります。

### 色

**色みだけでなく、明るさや鮮やかさによって色の個性やイメージに違いがある**

色は、赤・青・黄などの色みだけでなく、たとえば赤のなかでも明るいものから暗いもの、鮮やかなものからくすんだものまである。自然な色や人工的な色、元気な色や落ち着いた色など、色にはそれぞれイメージや個性があり、色の組み合わせ方、使う色の配分によってインテリアの雰囲気が変わる。

### 形

**家具や照明、柄などのフォルムやラインの特徴を分析しイメージを解釈して**

家具や照明などのアウトライン、ディテールや装飾を構成している形のこと。面か線か、骨太か華奢か、直線か曲線か、有機的な曲線か人工的な曲線かなど、その形や線の特徴によってイメージが変わるので、めざすスタイルの特徴に合ったフォルムを選ぶ必要がある。ファブリックのモチーフも検討して。

### 素材

**自然素材か人工素材か、また素材のやわらかさや硬さによって印象が変わる**

インテリアアイテムの素材には、木や珪藻土、木綿などの自然素材と、プラスチックやステンレスなどの人工素材がある。さらに、木や布などのやわらかい素材、石や鉄などの硬い素材がある。それぞれのスタイルのイメージに合った特徴の素材を選ぶことで、そのスタイルのインテリアをつくることができる。

### 質感

**同じ素材でも仕上げや質感の違いによってインテリアイメージは大きく変わる**

たとえば、内装や家具に使われる木。同じ木でも、ごつごつした自然な表情を生かしたものか、きれいに削られてなめらかなものか、また無塗装なのかウレタン（＝樹脂）塗装でつるつるの仕上がりなのかによって、イメージがまったく異なる。見落としがちだが、インテリアイメージを左右する重要な要素。

### 「４つの要素」の確認の例

| | 色 | 形（フォルムとライン） | 素材 | 質感 |
|---|---|---|---|---|
| NATURAL<br>ナチュラル | 茶色っぽい木の色、<br>生成り、自然のもつ色 | 自然な曲線 | 木、テラコッタ、麻、<br>自然素材、手作り | ざっくり、がさがさ、<br>ごつごつ |
| COUNTRY<br>カントリー | 時間がたって濃くなった<br>木の色、かすれた色 | 自然な曲線、重い | 古い木、レンガ、木綿、<br>自然素材、手作り | ざっくり、ごつごつ、<br>がさがさ |
| SIMPLE<br>シンプル | 白、生成り、<br>メタリック、無性格色 | 直線的、重心が高い | スチール、<br>ガラス、プラスチック、<br>人工素材 | つるつる、<br>さらさら |
| MODERN<br>モダン | 白、黒、メタリック、<br>ビビッドカラー | 直線的、重心が高い<br>緊張感のある形 | スチール、ガラス、革、<br>石、コンクリート | つるつる、ぴかぴか |
| CLASSICAL<br>クラシカル | 茶、黒、紺、<br>落ち着いた色 | 曲線、重心が低い | 木、革、<br>ウール、シルク | つるつる、さらさら |
| JAPANESE & ASIAN<br>ジャパニーズ＆アジアン | 茶色っぽい木の色、<br>自然のもつ色 | 直線、自然な曲線 | 木、土、<br>い草、籐 | ざっくり、ざらざら |

< MY STYLE >

# NATURAL

ナチュラル

< LESSON.3 >

## 木、土、革、麻などの自然素材を多用し、色みより質感を重視するスタイル

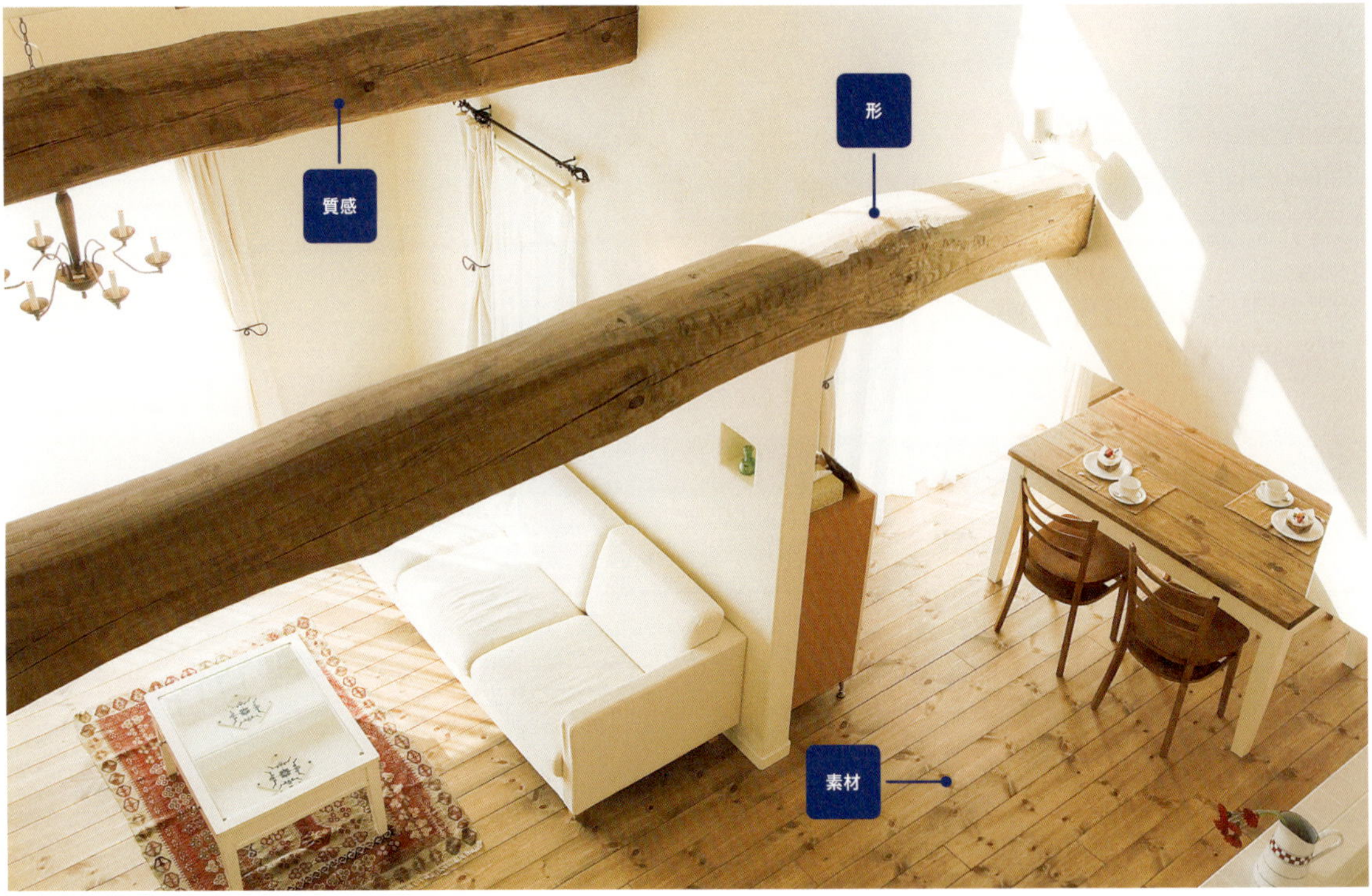


自然な木の形を生かした梁や、節があるフローリングなど、木のぬくもりに包まれるインテリア。(戸塚さん宅・静岡県)

### 4つの要素

**色** COLOR

**木や素焼きタイル、生成りなどの素材の色**

木やテラコッタタイルなどの茶色や、麻や木綿の生成り、植物の緑、土のベージュなど、自然素材そのものの色や、連想させる色。

**形**(フォルムとライン) FORM

**意図したデザインではない自然な曲線や直線**

均一でない、木の枝ぶりのような自然な曲線や、過度な装飾を施していない直線。

**素材** MATERIAL

**木、土、革、石、テラコッタなどの自然素材**

木部は、無垢材か天然木の突き板仕上げ。ファブリックは木綿や麻などの天然繊維。そのほか、珪藻土やテラコッタタイルなど。

**質感** TEXTURE

**素材本来の質感を生かした仕上げと雰囲気**

木や革はウレタンなどではなく、自然素材のオイルやワックスなどでつやを抑えた仕上げに。ざっくり、さらさら、ごつごつした質感。

## INTERIOR ITEM

ナチュラルスタイルの特徴は、木や土などの自然素材を多用すること。色みよりナチュラルな素材感を大切にします。奇をてらったデザインをせず、リラックス感があるので、年代を問わず人気のスタイルです。

　家具や床材などの木部は、無垢材か天然木の突き板仕上げで、塗装はつやを抑えたタイプ。ファブリックは綿や麻などの天然繊維か、自然な風合いの化学繊維が適しています。色は生成りや茶色、グリーンなど、素材本来の色を生かしたアースカラーがメインです。ひと口に「ナチュラル」といっても、シンプルなタイプや、ぬくもりを感じさせる素朴なタイプなど、人によってとらえ方が違います。本来のナチュラルスタイルは、丸太を使ったり石を使ったりする山小屋のようなインテリアです。

　ただ、都市部の住宅ではライフスタイルと合わないので、自然素材の質感は残しつつ、デザインは直線的で装飾の少ないすっきりと仕上げられたものを使う、洗練されたナチュラルスタイルが主流になっています。

**木目がナチュラルなベッド**

ナラ材の木目を生かしたデザイン。スチール脚がスタイリッシュ。「グーリス ベッド」W102.4×D211×H82.5cm ¥6万8400（スノコタイプ、マットレスは別売り）／CRASH GATE（p.198）

**味わい深い革の質感を楽しめる**

アッシュ無垢材のフレームに、オイルドのカウハイドレザー張りのクッションを合わせたソファ。「DELMAR SOFA」W195×D85×H76（SH42）cm ¥30万8880／ACME Furniture（p.103）

**"経年美化"が楽しみなテーブル**

オーク無垢材をつないだ天板は、無塗装に近い自然な質感。「ジャルビ ダイニングテーブル」W200×D90×H72cm ¥23万2200（椅子は「イルマ ダイニングチェア」）／スローハウス（p.196）

**美しい曲げ木のアーコールの椅子**

1920年設立の英国家具メーカー「アーコール」。同社の代表的なウィンザーチェアを2人がけに。「アーコール ラブシート」W117×D53×H77（SH42）cm ¥21万3840／ダニエル（p.202）

## VARIATION

**武骨な素材感をプラスした辛口ナチュラル**

古い木や革の味わいのある質感や、石・鉄などの硬い素材をプラスした辛口なナチュラルインテリア。（大森さん宅・東京都）

**華奢なラインをプラスしたやさしいナチュラル**

ソフトな色の珪藻土の壁や小さな電球だけの照明など、やさしい表情のナチュラルインテリア。（山口さん宅・山梨県）

< MY STYLE >

# SIMPLE

シンプル

< LESSON.3 >

## 清潔感があって調和させやすい、クールで都会的なスタイル

明るい色のフローリングのほかは、ほとんど白いアイテムで構成され、広々と感じる LD。(MUJI 男さん、MUJI 子さん宅)

### 4つの要素

**色** COLOR

**白、ベージュなどの“無性格色”や寒色系**

白、生成り。ベージュやシルバーなど、無性格色と呼ばれている色。明るく軽さを感じる色。少量のグリーンやブルーなどの寒色。

**形（フォルムとライン）** FORM

**細い直線や単純化された人工的な曲線**

すっきりした均一な直線、軽やかな細い直線、デザインされ単純化された人工的な曲線、フラットな面、装飾のないミニマルデザイン。

**素材** MATERIAL

**木目を感じない木やスチール、タイルなど**

木は木目が目立たない樹種や合板など。スチールやステンレス、プラスチック、タイル、ペイント、ガラス、化学繊維など。

**質感** TEXTURE

**素材感を抑えたスムーズでフラットな仕上げ**

木はラッカーやウレタンでテクスチャーを抑えた仕上げ。むらがなく、均一でフラットな仕上げ。さらさら、つるつるした感じ。

## INTERIOR ITEM

**60年以上愛されているシェルフ**

N・ストリニングが1949年にデザイン、今もスウェーデンで製造されている「ストリング」のコンパクト版。「ストリング ポケット」W60×D15×H50cm ¥1万9440／SEMPRE HONTEN(p.200)

**どんな空間にも似合う普遍的な形**

装飾をそぎ落とし、必要最小限の機能をシンプルかつ普遍的なデザインで表現。オーク無垢材のオイル仕上げ。「DTT ダイニングテーブル」W160×D85×H72cm ¥14万9040／FILE(p.198)

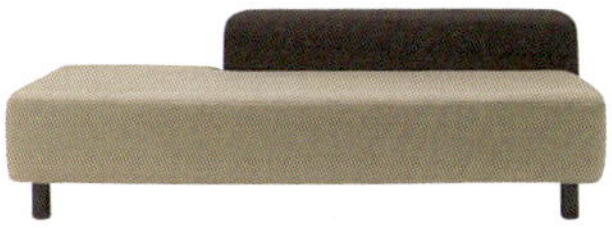

**使うスタイルを選ばないソファ**

寝そべる、遊ぶまで幅広い使い勝手。カバーリング式。「ソファベンチ本体」W180×D90×H60.5(SH40.5)cm ¥6万5000、「カバー」（グレーベージュ×ブラウン）¥1万4000／無印良品(p.194)

**北欧デザイン界の巨匠による名作**

建築家でありデザイナーのA・ヤコブセンによるミニマルデザイン。「フリッツハンセン セブンチェア」（カラードアッシュ）W50×D52×H78(SH44)cm ¥5万6160／SEMPRE HONTEN(p.200)

シンプルスタイルの特徴は、華美な装飾や複雑なラインがなく、すっきりとしていること。主張しないデザインで調和させやすく、清潔感があって機能的。クールで都会的な印象があり、新築マンションなどにも多く見られる人気のスタイルです。

家具や床材などの木部は、無垢材や突き板、合板などを使いますが、仕上げはあくまでスムーズ（なめらか）。スチールやプラスチック、タイル、ペイントなども、つるつる、さらさらした質感の仕上げを選びます。ファブリックは天然繊維のほか、機能的な化学繊維も似合います。

デザインはすっきりした直線が基本、曲線なら単純化された人工的なラインのもの。色は白や生成り、ベージュなどの〝無性格色〟と呼ばれている色がメインです。そのほか淡いグリーンや、シルバーなどのメタリックカラーなども使われます。白いキャンバスのようなインテリアなので、いろいろなスタイルのアイテムをミックスする〝自分スタイル〟のベースにもしやすいスタイルです。

## VARIATION

**木の質感をプラスしたナチュラルなシンプル**

すっきりしたラインやペイント壁がシンプルでありながら、ナチュラルな木のぬくもりも感じられるスタイル。（表さん宅・東京都）

**落ち着いた色で統一したシックなシンプル**

直線やフラットなデザインが多いシンプルスタイルを、濃いめの木の家具でシックに引き締めた大人スタイル。（引田さん宅）

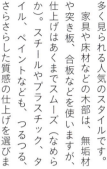

/ BASIC STYLE /

< MY STYLE >

# COUNTRY

カントリー

< LESSON.3 >

## 時を経た素朴な田舎家のような
## あたたかみのあるスタイル

古材の太い梁と味わい深いテラコッタタイル、使い込まれた家具などがかもし出す古民家のようなたたずまい。(武江さん宅・新潟県)

### 4つの要素

**色** COLOR

**自然素材の色や古くなった感じの色**

木やレンガの茶色、土のベージュ、石の墨色など、自然素材の色や、連想させる色。古くなって濃くなった色、かすれた淡い色。

**形(フォルムとライン)** FORM

**昔ながらの装飾や骨太で手作り風なデザイン**

骨太で手作り風。均一でない仕上がり。昔ながらの伝統的な装飾デザイン。丸みのあるぽってりとした形。

**素材** MATERIAL

**節のある木、ウールなどの素朴な自然素材**

パイン材など木目や節がはっきりした木。テラコッタ、土、石、レンガ、真鍮やロートアイアン(鍛鉄)。布は木綿や麻、ウール。

**質感** TEXTURE

**素材を生かし、ラフな手作り感やかすれた質感**

素材本来の質感を生かした無塗装に近い仕上げ。手作り感のあるラフさ。経年変化でかすれた感じ。ざっくり、ごつごつした質感。

## INTERIOR ITEM

カントリースタイルには、イギリスの貴族の館である〝カントリーハウス〟の流れをくむブリティッシュカントリーや、フランス・プロヴァンス地方のフレンチカントリーのほかに、アーリーアメリカン、シェーカー、サンタフェなど幅広いスタイルがあるアメリカンカントリーなど、多様な種類があります。共通するのは、素朴さのある田舎家のようなインテリアだということ。日本でいうなら、古民家のイメージです。

家具は欧米の伝統的なスタイルをベースにして、手作り感をプラスしたものなど。無垢のパイン材やオーク材などを使い、木の質感を生かした自然塗料やペイントで仕上げます。内装は何十年もそこにあるような、オールドパインなどの古材使いやシャビーな仕上げ。カーテンレールやドアノブなどの金属部は、アイアンや古色仕上げの真鍮が似合います。ファブリックは綿、麻、ウールが多く、色褪せたような花柄やチェック柄がよく使われます。ぬくもりのある、スローライフを楽しむスタイルです。

**シャビーシックなフランス製家具**

画家セザンヌのアトリエの窓枠の色“セザンヌグレー”にペイントされた家具。「フロムプロヴァンス デスク」W111×D66×H76.5cm ¥14万4720／モビリグランデ(p.198)

**ノスタルジックな花柄のソファ**

クラシカルなフォルムのカバーリングソファ。「ケンブリッジ30周年アニバーサリーチェア」(フェアソンナチュラル)W78×D88×H89(SH42)cm ¥10万6920／ローラ アシュレイ(p.198)

**重厚感のあるカントリースタイル**

オールドパイン材を使った、伝統的なデザインのテーブル。「グレートオールドパインファームハウステーブル」W180×D90×H78cm ¥37万6920～／RUSTIC TWENTY SEVEN(p.198)

**ホワイトパイン無垢材のチェスト**

イギリスのファームハウスにあるような、ろくろ脚のついたチェスト。ノブは選択可。「ラスティックパインチェスト」W90×D45×H80cm ¥19万5480～／RUSTIC TWENTY SEVEN(p.198)

## VARIATION

**素朴でぬくもりのあるカントリースタイル**

漆喰の壁、パイン材の家具、片開きの格子窓に手作りカーテンなど、ヨーロッパのカントリーハウスさながら。(国方さん宅・岡山県)

**フェミニンさがあるフレンチカントリー**

アンティークパインやシャビーな質感の家具、無造作にとめたカーテンなどで、フレンチカントリーに。(藤田さん宅・東京都)

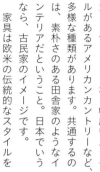

< MY STYLE >

# MODERN《モダン》

< LESSON.3 >

## 硬質で光沢のある素材、無彩色、直線的なデザインがクールな印象

タイル張りの床や黒いガラスの壁など、光沢のある面とシャープなラインが都会的なインテリア。(H さん宅・東京都)

## 4つの要素

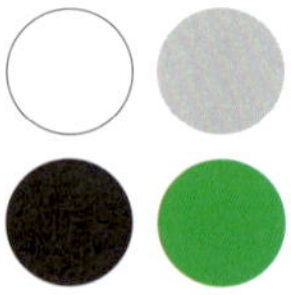

### 色 COLOR

**無彩色とメタリック、ビビッドカラー**

白、グレー、黒などの無彩色や、光沢のあるメタリックカラー、はっきりとして鮮やかなビビッドカラー。

### 形（フォルムとライン） FORM

**シャープな直線と面、人工的な曲線など**

シャープな直線とフラットな面、人工的にデザインされた曲線で構成。無地またはストライプ。重心が高い、緊張感のあるフォルム。

### 素材 MATERIAL

**ガラスなど硬質で無機的、人工的な素材**

すっきりした木目や、木目を塗りつぶした木。コンクリートやガラスなどの硬質で無機的な素材。革。緻密な織りや近未来的なファブリック。

### 質感 TEXTURE

**均一で光沢のあるクールで硬い感じの質感**

光沢のある、むらのない均一な仕上げ。重量感のある感じ、または軽快な感じ。クール。硬い感じ。つるつる、ぴかぴかした感じ。

## INTERIOR ITEM

### ル・コルビュジエらによる逸品

ル・コルビュジエなどによるデザイン。脚部は当時飛行機に使われていたという金属パイプ。「LC6テーブル」W225×D85×H69～74cm ￥60万4800／カッシーナ・イクスシー（p.200）

### 機能的かつ美しい名作テーブル

アイリーン・グレイのデザインによる、天板の高さを変えられるサイドテーブル。「アジャスタブルテーブル E1027」φ52×H64～102cm ￥13万5000／hhstyle.com 青山本店（p.200）

### イクスシーのオリジナルソファ

建築家D・チッパーフィールドによる軽快なデザインのソファ。「エアフレームミッドソファ」（布張り）W68×D61×H67.5（SH43）cm ￥22万320～／カッシーナ・イクスシー（p.200）

### 名品「グランコンフォール」の派生形

ル・コルビュジエ、ピエール・ジャンヌレ、シャルロット・ペリアンによるデザイン。「LC3ソファ」（革張り）W168×D73×H60.5（SH42）cm ￥123万1200～／カッシーナ・イクスシー（p.200）

モダンにも多様なスタイルがあり、代表的なのがイタリアンモダンです。有名建築家が手がけた家具は、デザインの斬新さはもちろん、ステイタスシンボルとしても各界のセレブリティに人気。ソファやチェアには天然皮革などの上質な素材を使い、テーブルにはガラスやクロム仕上げのスチールなどを使った、シンプルで存在感のあるデザインが多く見られます。アメリカンモダンは、ミッドセンチュリーとも呼ばれる1950年代ごろに流行したスタイルのリバイバル。家具は当時の新素材のプラスチックや合板などでつくられた、カジュアルで機能的なデザインです。

モダンスタイルに共通しているのは、シャープな直線や面、人工的な曲線などで構成されたデザインです。脚を細くして重心を高くする、緊張感のあるフォルムも特徴的。素材はスチールやタイル、コンクリートやガラスなどの無機的で硬質なものが多く、質感は光沢のある感じ。色は無彩色やビビッドカラーで、全体的にはっきりした印象です。

## VARIATION

### 質感のあるものをプラスしたナチュラルモダン

上質な素材感のあるウォールナット材の床や壁に、モダンデザインの家具やビビッドな色を合わせて。（Yさん宅・兵庫県）

### 明るく軽やかなクリア＆クールモダン

白やグレーを基調色にした、静けさのある空間。細いラインが軽やかで、透明感のある伸びやかなインテリア。（基さん宅）

< MY STYLE >

# CLASSICAL

クラシカル

< LESSON.3 >

## ヨーロッパの伝統様式をふまえた フォーマルな印象のスタイル

150年前のフランス製マントルピースを中心に、上質なアンティーク家具をシンメトリーに配した格調高いサロン。（吉村さん宅・福岡県）

## 4つの要素

### 色 COLOR

**木や革の深みのある茶や上品な色調**

木の濃茶や皮革の茶。ダークグリーンやネイビー、えんじなど深みのあるダークトーン。落ち着きのある上品な淡い色のライトグレイッシュトーン。

### 形（フォルムとライン） FORM

**優美な曲線やどっしりとした直線、左右対称**

各様式固有の装飾を施した、優美なライン。ゆったりとした曲線。デザインされた複雑な曲線。太い直線。左右対称の形。

### 素材 MATERIAL

**天然木、大理石など本物志向の上質な素材**

木目が美しいマホガニーやオーク、ウォールナットなどの堅木。様式固有の柄や織りのファブリック。天然繊維。真鍮。大理石。

### 質感 TEXTURE

**均一で精度の高い仕上がりで自然な光沢**

硬質。均一で精度の高い仕上がり。塗装や磨きによる自然なつや、光沢。つるつる、さらさらした感じ。

クラシカルスタイルは、ヨーロッパの伝統的な建築様式や装飾様式をとり入れたインテリア。その様式の特徴は、国や時代によってさまざまです。人気が高いのは、英国のクラシックスタイル。18世紀初頭アン女王時代のクイーン・アンスタイルは、丸い玉をつかむ猫脚の家具が日本でもおなじみです。さらに、マホガニー材の家具が多いジョージアンスタイル、シンプルで洗練されたリージエンシースタイル、それまでの様式の折衷が多いヴィクトリアンスタイルなどがあります。エレガントスタイルの代表格であるロココは、フランスのルイ15世時代の様式。フランスからヨーロッパの貴族社会に広まり、彫刻や象嵌《ぞうがん》細工をとり入れた優美なデザインが特徴です。

　クラシカルスタイルは、これらの様式のデザインが見られるアンティーク家具やリプロダクション家具をメインに、シンメトリー（左右対称）を意識しながら、本物の素材でコーディネートするフォーマルな印象のインテリアです。

## INTERIOR ITEM

**伝統的なデザインを踏襲**

伸長式天板のテーブル。「ノースショア ダブルペデスタルテーブル」W112×D185・231・276×H76cm ￥18万7920（椅子は別売り）／アシュレイ ファニチャー ホームストア（p.202）

**シェラトン様式のリプロ家具**

故ダイアナ元皇太子妃の生家、スペンサー伯爵家の家具のリプロダクション。「ジョージ三世シェラトン様式キャビネット」約W85×D43×H216.5cm ￥105万8400／西村貿易（p.202）

**フレンチスタイルのチェア**

プロヴァンス地方のスタイルを思わせる、アンティーク調塗装のフェミニンなデザイン。「プロヴァンセル」W51×D57.5×H92（SH47.5）cm ￥5万9400／ローラ アシュレイ（p.198）

**英国製のハンドメイドソファ**

英国「フレミング＆ホーランド」のチェスターフィールドソファ。手染め皮革の「エアルーム・コレクション ウィリアムブレイクソファ」3シーター￥113万9400／コマチ家具（p.202）

## VARIATION

**優雅でフェミニンなエレガントスタイル**

ドレープやスクロール、光沢のあるファブリックなどを使い、淡い色でまとめて貴婦人のような華やかさを。（杉本さん宅・東京都）

**繊細なラインのアイテムが格調高い印象**

淡い色で上品にコーディネートされた、ジョージアン様式のインテリア。（Tさん宅・神奈川県）

< MY STYLE >

# BROOKLYN

ブルックリンスタイル

< LESSON.3 >

## ヴィンテージの味わいとアートのミックス

味わいのあるレンガの壁に、ヴィンテージのバスロールサインをかけて。工場で使われていたような武骨なデザインの照明もアクセント。（千葉さん宅）

ニューヨーク、マンハッタン島のハドソン川東対岸にあるブルックリン。マンハッタンに近く住居費も安いため、若いアーティストたちが移り住んだことから独特な文化が発展。インテリアは、お金をかけずに古いものに手を加えながら自分たちらしい心地よさをつくり上げるスタイルです。もとは工場地帯で古いタウンハウスも多いため、レンガやアイアンなどの武骨な素材感が特徴。味わいのあるヴィンテージ家具やファブリック、アートなどもポイントです。

ヴィンテージの革トランクに脚をつけたリメイク品を、コーヒーテーブルに。（千葉さん宅）

### 4つの要素

#### 色 COLOR

**古い建物の内装やヴィンテージ品の渋い色**

レンガ色や鉄の黒、スチールのシルバー、ヴィンテージ家具や革製品の茶色など、古い建物や工場の内装、ヴィンテージ品のような渋さのある色。

#### 形（フォルムとライン） FORM

**直線や単純化された人工的な曲線**

骨太な直線、ミッドセンチュリーモダンのようなデザインされて単純化された人工的な曲線、古くなって角がとれた形。

#### 素材 MATERIAL

**古いレンガや革、鉄、スチール、自然素材**

古いレンガや革、鉄、工業製品のようなスチール、ガラス、古い木、プライウッド（合板）など。ウール、麻などの自然素材。

#### 質感 TEXTURE

**素材感や古さが感じられるハードな質感**

古いレンガや鉄などのごつごつ、ざらざらした感じ。経年変化によってクタッとした質感、仕上げやペイントがはがれて、がさがさした表面。

/ POPULAR STYLE /

< MY STYLE >

# WEST COAST

< LESSON.3 >

アメリカ西海岸スタイル

## 海辺に似合うラフなリラックススタイル

カリフォルニアスタイルともいわれるこのインテリアは、海辺の暮らしを意識したナチュラル志向が特徴。アウトドアやサーフカルチャーを室内にも感じさせ、木やスチールなどの素材は潮風にさらされ、仕上げやペイントがはがれたような、経年変化したラフな質感に。ヴィンテージ家具やクラフト、フォークアートなどをミックスして、自分らしさを表現します。大きな窓から景色をとり入れる、伸びやかでカジュアルなリラックス感の高いスタイルです。

カリフォルニアに行くことが多いという河村さん宅のリビング。床は古材、天井や壁は板張りにしてペイント仕上げ。（河村さん宅・神奈川県）

ホビースペースには、スチールのロッカーやサーフボード、スケートボードが。（河村さん宅・神奈川県）

### 4つの要素

**色** COLOR

**自然素材の色や褪せたような色**

石や木、土などの自然素材の色、潮風にさらされて色褪せたような木やスチールの色、ヴィンテージデニムのような明るいブルー、植物のグリーン。

**形（フォルムとライン）** FORM

**素朴で飾りけのない直線や単純化された曲線**

素朴な直線、ミッドセンチュリーモダンのような単純化された曲線、フォークアートなどのプリミティブな形、植物の自然な形など。

**素材** MATERIAL

**自然素材や経年変化した素材**

天然木、石、土、木綿、革などの自然素材。スチール。古材やヴィンテージデニムなどの経年変化した素材。ペイント。

**質感** TEXTURE

**自然な素材感や古さが感じられるラフさ**

古材などのかさかさした質感。石などの天然素材のごつごつした質感。仕上げをしていないラフな感じなど。

< MY STYLE >

# INDUSTRIAL

インダストリアルスタイル

< LESSON.3 >

## 無機質な工場や倉庫のような辛口スタイル

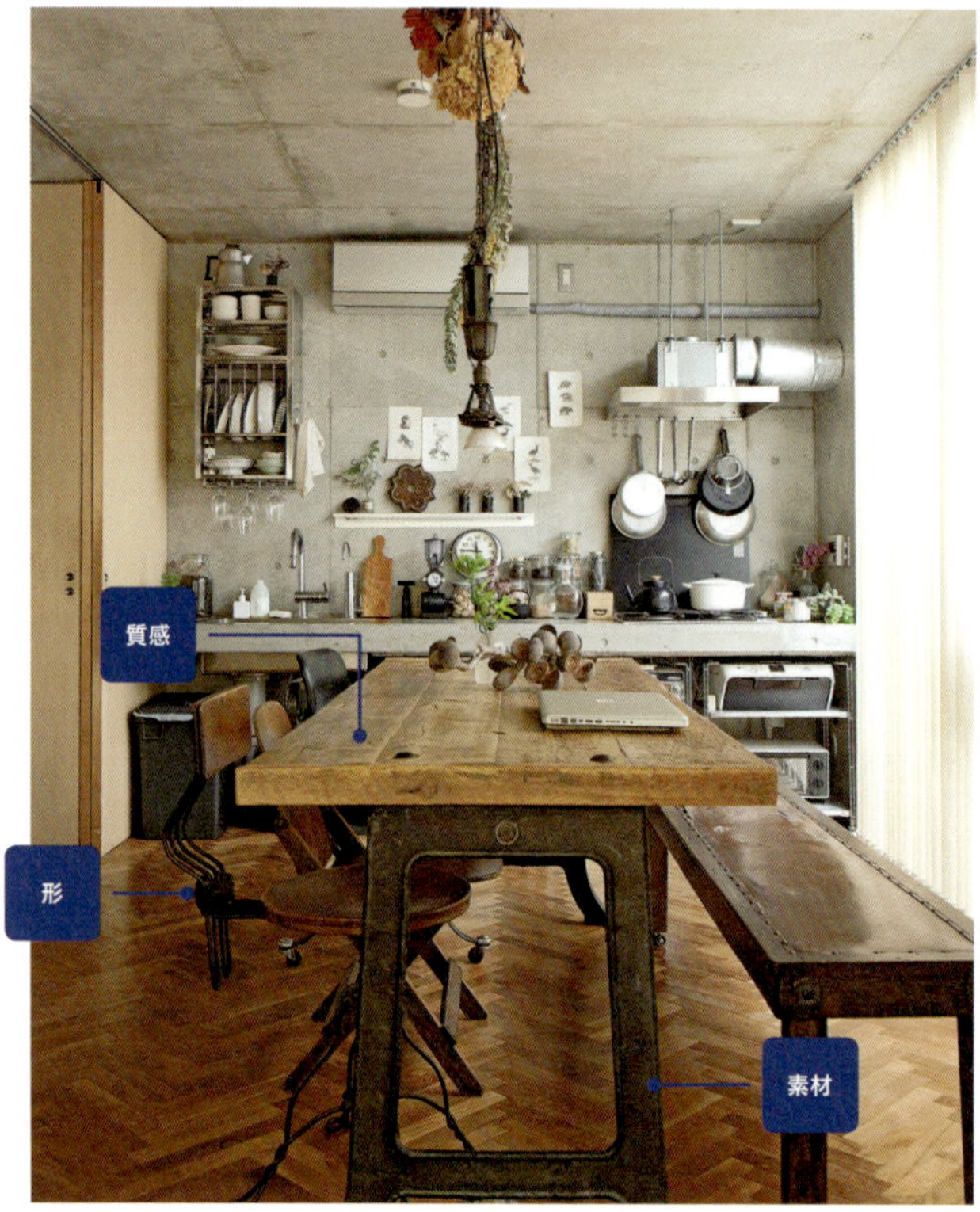

コンクリートと木の内装に、古い鉄や木、革などの家具を組み合わせ、味わいのあるインテリアに。（寺西さん宅・東京都）

天井が高い広々とした空間に、コンクリート打ち放しの壁や、土足で歩けそうなモルタルやラフなフローリングの床仕上げ、むき出しの配管や業務用の什器などが見られる、工場や倉庫を改装したようなハードな要素を多用するスタイルです。

色はスチールや木、コンクリートなどの素材そのままの色。使い込まれたヴィンテージ家具やオイルが染みたようなレザーなどの味のある素材感、リベットやビスどめをそのまま見せた武骨なデザインも特徴です。

倉庫や店舗で使われるイタリア製の「メタルシステム」を収納に活用。（Nさん宅・神奈川県）

### 4つの要素

**色** COLOR

**経年変化で濃くなったような渋くて無機的な色**

木やコンクリート、鉄などの素材の色。使い込んで味わいが出てきたような濃い色。

**形（フォルムとライン）** FORM

**骨太で直線的、機能的でがっちりした感じ**

什器のような、機能的で装飾のないラフで直線的なデザイン。ラインはがっちりと骨太で、線より面で構成。重心はやや低く、重量感を感じさせる。

**素材** MATERIAL

**自然素材に加え無機質の素材でクールに**

無垢材などの自然素材。古くなって味わいを増した古材や革、硬さや重さを感じさせるコンクリートや鉄、スチール、ブリキなどの無機質素材。

**質感** TEXTURE

**素材本来の質感を生かし粗削りな感じに**

素材自体の質感を生かし、ていねいな仕上げをしていないような粗削りな質感。ざらざら、ごつごつした感じ。

/ POPULAR STYLE /

< MY STYLE >

# CRAFT

クラフトスタイル

< LESSON.3 >

## 手作りの素朴なぬくもりのあるスタイル

白い漆喰塗りやペイントされた壁、DIYした棚やカーテン、蚤の市で買った古道具の家具や古いガラス瓶、作家ものの器など、ハンドメイドのぬくもりが伝わってきそうなインテリアです。色は生成りや自然素材そのままの色、形は華美な装飾のない素朴なフォルム。色や形がシンプルな分、古材やリネン、ブリキ、竹や水草のかごなどの素材感がクローズアップされるのが特徴です。自分で手を動かす、ていねいな暮らしを思わせるスタイルです。

シンプルなオープンキッチンに、古道具店で見つけたという木製の棚やガラスのショーケースを組み合わせてあたたかい雰囲気に。（三浦さん宅・大阪府）

和室をDIYのペイントや床張りで改装した、自宅アトリエ。（鈴木さん宅・埼玉県）

### 4つの要素

**色** COLOR

**生成りや古材などのやさしさのある色**

木やブリキ、竹、水草、リネンなどの素材の色。使い込んで味わいが出てきたような濃い色。生成りやアイボリーなどのやさしい色。

**形（フォルムとライン）** FORM

**シンプルなフォルムや華奢なライン**

装飾のないシンプルな直線、主張しない華奢なライン、手作りらしい素朴なフォルム。

**素材** MATERIAL

**自然素材や、古くて味わいのある素材**

無垢材や漆喰、竹、草、リネンなどの自然素材。古くなって味わいを増した古材やブリキ、気泡が残っているような古いガラスなど。

**質感** TEXTURE

**自然素材そのままの素朴さのある質感**

素材自体の質感を生かし、自然素材や古くなった素材そのままの素朴な質感。経年変化でやわらかくなった質感。さらさら、ざらざらした感じ。

/ POPULAR STYLE /

< MY STYLE > **SCANDINAVIAN** < LESSON.3 >

# SCANDINAVIAN

北欧スタイル

## 有機的かつ簡素化されたラインがシンプルな印象

北欧モダンともいわれるこのスタイルは、明るい色のプライウッド家具から北欧ヴィンテージ家具のような味わいのあるものまで、ナチュラルなアイテムをとり入れながら、全体的にシンプルでモダンな印象を受けるのが特徴。それは、直線や人工的な曲線で構成されたデザインによるものです。北欧の自然をモチーフにした有機的かつ簡素化されたラインは、あたたかみがありながら洗練されたデザインで、都会的なシンプルな内装にもよく似合います。

アルヴァ・アアルトのテーブル＆チェアやシェルフ、ライトイヤーズ社の照明「カラヴァジオ」でコーディネートしたダイニング。（N さん宅・神奈川県）

デンマーク、ピーター・ヴィッツ＆モルガード作のサイドボードがすてきなコーナー。（N さん宅・神奈川県）

### 4つの要素

#### 色 COLOR

**木の色の濃淡や北欧の自然の中にある色**

ベージュからこげ茶までの木の色のほか、森や湖を連想させる北欧の自然の色。

#### 形（フォルムとライン） FORM

**直線や、単純化された人工的な曲線**

すっきりとした直線、デザインされて単純化された有機的かつ人工的な曲線、フラットな面。

#### 素材 MATERIAL

**天然木や合板のほかステンレスや樹脂など**

天然木、プライウッド（合板）、木目の目立たない木。ウール、麻などの自然素材。陶器やタイル、スチール、ガラスなどの無機質素材。

#### 質感 TEXTURE

**素材感を感じさせつつスムーズな仕上がり**

天然木の素材感を残しつつ、均一でスムーズな仕上がり。ラッカー塗装のような木目をつぶした仕上げ。さらさら、ざらざら、つるつるした感じ。

/ POPULAR STYLE /

< MY STYLE >

# FRENCH

フレンチスタイル

< LESSON.3 >

## クラシカルをベースにモダンなものをミックス

パリには古い建物が多く残っていて、それをリノベーションする暮らし方が主流です。そのため、内装などのベース部分に時代様式によるクラシカルなモチーフの装飾が残っているケースが多く、そこに新しい素材やデザインをプラスして自分らしいインテリアを楽しんでいます。

また、無垢材や天然石の床、漆喰塗りの壁、アイアンのカーテンレールなどを用いた、南仏のプロヴァンス地方に見られるカントリースタイルも人気です。

装飾のついたドアや、アンティークのチェア、シャンデリアがクラシカルな雰囲気。そこにシンプルなテーブルを合わせて。(roshi さん宅・埼玉県)

黒いフレームの室内窓を背景に、フランチカントリー風のテーブルを置いて。(名取さん宅・神奈川県)

### 4つの要素

### 色 COLOR

**古い建物に残る石や漆喰、真鍮などの色**

木などの茶系の色、漆喰やリネン、石などのアイボリー、ベージュ、グレー。アイアンの黒。真鍮の渋いゴールド。

### 形（フォルムとライン） FORM

**ゆったりした曲線ラインとエレガントな装飾**

アーチやアールを描くゆったりした曲線や素朴なデザイン。クラシカルな建築様式を受け継ぐエレガントな形。

### 素材 MATERIAL

**古材や石、土、漆喰、アイアン、麻など**

木、漆喰、真鍮、古材やその土地で産出する土、石、タイル、ロートアイアン（鍛鉄）などの部材。ファブリックはリネンや木綿など。

### 質感 TEXTURE

**経年変化した質感やラフな仕上がり**

素材感のある自然な仕上げ。古くなったことによるかすれた感じ。ペイントがはがれたようなアンティーク調の仕上げ。

/ POPULAR STYLE /

< MY STYLE >

# JAPANESE MODERN

< LESSON.3 >

ジャパニーズモダンスタイル

## 自然素材を多用し、「空間」を生かすスタイル

ジャパニーズモダンは、数寄屋造りに代表される簡素な空間構成と、洋風の暮らし方を融合させたスタイル。家具のラインは直線的で白木仕上げが中心。ファブリックは自然を抽象化した柄や無地、和紙や障子などが使われます。また、民芸家具などをとり入れた古民家風スタイルも。木部はこげ茶に仕上げられ、ファブリックは藍染めなどの素朴なものが合います。いずれも〝床座スタイル〟やロータイプのソファなどで、視線を低めに集めているのが特徴です。

すだれや障子など、数寄屋造りの住宅の趣を大切に受け継ぎながらリノベーションした住まい。使い込まれた木の表情に味わいが。（Uさん宅・大阪府）

コーア・クリントの「サファリチェア」を置き、床にディスプレイしたリビング。（小菅さん宅・兵庫県）

### 4つの要素

### 色 COLOR

**自然の素材そのものの色。天然染料による色**

無塗装の木や古材などの茶系の濃淡、い草などの淡いグリーン、土のベージュなどのアースカラー。うるしの黒、藍などの天然染料による渋い色。

### 形（フォルムとライン） FORM

**直線や骨太なライン、有機的な曲線**

すっきりした直線。骨太なライン。樹木の形を生かしたような均一でない曲線、有機的な曲線。アシンメトリー（左右非対称）。

### 素材 MATERIAL

**木、土、紙、い草、麻などの自然素材**

無塗装の木、自然素材の塗装による木、竹、古材、土、い草や水草などの自然素材。和紙、天然繊維の織物など。鉄。

### 質感 TEXTURE

**素材の質感を生かした仕上げ**

無塗装。素材を生かした自然な質感。手作り風。ざらざら、ごつごつした均一でない仕上げ。うるし、柿渋などの自然塗料の仕上げ。

# CHAPTER

# 3

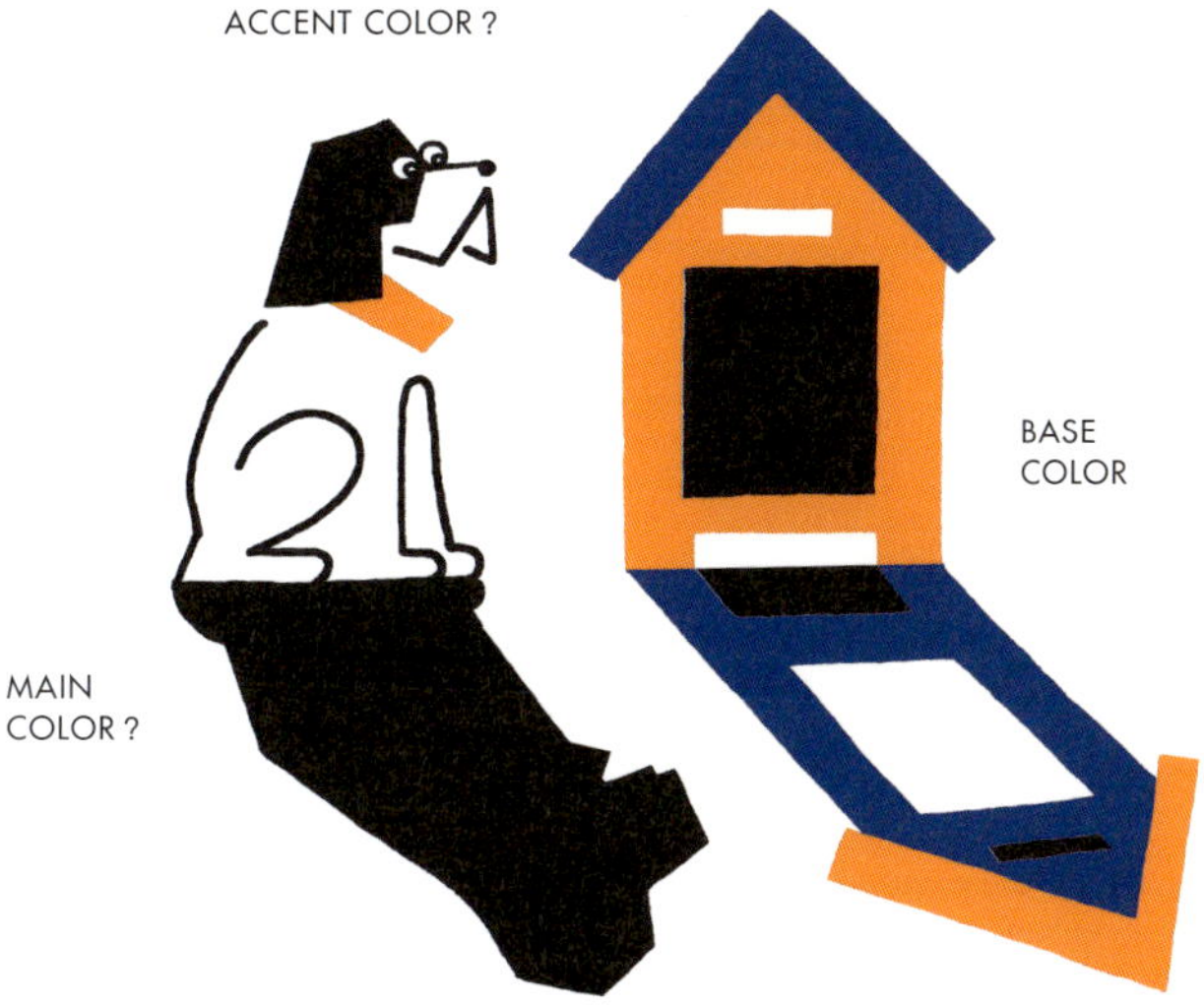


# COLOR COORDINATION

内装材からファブリックにいたるまで、
部屋づくりを大きく左右するカラーコーディネート。
基本セオリーとテクニックを徹底的に学びます。

LESSON.1 COLOR BALANCE / LESSON.2 REPETITION COLOR / LESSON.3 COLOR COORDINATION
LESSON.4 COLOR IMAGE / LESSON.5 COLOR SCHEME / LESSON.6 CHOOSE YOUR "WHITE"

1
LESSON

初心者でも「色」をマスターできる黄金比

# 色の「配分」のコツは 7：2.5：0.5

カラーコーディネートは色を“そろえる”ことではありません。
統一感がありながら単調にならない色の配分を知りましょう。

## COLOR BALANCE

### 色の「配分」のバランス

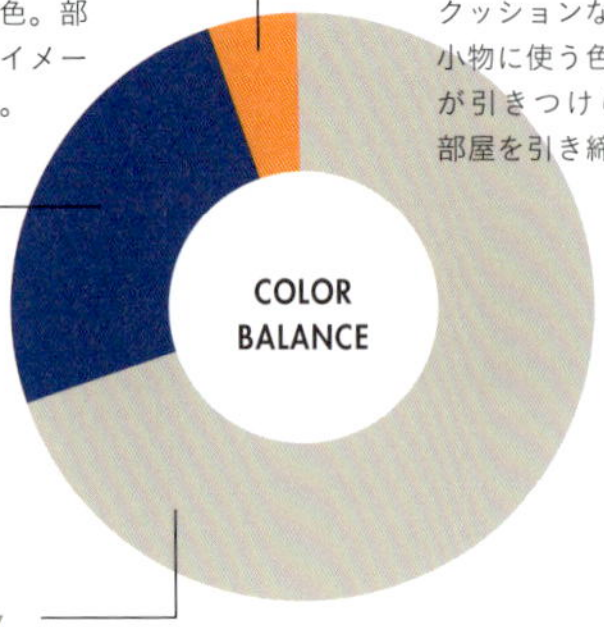


**25％ メインカラー**
ソファ、カーテンなどに使う色。部屋のカラーイメージを決める。

**5％ アクセントカラー**
クッションなどの小物に使う色。目が引きつけられ、部屋を引き締める。

**70％ ベースカラー**
床、壁、天井などの広範囲に使う色。部屋のイメージの基礎をつくる。

### 同じ色を使っても、配分が違うとイメージも異なる

インテリアのカラーコーディネートとは、部屋の中のものすべてを同じ色で「統一」することではありません。本来の意味は、内装や家具、小物にいたるまで、色の調和をはかることです。そのため、色と色の相性はもちろん、どの色をどのくらいの面積で使うか＝色の「配分」も重要です。白と黒のファッションを例にあげると、白い服に黒の小物を合わせるときと、その色が逆のときとでは、まったく違う印象になります。インテリアでも色の面積比が異なれば、仕上がりのイメージは異なるものになるのです。

初心者はまず、インテリアで使いたい色を「ベースカラー」「メインカラー」「アクセントカラー」の3つに分け、その配分を70％＋25％＋5％で考えてみましょう。いろいろな色を同量で使うインテリアもありますが、まとめ上げるには高いセンスと知識が必要です。色の配分に差をつけることでめざすインテリアイメージがわかりやすくなり、強い色も調和させやすいので、安定感がありつつメリハリもある、カラーバランスのよい部屋に仕上げられます。

**モーブピンクをメインカラーにした女の子の部屋らしいコーディネート**
ベースカラーは天井や腰板に使われている白、メインカラーはモーブピンク。ライトブルーをアクセントカラーに。（井上さん宅・大阪府）

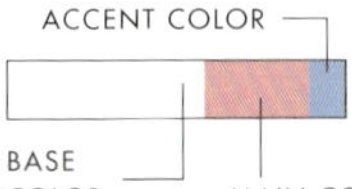

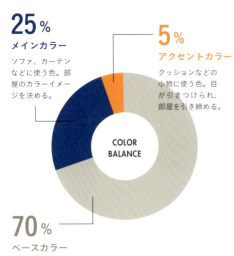

# COLOR BALANCE

## 色の配分とその効果

**アクセントカラー**

クッションなどの小物に使う色
面積は全体の 5%程度
面積が小さくても目が引きつけられる色

**ベースカラー**

床、壁、天井などの広範囲に使う色
面積は全体の 70%程度
部屋のイメージの基礎となる色

**メインカラー**

ソファ、カーテンなどに使う色
面積は全体の 25%程度
部屋のカラーイメージを決定づける色

**グリーンをメインカラーにした ナチュラルで落ち着きのあるコーディネート**

フローリングやダイニング家具、室内窓などのナチュラルな木の色をベースに、キッチンカウンターのタイルや、DIY でペイントしたリビングの壁、ラグなどでメインカラーのグリーンを。椅子や雑貨でアクセントカラーの赤をプラス。（大和さん＆西川さん宅・広島県）

POINT 1

### 部屋の印象の基礎を つくるベースカラー

ベースカラーとは、床、壁、天井などに使われる、部屋の大半を占める基調となる色のこと。インテリア全体をまとめる色で、面積の配分は全体の70％くらい。明るい感じにするのか、シックな感じにするのか、イメージの方向性の基礎となる色です。

POINT 2

### 部屋の色の印象を 決定づけるメインカラー

メインカラーは、部屋の主役になる色。面積の配分は25％程度で、ソファやカーテン、ラグなどに使います。部屋のカラーイメージを発展させ決定づける色なので、ベースカラーとの調和を考えながら、色調などにもこだわって選びましょう。

POINT 3

### インテリアを引き締める アクセントカラー

アクセントカラーは、インテリアのポイントや引き締め役になる色。面積の配分は5％程度で、クッションや絵、ランプシェードなどに使います。アクセントとして使う色なのでメリハリがきくように、目が引きつけられる色を選びましょう。

強い色が浮かず、"統一感"が感じられる秘訣

# 色の「配置」のコツはレピテーション（繰り返し）

赤や黒などの強い色、個性のある色もインテリアになじませる、
カラーコーディネートのテクニックを紹介します。

## REPETITION COLOR

REPETITION COLOR

### ニュアンスのある赤やオレンジ色を繰り返し配して部屋になじませて

モルタル仕上げの床と白い壁に、シックな家具や大判のラグが似合うインテリア。アクセントの赤やオレンジ色が、ラグやクッション、照明などで繰り返し使われて。（Aさん宅・東京都）

REPETITION COLOR

**黒の小物や家具が、部屋の中にちりばめられて**

照明や棚受け、椅子などに黒を繰り返し使用。木のフローリングと白い壁のナチュラルな内装の中で、黒いサッシやレンジフードも浮かずになじみ、黒が空間を引き締める効果も。（穴吹さん宅・香川県）

REPETITION COLOR

**持っているもののなかから出しておくものの色をしぼり、分散して配して**

部屋のテーマカラーに合わせて、出しておくものの色を黄色、水色、赤、グレーにしぼっているという小堀さん。はっきりした強い色も、繰り返し使うことでまとまりが。（小堀さん宅・東京都）

## 色を分散して繰り返すことで部屋になじみ、統一感も

インテリアに強い色をとり入れる場合、その色を一カ所だけに使うと周囲から浮いて、唐突な印象になってしまいます。それを解決するのが、その色を部屋の中に分散させて繰り返し使う〝色のレピテーション〟というテクニックです。繰り返し使うことで強い色も部屋になじみ、色の統一感も生まれます。

たとえば赤いソファを置く場合、同じ赤が入った柄のカーテンやラグ、壁にかける絵画や照明器具、小物やCDのジャケット、本などで「赤」を繰り返し配します。そうすることで、赤いソファだけが浮いてしまわず、部屋全体に美しいハーモニーが生まれます。

また、淡い色でまとめたナチュラルな部屋で黒いテレビが浮いてしまうというときにも、このテクニックが役立ちます。この場合は、ナチュラルにも合う黒いアイアンのカーテンレールやオブジェ、照明などを置くことで、不思議と黒いテレビが悪目立ちしなくなります。

繰り返し使う色を決めておけば、部屋の中のものを新しく買うときに色選びで迷ったりせず、少しずつ部屋づくりを進めても、カラーコーディネートがちぐはぐになりません。部屋に合わないものを買う失敗を減らすことにも役立ちます。

インテリアのベース部分のカラーコーディネート術

# 内装材とインテリアアイテムの色合わせ

床・壁・天井、造作材や家具。木部や金属部など、部屋の骨格部分の色の決め方と合わせ方を考えましょう。

## COLOR COORDINATION

**明るい色のフローリングで広々と**

限られたマンションの空間も、淡い色の床材で広がり感が生まれる。北欧アイテムで心地よい部屋に。（森さん宅・東京都）

**広がりと安定感を両立させた色使い**

全体的にナチュラルカラーだが、床を濃く、壁・天井を明るくすることで安定感と伸びやかさが。（真砂さん宅・福岡県）

### POINT 1 床→壁→天井の順に明るい色を使うと、広く伸びやかな感じ

サイズと重さが同じものでも、色が黒いと重く見え、白いと軽く見えます。色の明暗によるこの効果を、内装材選びにも応用します。

床を暗く、天井にいくほど明るい色にすると、天井が高く伸びやかに見えます。逆に天井にいくほど重みのある暗い色にすると、天井は低く感じられます。白い天井は見た目に10cm高く、黒い天井は20cm低く見えるといわれています。

天井を暗い色にすると、実際より低く見える。落ち着き感を出したい寝室や書斎などは、暗い色を使うのもよい。

床→壁→天井、つまり、上にいくほど明るい色にすると、天井が高く空間が伸びやかに見える。壁と天井は同じ色で統一しても。

### POINT 2 床の色を明るくすると、小さめの部屋も広々と見える

一般的に、白っぽい色を着ると太って見え、黒っぽい色を着るとスマートに見えるといわれます。それは、黒などの暗い色は小さく引き締まって見える「収縮色」で、白などの明るい色は大きくふくらんで見える「膨張色」だから。

この色の性質を応用し、床や壁、天井などの内装材全体に明るい色を使うと、コンパクトな部屋を広々と見せることができます。

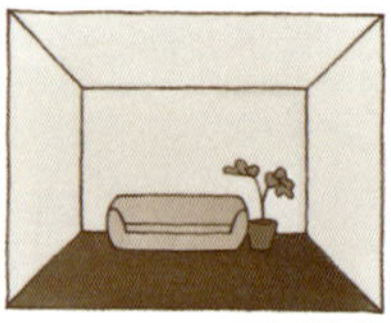

床に濃い色を使い、壁や天井との色の濃淡の差を大きくすることで、こぢんまりとした落ち着いた雰囲気になる。

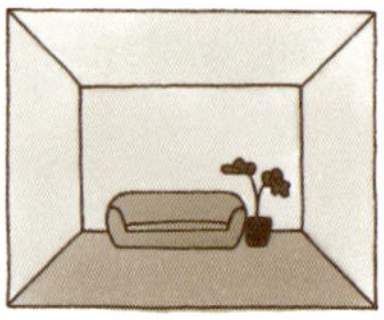

床の色を明るくし、壁や天井と色の濃淡の差を少なくすることで、狭い部屋でも広々と開放的に感じられる。

**金属部分を黒に、木部の色も統一**

ご主人がつくったダイニング家具は、木部は床の色に合わせ、金属部はサッシや照明などと同じブラックに。（宮坂さん宅・神奈川県）

POINT 3

## 木部や金属部の色をそろえると調和させやすい

部屋のベースづくりで重要なのが、木部と金属部の色です。木部は薄茶色とこげ茶色を使ったら、2色使ったという意識をもちましょう。主要な木製家具の色は、建具や造作材にそろえるとすっきり見えます。木の家具を買い足すときは、手持ちの家具の色や素材、質感を確認して。サッシや照明などの金属部分も、色や仕上げの質感をそろえましょう。

**金属部は モダンなシルバー カラーで統一**

レンジフードやテーブルの脚などの金属部はシルバー、床とテーブル天板の木部は木目を生かしたホワイトで統一。（峰川さん宅・栃木県）

POINT 4

## 家具を選ぶときは、背景となる壁の色や素材にも注意を向けて

置き家具と、その背景となる壁の色や素材をそろえすぎてしまうと、室内が同じ色ばかりで単調に見えたり、家具が壁に同化してのっぺりした印象になってしまう場合があります。壁が木製の場合は特に注意が必要です。内装と家具、それぞれの魅力が引き立つように、色や素材で変化をつけましょう。

**力強いログの壁と モダン家具の対比が美しい**

角ログのこげ茶色の壁を背景に、モダンな家具が引き立って。（サーレライネンさん宅・山梨県）

POINT 5

## 色柄ものの壁紙やファブリックは部屋の広さとのバランスを考えて

壁紙やカーテンなど、部屋の中の大きな面積を占めるファブリック選びをする前に、色柄の見え方をチェックしましょう。コントラストがはっきりした大きな柄は手前に迫って見えるため、部屋が狭く感じられます。また、ボーダー（横縞）柄は横長に、ストライプ（縦縞）柄は縦長に見える特徴があります。

同じ色でも面積の大小により、見え方が変わります。面積が大きいほど、明るい色はより明るく鮮やかに、暗い色はより暗く感じます。床材や壁紙は、なるべく大きな見本で確認しましょう。

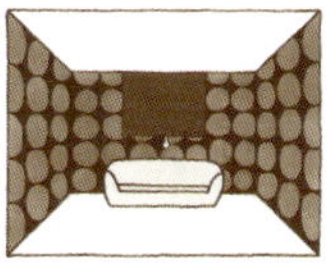

大きなパターンや濃い色は手前に迫ってくるように見えるため、部屋が狭く感じられる。

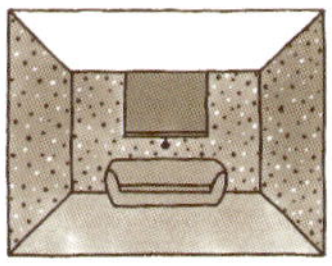

部屋を広く見せるには、白っぽい明るめの色で、無地か小さな柄の壁紙やファブリックを。

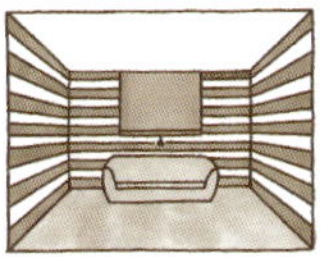

ボーダーは横の広がりが強調されるが、天井が低く見えて、圧迫感が出ることもある。

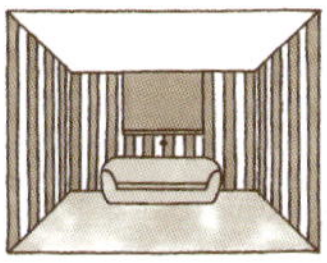

ストライプは高さを強調するが、色の対比が強い太い縞を広範囲に使うと、狭く見える。

POINT 6

## 建具や造作材の色は、「床合わせ」か「壁合わせ」が基本

建具や造作材（幅木や窓の額縁、ドア枠など）の、木部の色の決め方で一般的なのが、床材の色に合わせる方法（イラスト・上）です。

建具や造作材を床材より濃い色にすると、引き締まった印象になります（イラスト・中）。

ただし、造りつけ収納があるなど、壁に対して建具の面積の比率が大きい部屋は、建具を床材と同色にすると、木部が主張しすぎて圧迫感が出ることも。建具を壁と同化する色にすると、部屋が広々と見えます（イラスト・下）。

### 木部を床の色にそろえて統一感のある部屋に

建具や板張りの天井、窓枠などの木部を、床材の色に合わせて。インテリアのベースがしっかり統一されているので、さまざまな色の小物をコーディネートしやすい。（福地さん宅・北海道）

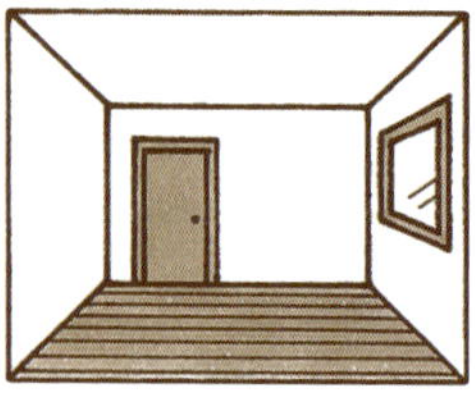

建具や窓の額縁などを床材と同じ木の色に合わせる方法。調和させやすく、統一感もある。

### 建具などの木部を床より濃くしてシックに

ドアや室内窓、梁や幕板などの造作材の木部を、床より濃い色に。空間が引き締まり、シックな印象のインテリアになる。（デキさん宅・大阪府）

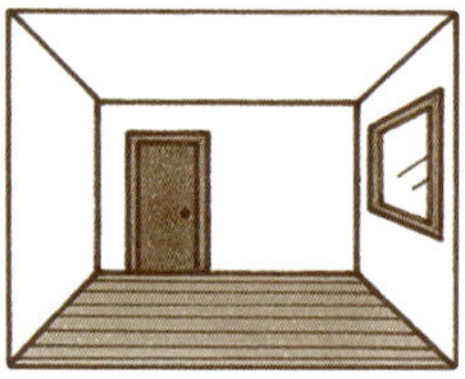

建具や造作材を床より濃い色にすると、空間が引き締まり、シックで重厚な感じになる。

### 建具などの木部を壁の色に合わせて広々と

ドアや室内窓の窓枠などの木部を、漆喰塗りの壁と同じ白にオーダーメイドして統一。壁と同化させることで視界の障壁がなくなり、広く感じられる。（吉川さん宅・大阪府）

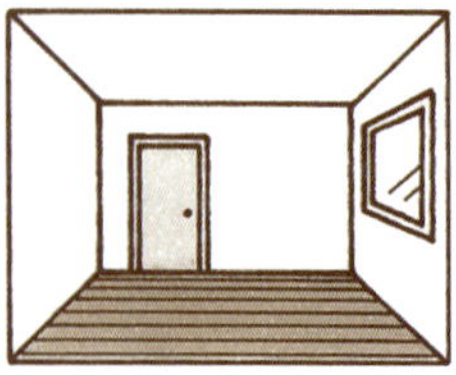

建具や造作材を壁に同化する色で仕上げる方法。ドアや収納扉が多くても存在感が薄れ、部屋が広々と。

**床の色と家具を合わせると、統一感と広がり感が**

イラスト・上の例。床と家具の色をそろえれば、テイストの異なる家具をまぜても統一感が出る。明るめの色で部屋が広々。（Kさん宅・大阪府）

**明るい色の床材に、こげ茶色のアンティークを合わせて**

イラスト・中の例。家具を床より濃い色にすると、家具が引き立ち、空間が引き締まる。濃い色の家具に高級感も感じられる。（佐々木さん宅・愛知県）

**こげ茶色の床材に、白くペイントした家具を合わせて**

イラスト・下の例。ダークなこげ茶色の床材に、木目を消した白いペイントの木製家具を合わせた、シックなコーディネート。（佐藤さん宅・埼玉県）

フローリングと木製家具の色をそろえると、統一感が出る。明るめの色なら、部屋が広々と感じられる。

木製家具を床より濃い色にすると、家具が引き立ち、空間を引き締める。濃い色の家具は高級感も。

家具を床より明るい色にすると、家具が軽く見えることも。質の高い木製家具か、木目のない家具を。

POINT 7

## 床と家具の色を明るくすると、部屋が広々。家具を濃くすると、空間が引き締まる

木製家具は木のフローリングの色との相性によって、部屋の印象や家具の見え方が変わります。

明るい色の床の上に同色の家具を置く方法は、部屋を広々と見せ、木部の色がそろうことで、小物などで変化がつけやすくなります（イラスト・上）。明るい色の床の上にダークな木の家具を置くと、家具のラインが強調されます。濃い色には重厚感があるため、家具が高級に見える利点も（イラスト・中）。逆に、濃い色の床材に薄い色の木製家具を置くと、家具が貧弱に見えがち。無垢材などの質の高い家具か、木目を消した塗装品の家具を選んで（イラスト・下）。

4
LESSON

インテリアイメージに合った
色選びのための基礎

# 色の「しくみ」と「個性」基本知識

色のしくみや個性、イメージについて知り、
めざすインテリアに合った色選びをしましょう。

## COLOR IMAGE

### 色のしくみ

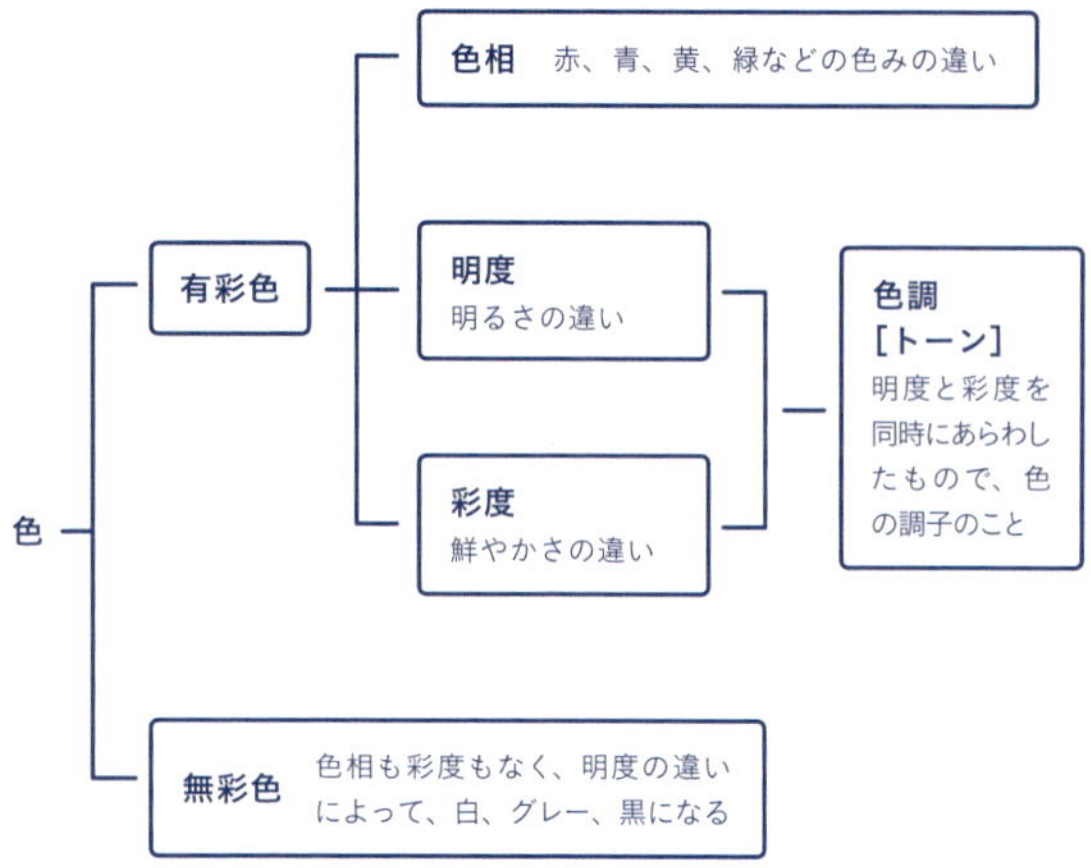


### 色のしくみとバリエーションについて

私たちの暮らしを彩るさまざまな色は、「有彩色」と「無彩色」に分けられます。有彩色は、色みをあらわす「色相」、鮮やかさをあらわす「彩度」、明るさをあらわす「明度」の変化によって、色のバリエーションが生まれます。

THEME 1

## 「色相」とイメージ

### 色のもつ個性やイメージをインテリアに生かす

有彩色の中で、光の波長の違いによって生まれる赤、黄、緑、青、紫などの色合いのことを、「色相」といいます。

有彩色・無彩色を含めて、色にはそれぞれ、万人が連想する共通のイメージがあります。たとえば、白は清潔感、赤は活動的、ピンクはロマンチック、紫はなぞめいた雰囲気、緑は自然な感じ、などです。

インテリアにおいても、みんなが集うリビングは穏やかな雰囲気の茶系やグリーン系、浴室や洗面所には清潔感のある白を使うなど、部屋の用途に合ったイメージの色選びによって、居心地のよさを演出することができます。

### 色相環

色相環は、波長の長い赤から波長の短い青紫までを順に並べ、さらに青紫と赤の間に紫と赤紫を加えてできた環状の色配列。色彩学では10色あるいは24色に分けることがあるが、ここでは12色に分類。色相環で向かい合った色を反対色（補色）、隣の隣くらいまでの色を類似色と呼ぶ。

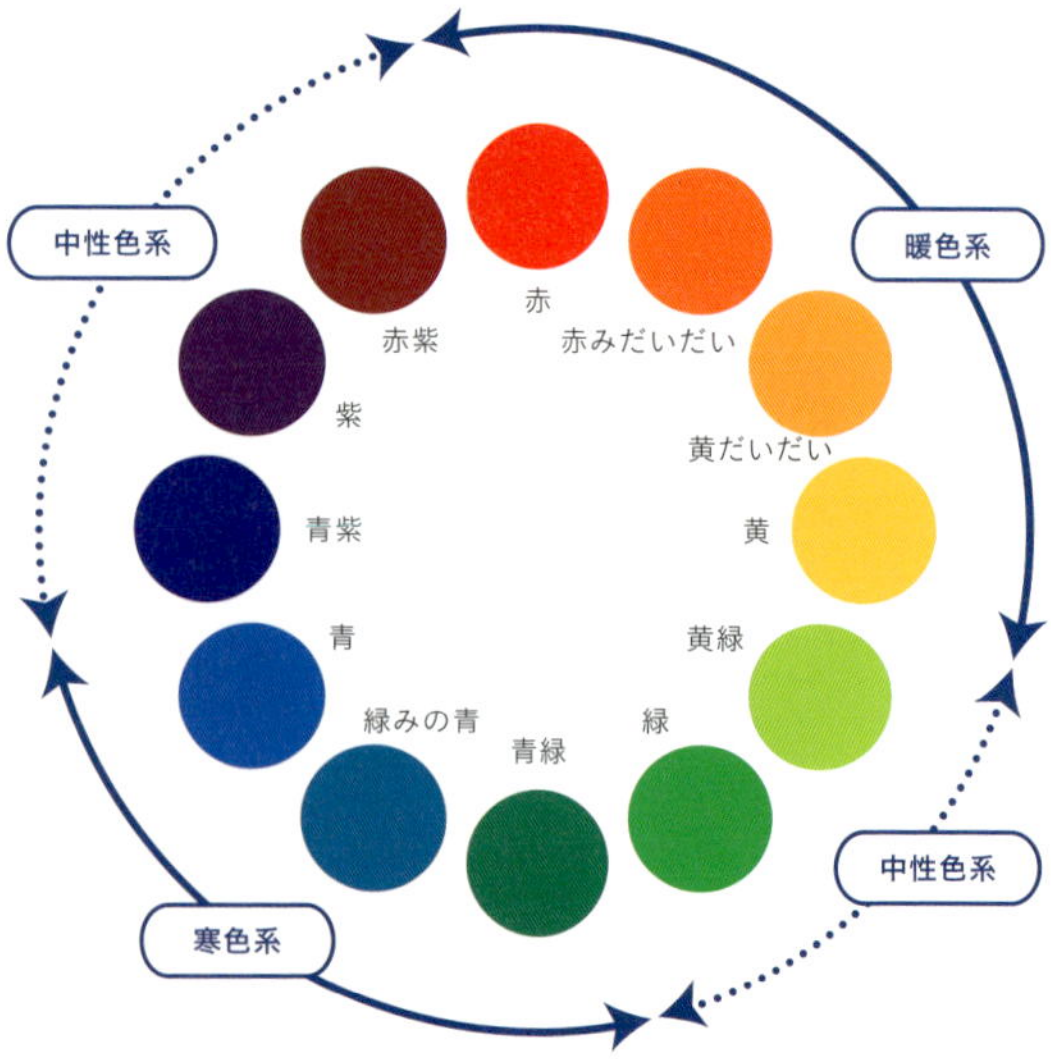

**落ち着いたブルーが**
**静かでさわやかな印象**

DIYでペイントしたブルーの壁面やグレーのベッドファブリックが、落ち着き感や静けさのある、さわやかなベッドルームを演出している。(深津さん宅・京都府)

### 色のイメージの例

| | | | |
|---|---|---|---|
| **白**<br>清潔、ピュア、シンプル | **赤**<br>活気、活動的、食欲増進 | **茶色**<br>自然、穏やか、落ち着き | **青**<br>クール、知的、さわやか |
| **グレー**<br>ストイック、人工的、クール | **ピンク**<br>フェミニン、やさしさ、ロマンチック | **緑**<br>森、自然、リラクセーション | **紫**<br>荘厳、高貴、神秘的 |

**淡いグリーン系で穏やかなイメージ**

壁とテーブルランナーに、鮮やかさを抑えたグリーンを選んで。天井や構造材、家具にアイボリーカラーを使ったことで、グリーンがいっそうやさしく穏やかな表情に。(Nさん宅・愛知県)

**明るい黄色が元気で快活なイメージ**

子ども部屋の壁の1面は、300色くらいある色見本から選んで元気な黄色にペイント。お子さんの作品も映える、明るく快活なイメージに。(深津さん宅・京都府)

THEME 2

# 「色調」とイメージ

## 明度と彩度の変化で、色はさまざまな表情に

「色調（トーン）」とは、明度（明るさ）と彩度（鮮やかさ）を同時にあらわしたもので、色の調子のことです。たとえば、色相環にある純色「ビビッドトーン」の「緑」に、白を少しずつ加えていくと、明度は高く、彩度は低くなり、だんだん淡い緑色へと変化します。このごく薄い色の調子のことを「ペールトーン」と呼びます。同じように、純色の緑に少しずつ黒を加えていくと、明度、彩度ともにしだいに低くなり、やがてくすんだ緑色になります。このやや暗く灰色がかった色の調子を「グレイッシュトーン」と呼びます。このように、有彩色は、純色にまぜる白や黒、グレーの分量によって明るさや鮮やかさが変わり、さまざまな色調の色になります。

また、赤はホット、青はクールなど、それぞれの色相にイメージがあるように、色調にも個性があります。色相が同じでも、トーンが変わると、まったく違った印象になります。

**PCCS のトーン分類図**

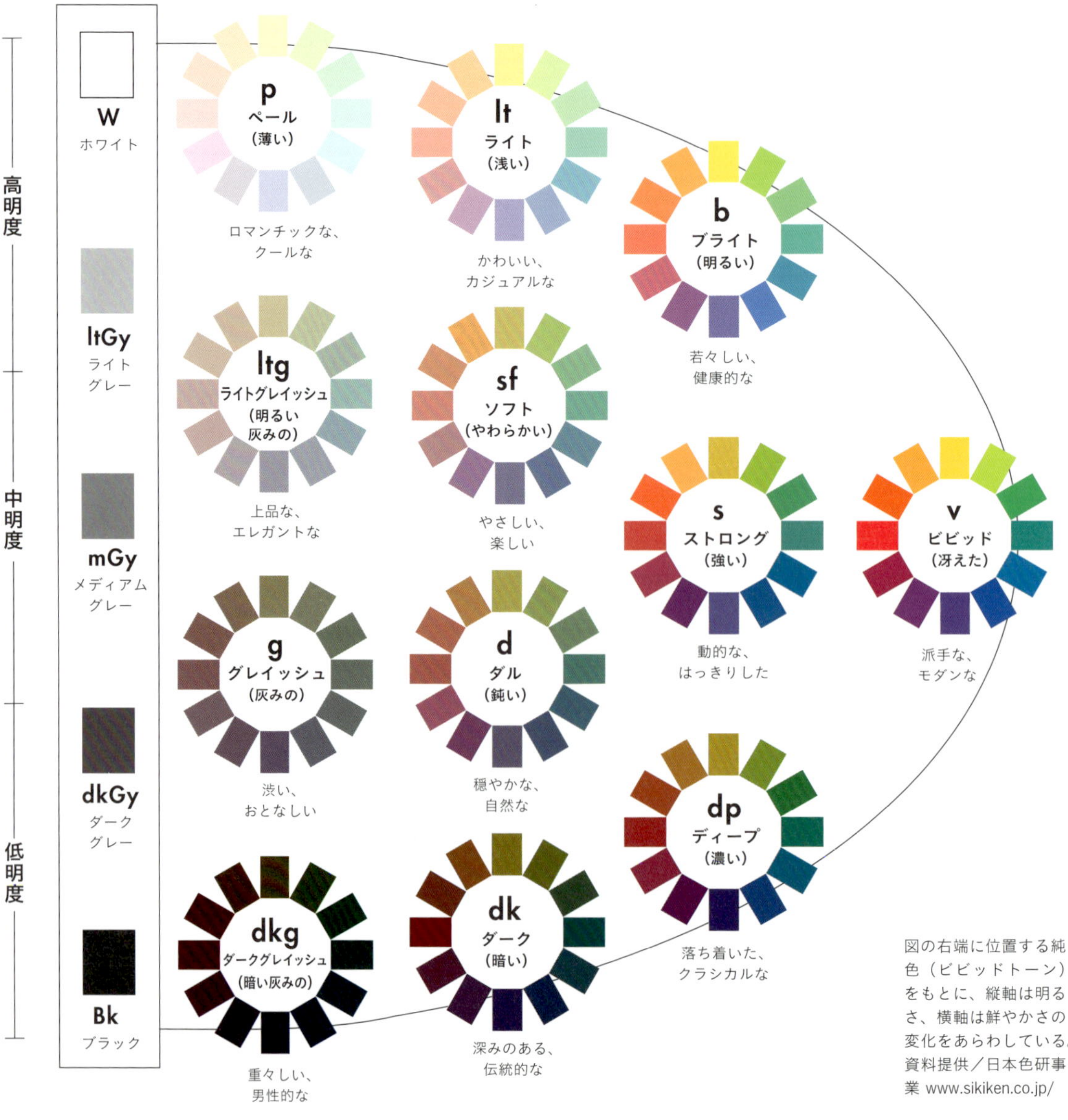


図の右端に位置する純色（ビビッドトーン）をもとに、縦軸は明るさ、横軸は鮮やかさの変化をあらわしている。資料提供／日本色研事業 www.sikiken.co.jp/

## ビビッドトーン

**イメージは「モダン、活動的、若さ、派手、鋭い刺激的」**

ハンス・J・ウェグナーのヴィンテージソファに張った、青緑、青、黄色の張り地が印象的。ビビッドトーンを使いながら落ち着きも感じさせる、北欧モダンらしいインテリア。（河内さん宅・愛知県）

## ライトグレイッシュトーン

**イメージは「上品、渋い、落ち着いた」**

ガーランドやラグなどに、ニュアンスのあるライトグレイッシュトーンをとり入れて。ハードな素材を組み合わせ、渋さのある甘くなりすぎないインテリアに。（高石さん宅・東京都）

## ダークトーン

**イメージは「伝統的、円熟、濃密、落ち着き、深み」**

ダークグリーンの壁紙や、カーテンやラグに使った渋いレッドなど、深みのあるカラーでまとめた英国スタイル。アンティーク家具が似合うインテリア。（中村さん宅・山梨県）

## グレイッシュトーン

**イメージは「シック、落ち着き、控えめ、地味、質素」**

間接照明を組み込んだベッドヘッドのパーティションは、落ち着いたグレイッシュトーンのパープルでペイントしシックに。観葉植物の緑もスパイスカラーになって。（Yさん宅・群馬県）

カラーコーディネートを成功させる配色テクニック

# 配色の基本 4つのパターン

好きな色を上手にまとめ、すてきな部屋に仕上げられる、
カラーコーディネートの基本の配色テクニックを紹介します。

## COLOR SCHEME

## Pattern 1 | COLOR SCHEME | 同系色

**1つの色み(色相)のトーンの異なる色を重ねて美しいグラデーションを楽しむコーディネート**

ブルーの同系色コーディネートは落ち着いた雰囲気。柄+柄もとり入れやすい。

茶系〜ベージュの同系色コーディネートは、中立的で年代を問わず受け入れられる。

同系色のコーディネートとは、同じ色相の、明度や彩度の違う色と色を組み合わせる方法です。たとえば、赤なら鮮やかな赤やにごりのある赤、明るい赤や暗い赤などを合わせます。ほかの色みが入らないのでまとめやすく、花柄やチェックなどの「柄+柄」の高度なインテリアコーディネートも、いろいろな赤でそろえればよいので合わせやすいのです。

また、「ブルーの部屋にしたい」と、すべて同じブルーでそろえたのでは単調で平坦な印象になってしまいますが、このコーディネートは1つの色みでもトーンの違う色を重ねるので、カラースキームに奥行き感も出せます。部屋のカラーイメージを明確にしつつ、色のグラデーションで美しいインテリアに仕上げることができるのです。

同系色のコーディネートの中でも年代を問わず人気なのが、茶系でまとめるインテリアです。主張の少ない中立的な性格の色のベーシックな組み合わせだからこそ、単調な印象にならないよう、異素材を組み合わせたり、色の濃淡のコントラストのつけ方を工夫しましょう。

### 同系色のコーディネートでも濃淡のつけ方で違った印象になる

[ 濃淡の差を少なくした場合 ]

**やわらかな色と自然素材で、くつろぎの空間に**

床は無垢のパイン材で、壁は珪藻土。淡い色の木製家具や窓の生成りのシェードなど、全体を濃淡の差が少ない淡い色でまとめて、やさしく穏やかな雰囲気をかもし出している。(Fさん宅・埼玉県)

[ 濃淡の差をつけた場合 ]

**ダークブラウンが空間を引き締めるシックな部屋**

ベージュとダークブラウンのコントラストのあるコーディネートで、メリハリのあるシックな印象に。暖炉を中心にシンメトリーに配した家具のレイアウトも、心地よい緊張感が。(澤山さん宅)

### 「赤」のグラデーションが味わい深いインテリア

ビビッドトーンに近い「赤」のクッションをはじめ、鈍い赤、濃い赤、暗い赤、赤みがかったグレーやベージュなど、赤のトーン違いを重ねて、味わいのあるカラースキームのインテリアに。（土器さん宅・東京都）

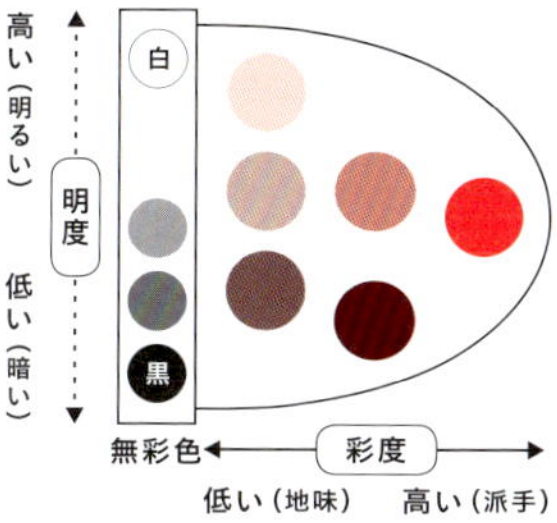


### 「青」のグラデーションが落ち着きと安らぎを感じさせる

壁、ベッドファブリック、壁にかけたアートにいたるまで、ブルーのトーン違いの色が使われた寝室。同系色コーディネートでは柄＋柄も合わせやすいので、ファブリックをたくさん使う寝室でぜひ挑戦したい。（イギリス・ウェールズのコテージハウス）

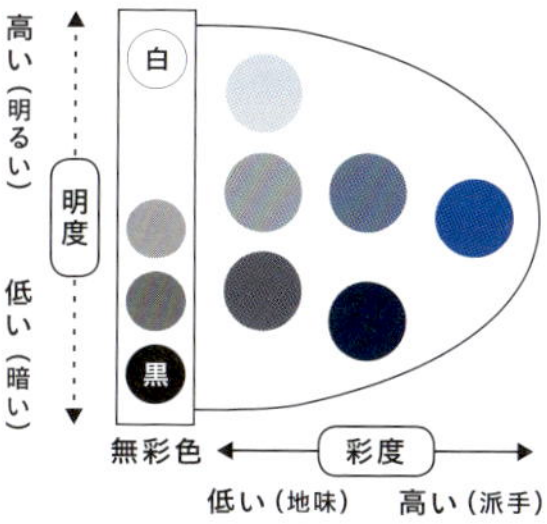

Pattern 2 | COLOR SCHEME

# 同一トーン

**明るさ、鮮やかさ、イメージが同じなので複数の色みが違和感なく調和する配色**

同一トーンのコーディネートとは、いろいろな色みの色を、トーン（色調）をそろえてコーディネートする方法です。たとえば、ペールトーンの中の赤や青や黄色……を合せていくのです。

この配色の最大の利点は、カラフルな多色使いのコーディネートを容易にすることです。明るさと鮮やかさが統一されるのでまとめやすく、いろいろな色みを使ってもぶつからないので、美しいカラーパレットのように仕上がります。

また、ビビッドトーンは元気な感じ、ソフトトーンはやさしい感じなど、トーンにもそれぞれ固有のイメージがあり、めざすインテリアイメージに直結させることができます。64ページで紹介した、色調（トーン）の分類図を参考に、イメージに合った色調選びをしてみてください。

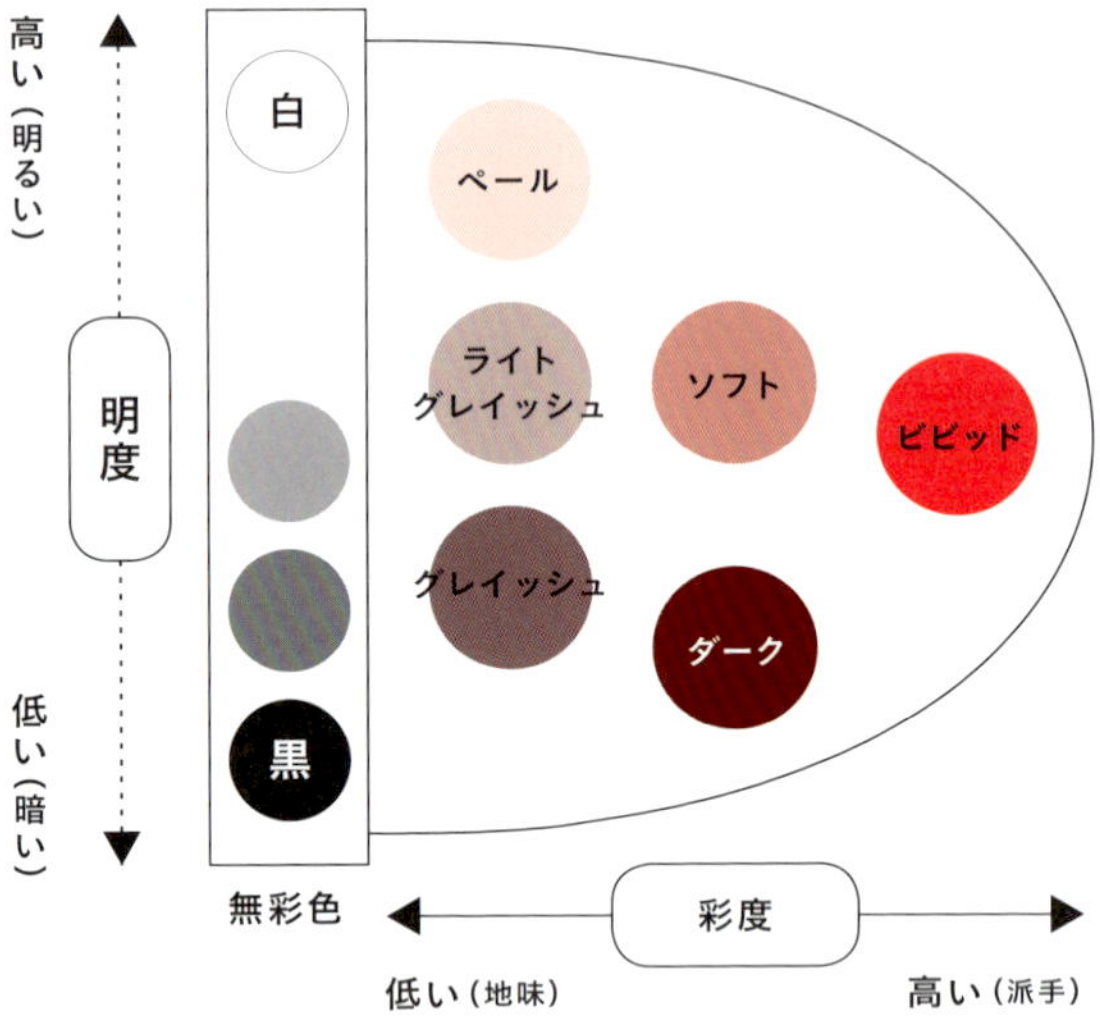


**トーンの例**

色調（トーン）とは、明度と彩度を同時にあらわしたもの。純色（ビビッドトーン）は、明るさと鮮やかさが変わると、ごく薄い色（ペールトーン）や灰みがかかったくすんだ色（グレイッシュトーン）など、さまざまな色調の色に変化する。同一トーンのコーディネートは、それぞれのトーンに属する色み（詳細は64ページ）を使って構成する。

カジュアルでかわいらしいイメージの「ライトトーン」のコーディネート。

自然な穏やかさや、落ち着いたイメージの「ダルトーン」のコーディネート。

**やさしさや楽しさがある「ソフトトーン」のインテリア**

壁面にラベンダーとオリーブカラーをとり入れ、ブルーのドアやオレンジ色の椅子を合わせて、パリのカラフルなアパルトマンのような空間に。（Wさん宅・福岡県）

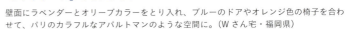

### 明るくてロマンチックな「ペールトーン」のインテリア

ペールトーンのファブリックを重ねて、ロマンチックなベッドルームに。ホワイトの家具や窓枠とも好相性。（朴さん宅・千葉県）

### 静かさと品のよさが漂う「ライトグレイッシュトーン」

グリーンやブルー、ベージュなど違う色相の色も、トーンをそろえることで美しく調和している。（ノックスさん宅・イギリス）

Pattern **3** | COLOR SCHEME

# 類似色

**色みが似ているのでなじみやすく、安心感のあるカラーハーモニー**

**レモンイエロー〜ブルーの穏やかで落ち着くインテリア**

グリーンに近いレモンイエローのキャビネット、グリーンの壁、ブルーのオブジェ……。植物や水などを連想させる落ち着いた色でコーディネートした、かわいらしい子ども部屋。(児玉さん宅・東京都)

**オレンジ〜グリーンのフルーツのようなビタミンカラー**

壁面をイエロー、キッチンキャビネットをグリーンにペイント。類似色を組み合わせることで、元気ではっきりした色どうしも調和し、楽しげで生き生きとした表情のインテリアに。(Y さん宅・東京都)

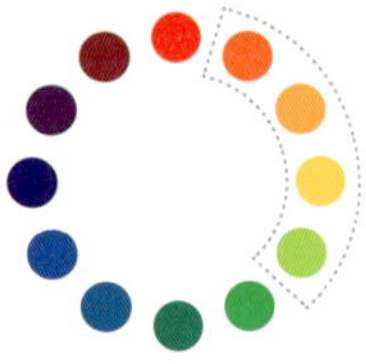

類似色のコーディネートとは、色相環で隣の隣くらいまでに位置する、似た色相の色を組み合わせる方法です。色みの差が小さく色の性格が似ているため、なじませやすいコーディネートです。

さらに、夕焼けの空の色やだんだんと深くなる海の色、日が当たっている部分と影の部分の木々の葉の色の見え方のように、自然界でよく目にするナチュラルな色のグラデーションなので、人にとってなじみ深く、心地よさを感じられる、安心感のあるカラーハーモニーです。

赤〜オレンジの暖色系のグラデーション。活発であたたかなイメージに。

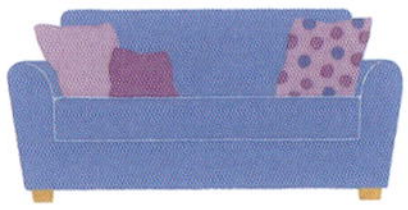

ブルー〜パープルの寒色系のグラデーション。落ち着いて、クールなイメージ。

# Pattern 4 | COLOR SCHEME | 反対色

## 個性が違う色どうしが、お互いを引き立て合う上級者向けの配色

**緑とパープル。個性的な色どうしを品よくコーディネート**

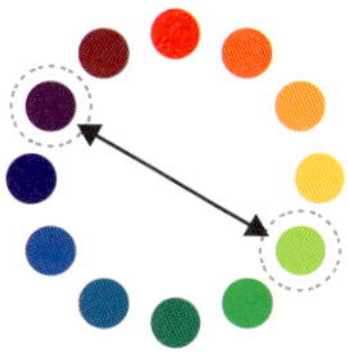

緑をごく淡い色にしてベースに使い、濃いめのパープルを少量使ってアクセントに。反対色を使いながら、明度や彩度を抑えた色使いで上品に仕上げた、お手本にしたいインテリア。（プレンティスさん宅・イギリス）

**鮮やかな２色をとりもつ白い天井とダークな家具**

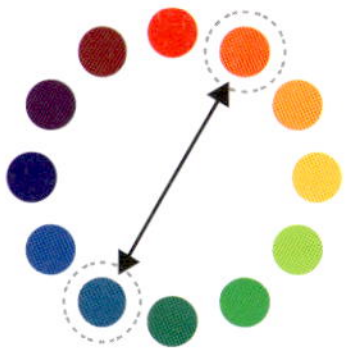

「バランスを考えつつ、反対色を使っている」というだけに、鮮やかな２色のバランスは見事。白の分量と家具をこげ茶色でそろえたことも成功の秘訣。（バレット＆オデットさん宅・アメリカ）

反対色のコーディネートは、色相環で向かい合っている色（反対色または補色という）を組み合わせる方法です。反対色どうしは色の性格も対照的で、コントラストが大きくはっきりした印象。互いに相手を引き立て合うコーディネートです。

鮮やかな反対色を使うと、刺激のある配色に。無彩色や無性格色をベースにしたり間にはさむと、コントラストがやわらぎ調和しやすくなります。彩度を抑えたり、反対色をメインとアクセントの関係の配色にすると、品よく仕上がります。

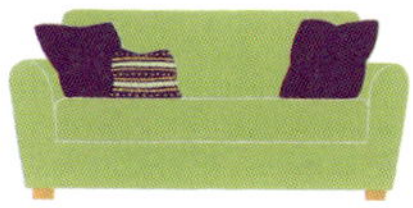

黄みがかった緑に赤みのある紫を合わせて。個性の強い反対色のコーディネート。

オレンジ色の反対色、ブルーのクッションをポイントにしたコーディネート。

「白」は１色ではなくバリエーションがある！

# 「白」の中に含まれる色要素を見てめざすイメージの「白」を選ぶ

インテリアの広範囲に使われることが多い「白」。だからこそ、白の中にほんの少し含まれる「色要素」を見極め、インテリアイメージに合った「白」を選んで。

## CHOOSE YOUR "WHITE"

**リラックスしたエレガントテイストの白**

フェミニンな印象のやさしい白に囲まれた空間。タイル張りのかわいらしいキッチンにぴったり。（島田さん宅・東京都）

**あたたかみがあって親しみやすい白**

板壁のノスタルジックな雰囲気に似合う白にペイント。やさしいリネンのベッドファブリックとも好相性。（松田さん宅・群馬県）

**凛とした空間をつくるスタイリッシュな白**

ハイサイドライトからさし込む光が映える、ギャラリーのような静謐な空気をかもし出す白い壁。シンプルモダンなインテリアに合うクリーンな白。（小畑さん宅・千葉県）

### 基本にして重要な「白」選び

「壁は白く」「白いタイルで」。そうオーダーしても、仕上がりがイメージどおりにいかないことがあります。その原因は、「白にはいくつも種類がある」から。あたたかみがあってリラックスしたエレガントテイストの、赤みを感じる白。やさしくて素朴なぬくもりのある、黄みを帯びた白。凛とした空間をつくる「真っ白」と呼ばれる白や、やや青みを帯びたグレーが含まれるシャープな白など。めざすインテリアに合う白を選びましょう。

# CHAPTER

# 4

A chair, the best !

# FURNITURE

心地いいインテリアをつくるためには、好きな家具の選び方、
家具のレイアウトはとても重要。
アイテム別・部屋別のポイントと人気家具セレクションを。

LESSON.1 HOW TO SELECT / LESSON.2 LAYOUT RULE
LESSON.3 FURNITURE LAYOUT / POPULAR FURNITURE CATALOG

居心地のいい部屋づくりの決め手

# アイテム別 家具選びのポイント

家具は暮らしの道具。デザイン、サイズ、機能性、耐久性などどれも重要です。選ぶときのチェックポイントを解説します。

## HOW TO SELECT

ITEM : 1

### ダイニングテーブルとチェアの関係と選び方のポイント

DINING TABLE & CHAIR

**天板**

素材は木製が多く、木の種類によって表情や堅さが違う。ほかにガラスや石、樹脂などでも。表面の塗装の種類や耐熱性、耐傷性、さわった感触、手入れ法などを確認して。

**幕板**

幕板のついているもののほうがゆがみにくい。使いたい椅子がテーブル内におさまるかを確認して。アームチェアは、アームが幕板に当たっておさまらない場合も。

**背もたれ**

使う人に合う角度が大事。背もたれは高いとフォーマルな印象に。部屋を広く見せたい場合、背は低めで桟などで抜けのあるデザインがすっきり見えるうえ、軽めなので動かしやすい。

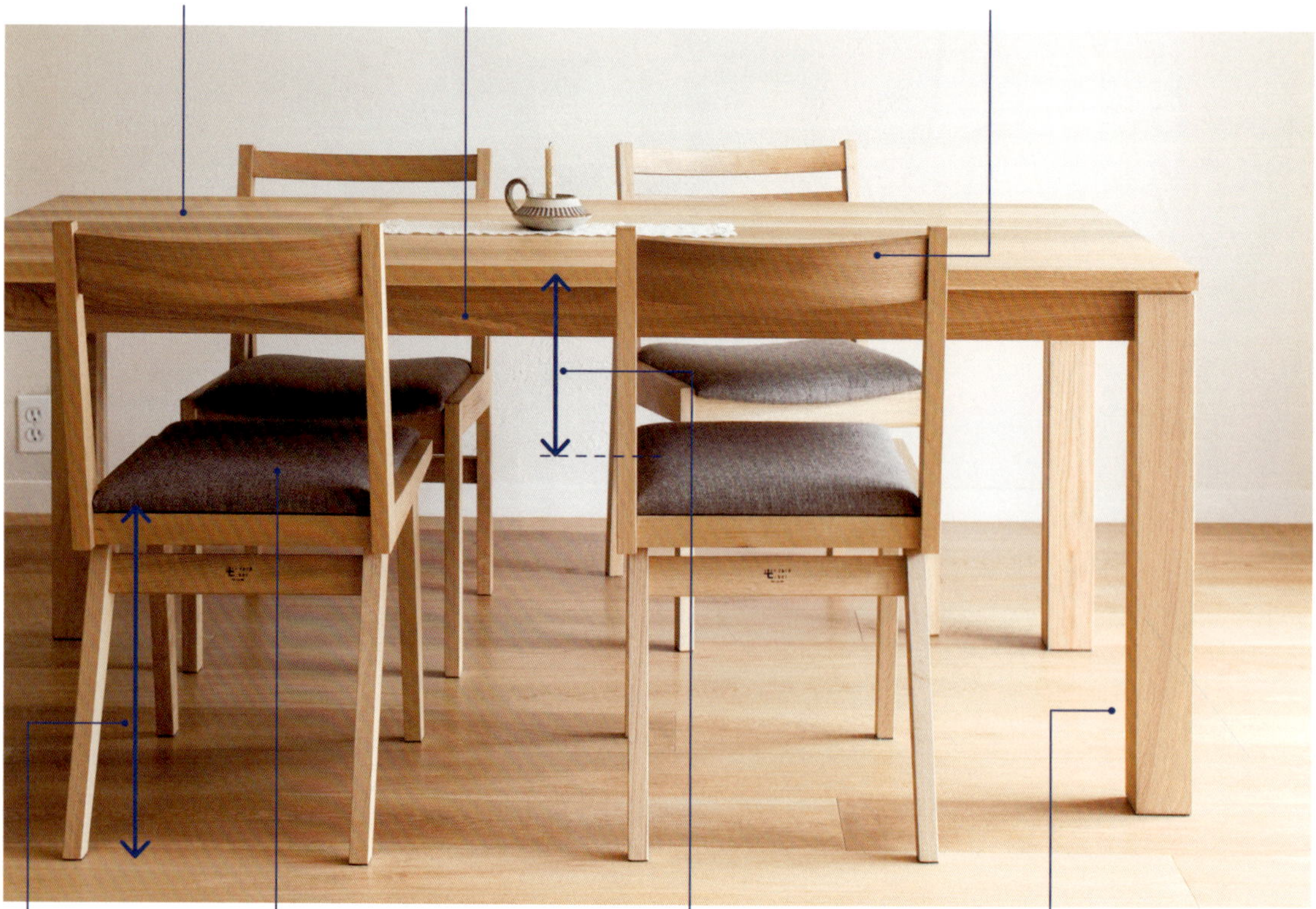

**座高（ざたか）**

42cm前後の座面の高さのものが一般的。買うときは、靴を脱いで座ってみること。シートハイ（SH）ともいう。

**座面**

素材は木製、布張り、レザー張りなど。子どもの椅子は食べこぼしが多いので拭き掃除ができる素材（木製や人口皮革など）のほうが安心。汚れが気になる場合はカバーリングを。

**差尺（さしゃく）**

食事のしやすさや座り心地に大きくかかわるのが、この差尺。テーブル面と椅子の座面との高さの差が27〜30cmくらいが姿勢よく使える。

**脚（テーブル）**

テーブルの角についているほうがゆったり座れるが、内側についているものは、テーブル近くを歩くときに足をぶつけにくい。

POINT. 01

## サイズ

**食事には幅60×奥行き40cmが目安。テーブルの周囲に必要な空間も考えて**

テーブルのサイズは、1人分の食事スペース（幅60×奥行き40cm）を目安にして、料理を並べることを考えると、4人がけで幅は135cm以上ほしいところ。高さは、日本人の平均的な身長では70cm前後が一般的ですが、座ってみて高さの確認をしたほうがいいでしょう。

また、テーブルのまわりには、椅子から立ち上がったり、配膳したりするためのスペースが必要です（84ページ参照）。購入前に一度、部屋の図面にきちんとした縮尺でテーブルのレイアウトを落とし込んでみることをおすすめします。

### チェア選びのポイント

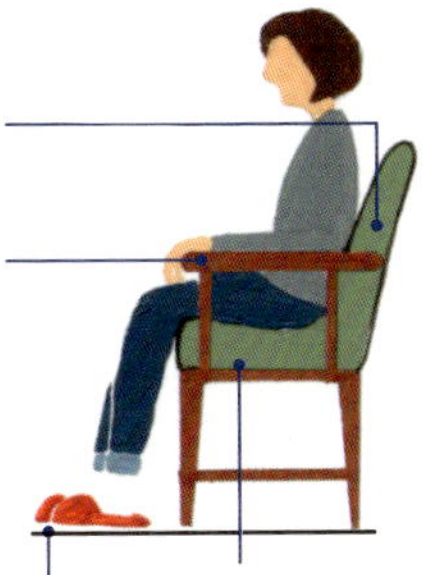
座面の奥行きが深すぎるもの、背もたれの角度が開きすぎるものは避ける。
アームチェアの場合、アーム部がテーブルの幕板下に入る高さのものを。
座面は足がしっかり床につく高さかどうか。太もも後ろ側に圧迫感はないか、特に座面の前端がくい込むものは避ける。
クッションつきの座面はやわらかすぎないものがいい。


### 1人分の食事スペース

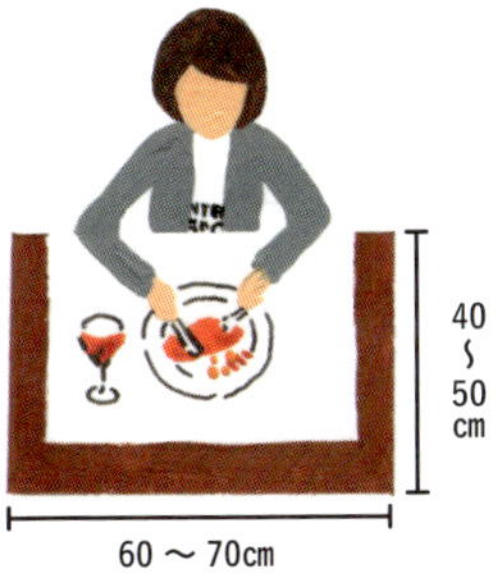


ダイニングテーブルのサイズを割り出すには、図の寸法に座る人数をかけ、ゆとりのスペースを加える。

### ダイニングセットに必要なスペース

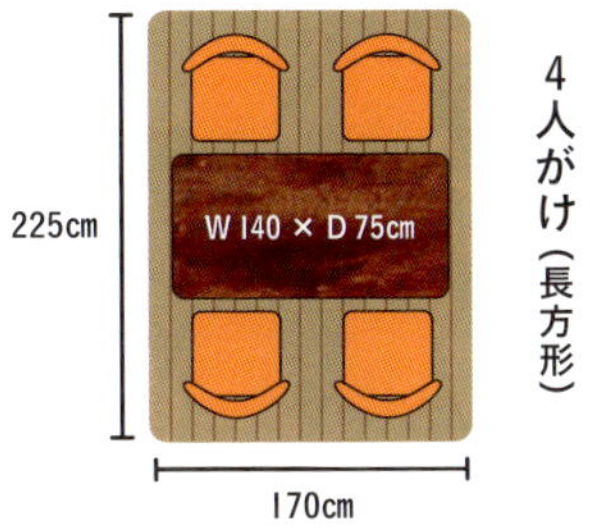


4人用のダイニングセットを置くには、約2.3畳必要。アームチェアは幅をとるので、限られた空間にはアームレスチェアがおすすめ。

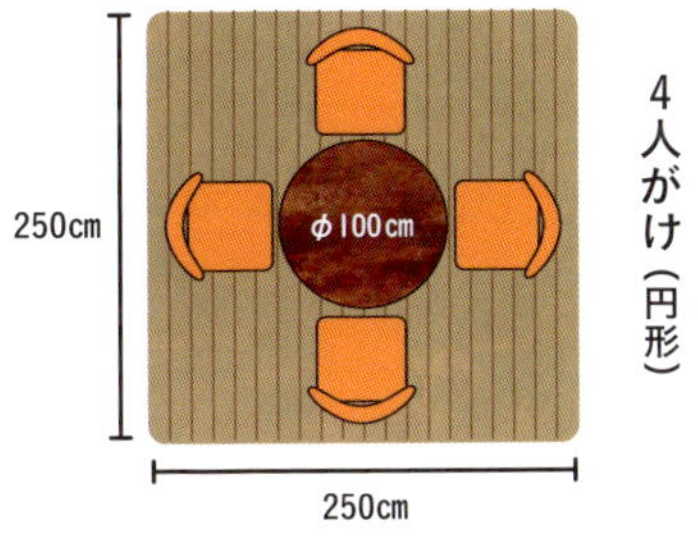


円形は長方形より場所をとるが、自然な姿勢で隣の人と会話が交わせるのが特徴。詰めればもう1人座れることも。

POINT. 02

## 素材・塗装

**使用頻度の高いテーブルは耐久性や手入れ法も要チェック**

木製ダイニングテーブルの天板は、合板の表面に突き板などの化粧シートを張ったものと、無垢材に大別されます。無垢の一枚板の天板は高価なため、無垢の集成材もよく使われます。

ポリウレタン塗装は樹脂膜が汚れや傷を防ぎ、日常の手入れが簡単です。ただ、再塗装には一度塗装を落とす必要があります。無垢の家具だけに施されるオイル仕上げやワックス仕上げは、木の呼吸を妨げず、経年とともに味わいが増す仕上げなので、最近ますます人気です。

POINT. 03

## 座り心地

**チェアは深く腰をかけ、シートの高さと奥行きを確認して**

ダイニングチェアを選ぶときは、必ず靴を脱いで座り心地を確認しましょう。背もたれに背中がつくように、深く腰かけるのが正しい試し方。足の裏全体が床につき、太ももの後ろに圧迫感を感じないものがちょうどよい高さです。脚がカットできるものもあるので、座面が高すぎる場合はお店に相談を。

シートには板座とクッションつきがあり、長時間座っていても痛くならないものを選んで。シートとテーブルトップの高さの差（差尺）は、27～30cmが使いやすいといわれています。

ITEM : 2

# ソファ選びのポイント
SOFA

### 張り地
布や革の張りぐるみソファは、よれやシワがなく張られているかをチェックして。汚れが気になる場合、クリーニングできるカバーリングタイプがおすすめ。

### 背もたれ
ハイバックタイプは頭も支えてくれるためリラックスできるが、ボリュームが大きくなるので狭い部屋では圧迫感も。角度は座面の奥行きとのバランスがポイントで、使う人に合うものを。

### アーム
太いとボリュームがあり、上にトレーや飲み物を置くような使い方も。細いと座面の広さを確保しながら全体をコンパクトにできるので狭い部屋向き。ソファで横になりたいなら、低いタイプを。また、汚れやすいアームには共布でアームカバーを。

### 脚
脚が長いデザインは床面が見えて部屋を広く感じ、軽やかな印象で掃除もしやすい。脚が見えないデザインは落ち着いた印象になる。

### フレーム
ソファの骨格は、ソファの形をつくるフレームと、底を支えるベースフレームから成る。フレームは木やスチールなどでつくられる。また、搬入時のことを考え、ソファのサイズと経路や出入り口の幅を事前に確認すること。

### 座面
お茶を飲んだりするには高さが40cm前後のもの、ゆったりとくつろぐには低いものを。あまり低いと立ち上がりにくい。座ったときに中のスプリングの存在を感じるものはNG。

POINT. 01

## サイズ

**座るサイズは1人あたり60cmが目安。実際に座って確認しましょう**

ソファは体と接触する面積が広いため、体格に合わないと疲れてしまいます。売り場ではダイニングチェアと同様、靴を脱いで実際に座って確認しましょう。

シートの高さは、腰かけてソファにふれる太ももの後ろ側が圧迫されないものがベスト。シートの角度や奥行き、背もたれの角度が体にフィットするかの確認も。家族それぞれに体格は違うので、奥行きはクッションで調節する必要も。

また、ソファは全体のサイズだけでなく、座る部分のサイズも重要で、1人あたり60cmが目安です。アームが細ければ、座面の広さを確保しながら全体はコンパクトにおさめることができます。

「置きクッションタイプ」は、幅も奥行きも大きいものが多く、ゆったり座れるので広めのリビング向き。「張りぐるみタイプ」は奥行きが浅めのものが多く、狭い部屋でも圧迫感がありません。

ソファの配列はI型、対面型、L型などがあります。狭い部屋では、オットマンをスツールがわりに利用すると省スペース。

**標準的なソファのサイズ**

サイズは全体と座る部分を確認。アームが太いと座る部分は意外と狭い。ただ、太いアームは上に飲み物を置くような使い方もできる。座る人の体型に合わせ、奥行き調整にはクッションを利用する。

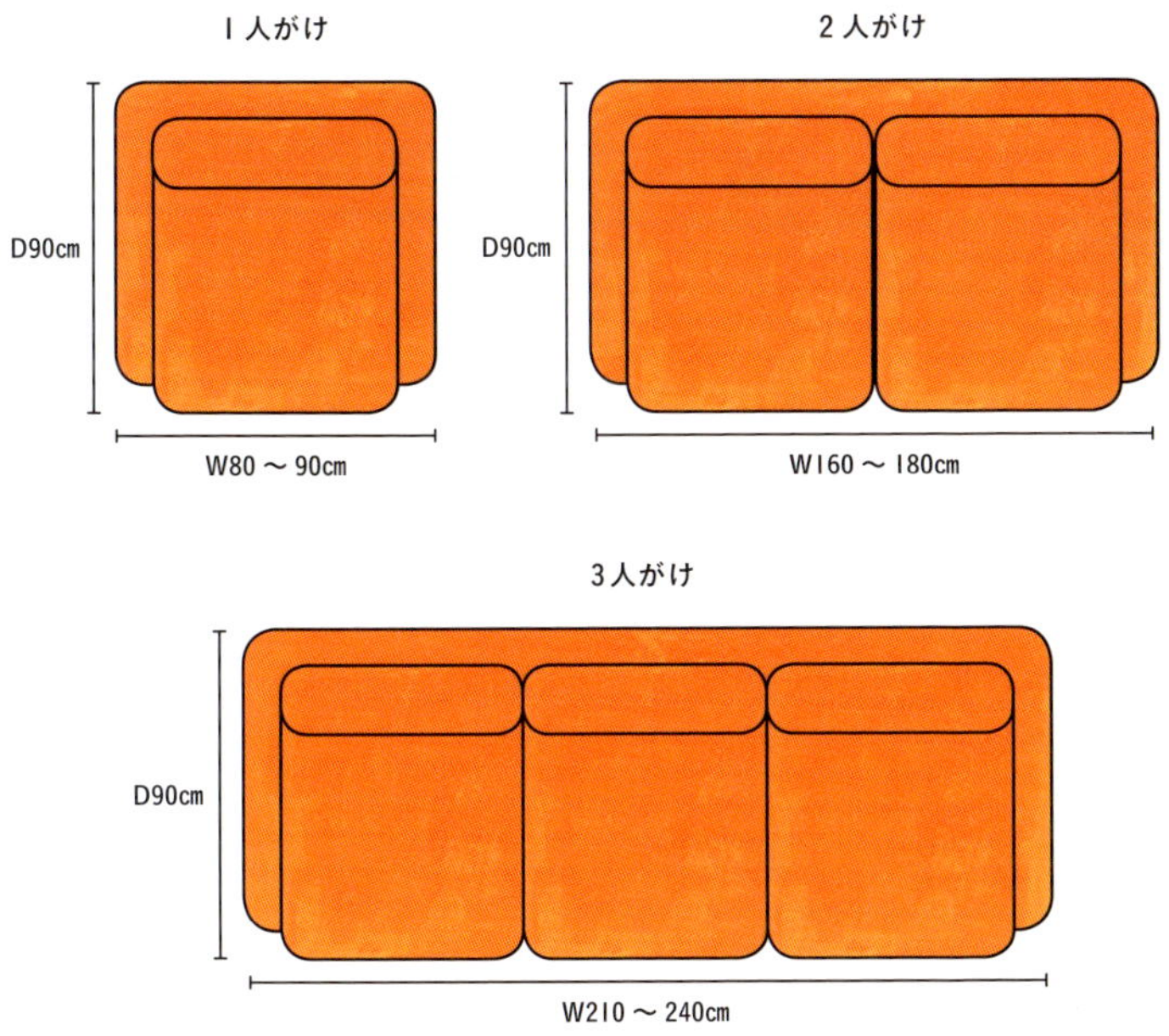


POINT. 02

## デザイン・張り地

**デザインとサイズ感は直結。張り地は手入れ法を知って**

ハイバックデザインは頭まで支えてくれますが、高くなるので、狭い部屋では圧迫感も。脚が長いデザインは、床面が見えて部屋が広く感じられます。

張り地で人気なのが、織物。張りぐるみでもカバーリングのタイプでも、定期的に安全性の高い撥水《はっすい》スプレーをかけて汚れを防止します。天然皮革は高価ですが耐久性があり、使うほどに味わいが出ます。安価で手入れが簡単な人工皮革は、幼児がいる家に便利。成長したら、織物に張り替えてもよいでしょう。

POINT. 03

## 素材・座り心地

**長く座っていても疲れにくいか、クッション性と座面の高さを確認**

シートのベース部分はスプリングやウレタン、ウェビングテープが張られ、上にクッション材が使われているのが一般的。クッション材は、ウレタンやポリエステルわた、フェザーやダウンなど、グレードによって素材が変わり、密度によっても耐久性や座り心地、価格に差が出ます。

ソファを試すときは、座っていて疲れないか、クッションが変形しないか、ラクに立ち上がれるか、太ももの後ろ側が圧迫されないかなどを確認して。シートや背もたれは適度に張りがあり、体を支えてくれるものを選びましょう。

## ITEM : 3 ベッド選びのポイント

BED

**マットレス**

マットレスまでの高さは、腰かけられる40～45cmが使いやすい。ダブルクッションなどでボリューム感が大きいと圧迫感が出ることも。また、ベースはすのこなど通気性のよいものを。

**ヘッドボード**

ヘッドボードが床に対して垂直に立ち上がっているものが省スペース。ナイトテーブルが置けないなら、棚つきに。

**脚**

脚があるデザインのほうが、通気性を確保しやすく、掃除しやすい。掃除機のヘッドが入る高さがあるとよい。

**フレーム**

フットボードがないほうがベッドメイキングをしやすい。フットボードがあると掛け布団がずり落ちにくいが、空間が狭く感じられることも。

### POINT. 01 サイズ

**ベッドフレームとマットレス、標準サイズはあっても実測して**

ベッドはベッドフレームとマットレスから成り立ち、別々に購入できます。いずれも標準サイズはありますが、デザインによって実際寸法はまちまちです。

全体のサイズはヘッドボードの有無やデザインによっても変わるので、実測して検討しましょう。身長の高い人には、長さが210cm前後のロングタイプがおすすめです。

**標準的なベッドのサイズ**

| | 幅（W） | 長さ（L） |
|---|---|---|
| シングル | 97～110cm | 200～210cm |
| セミダブル | 120～125cm | 200～210cm |
| ダブル | 140～160cm | 200～210cm |
| クイーン | 170～180cm | 200～210cm |

### POINT. 02 寝心地

**マットレス購入時には、実際に横になって確認を**

ポイントは熟睡できる仰向けの姿勢を無理なく保て、寝返りがスムーズにできること。やわらかすぎると体が沈んで寝苦しく、寝返りのときも筋肉に負担がかかります。かたすぎると体重が分散せず、血流が悪くなり、不要な寝返りが増えて安眠することができません。

体に直接当たる詰め物部分もチェックし、肌ざわりや吸湿性のよいものを選んで。購入するときは、実際に寝転んでみましょう。一部が沈み込むものや、スプリングの存在を感じるものはNG。寝返りを打って、揺れが続かないかも確認しましょう。

# そのほかの家具のチェックポイント

CHECK POINTS OF OTHER FURNITURE

ITEM : 4

## CUPBOARD

食器棚

- □ 設置場所に適した機能があるか。キッチンで使うのか、ダイニングで使うのかをよく考えて選ぶ。キッチン用にはトースターなどの家電がおさまるオープンスペースがあると便利。炊飯器を置いて使うなら、上の棚まで、ある程度ゆとりがあり、周囲が熱に強い素材かどうかも確認する。ダイニング用なら、見せる収納と隠す収納を両立させたものがおすすめ。
- □ 食器収納部は、手持ちのお皿のなかで一番大きなものがしまえるか。棚の内寸を測って確認する。
- □ 扉の蝶番は丈夫なつくりか。ガラス扉なら、強化ガラス製のものがよい。
- □ 引き出しはガタつかないか。内部にカトラリー用のトレーがついていると便利。
- □ 背の高いものは、転倒防止金具がつけられるかを確認。

ITEM : 5

## LIVING TABLE

リビングテーブル

- □ テーブルトップの高さは、用途に合っているか。お茶を飲むなどの一般的な使い方なら、高さ30〜35cm、軽食をとるには、やや高めの40〜45cmが使いやすい。
- □ テーブルトップは傷つきにくく、割れにくいものを。ガラストップは強化ガラス製が安心。
- □ テーブルの角はぶつかったときに、ケガをしにくいか。狭い部屋や小さな子どものいる家では、角に丸みのついたものか楕円のテーブルがよい。
- □ 移動はたやすくできるか。キャスターつきは掃除や模様替えに便利。
- □ 棚や引き出しなどがついているか。新聞や雑誌、リモコンなどの置き場があると、テーブルの上が乱雑にならない。

ITEM : 6

## CHEST & CLOSET

チェスト＆クローゼット

- □ 引き出しは丈夫なつくりか。底板や側板などにしっかりした材料が使われているか。接合部が強固か。
- □ 引き出しは出し入れがスムーズにできるか。何度か出し入れを繰り返して試すとよい。
- □ 引き出しはガタつかないか。引き出しの両側にすき間があると、虫や湿気が入りやすくなる。
- □ 最上段の引き出しは、中が見やすい高さか。背の高すぎるチェストは使いにくい。
- □ 一番上の引き出しが目の高さ以下のものを選ぶとよい。
- □ クローゼットの扉は、設置スペースに合っているか。扉には開き戸、引き戸、折り戸の3種類があり、狭い寝室には引き戸か折り戸がよい。
- □ クローゼットのハンガーパイプはしっかりしているか。

ITEM : 7

## AV BOARD

AVボード

- □ ソファなどに座ったときに、画面を見上げることなく、ラクな姿勢で見られる高さか。大画面テレビやフロアライフのリビングでは、ローボードタイプがよい。
- □ しまいたい機器やソフト類の収納スペースがあるか。棚や引き出しの内寸の高さと奥行きを確認。AV機器の収納スペースは、ガラス扉タイプならホコリがつきにくい。
- □ ケーブル類の接続が簡単にできるか。棚板や背板に配線用の穴があいているか。
- □ 天板や棚板の耐荷重は十分か。

ITEM : 8

## SHELF

シェルフ

- □ 棚の奥行きや高さが、しまうものに合っているか。
- □ 棚板の位置の調節はどのくらいのピッチでできるか。
- □ 棚板の耐荷重は十分か。特に、幅の広い棚板の場合は確認すること。ただし、限度内の重量でも、1カ所に重さを集中させる使い方は避ける。重いものは下段に、上にいくにしたがって軽いものをのせると、重心が低くなって、家具が転倒しにくくなる。
- □ 背の高いシェルフは、転倒防止金具がつけられるか。

暮らしやすく美しい、部屋の骨格づくり

# 家具のレイアウト 3つの基本ルール

間取りを家具の配置から考える……。
そんな人も増えているほど、
家具の配置は、暮らしやすさと
インテリアの美しさを左右します。

## LAYOUT RULE

### RULE 1

### 人の動きや行為を考えた、「動線計画」と「居場所づくり」から配置を考える

家具のレイアウトの基本は、「動線計画」と「居場所づくり」です。

家の中では、料理を配膳するためキッチン→ダイニングへ、洗濯物を干すために洗面所→ベランダへなど、暮らしに必要な移動を絶えず行っています。この動きが効率的になるように考えることを、動線計画といいます。もし、家具が人の動きを妨げてしまい、遠回りや横歩きを強いられれば、大きなストレスに。狭い部屋では、たとえばソファを置かず、ダイニングでくつろぐことを検討するなど、家具のしぼり込みを考えることも必要です。

さらに家具を置くということは、そこに人の居場所をつくるということです。たとえば、ソファの脇にお茶やメガネを置ける小さなテーブルを置く、テーブルセッティングがラクにできるようダイニングの側に食器棚を置くなど、その居場所が心地よくなるように、周辺家具や収納家具の配置をしましょう。

**レイアウトの基本は「動線計画」**

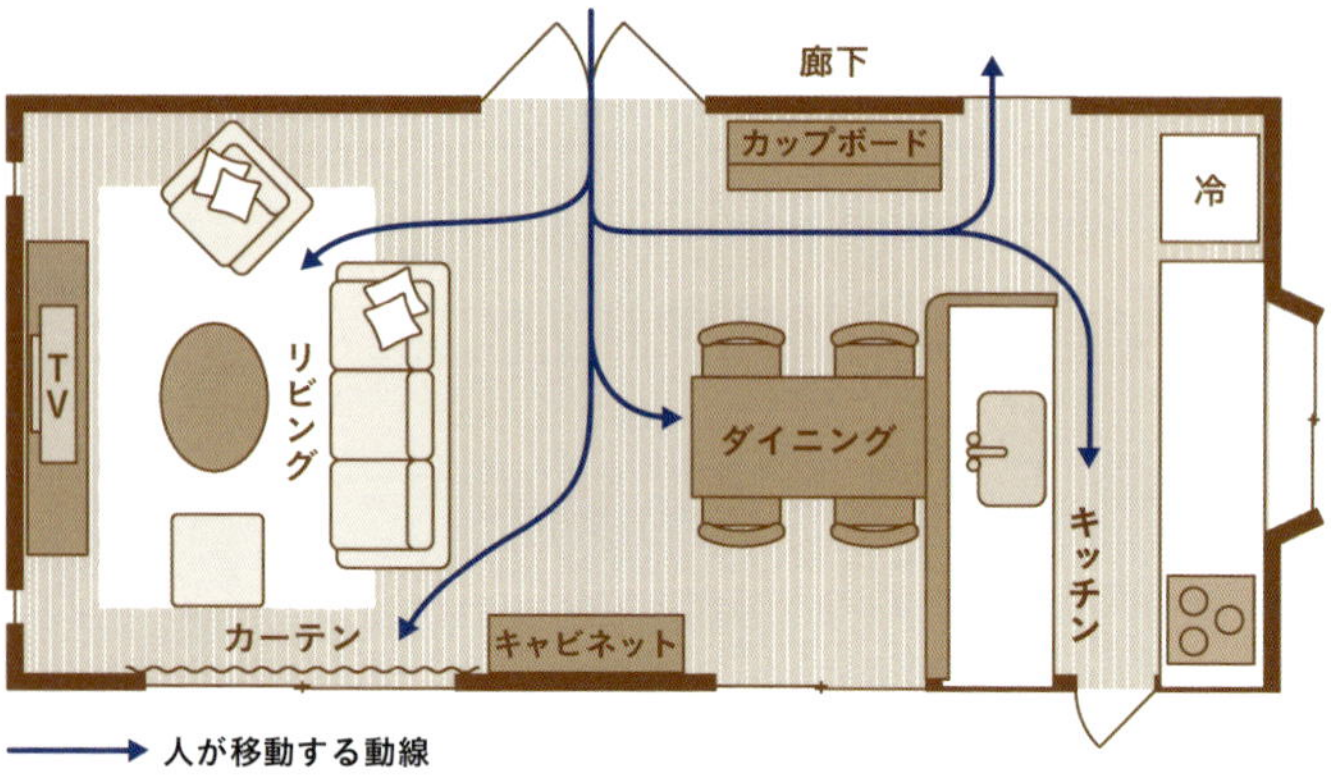


**人が通るのに必要なスペース**

**低い家具の間**

両側が低い家具の場合、上半身の動きがラクになるので、通路幅は最低50cmあればよい。

**低い家具と壁の間**

片側が壁または背の高い家具の場合は、通路幅は最低60cmほど必要になる。

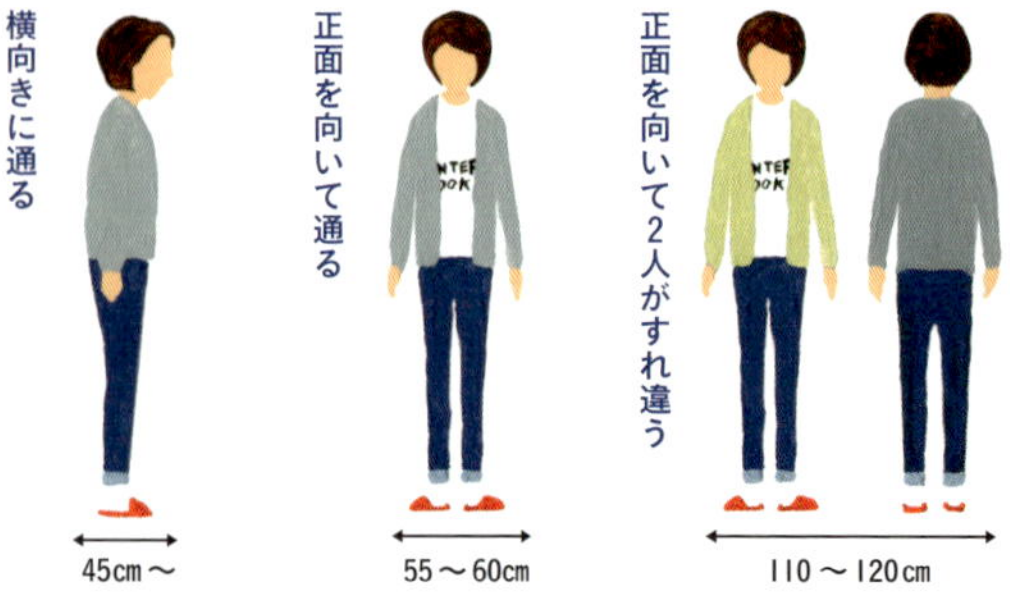


動線部分に十分な通路スペースを確保することは、暮らしやすさに直結する。よく行き来する場所や大人数が集まる部屋、大柄な家族が多い家では、やや広めにとる。

RULE 2

## 家具を使うために必要な「動作寸法」を知る

動作寸法とは、人が動作をするときに必要な寸法のこと。たとえば、引き出しを開ける、椅子を引く、ソファに座って足を出す、ベッドのシーツを替えるなど、家具の周辺にその家具を使うための動作寸法が必要です。家具のサイズだけで「置ける・置けない」の判断をすると、部屋の中の通り道がなくなったり、引き出しや扉を開けられなくなったり、暮らしにくい部屋になってしまいます。特に引き出しは奥行きによって動作寸法が変わるので気をつけて。

また、見落としがちなのが窓まわり。開閉のためのスペースが必要なのはもちろん、カーテンは意外に厚みがあり、布地やヒダのボリュームによって20cm前後も張り出すことがあるので、その分も考えて家具を配置する必要があります。

### 家具のサイズと動作寸法

一般的に、引き出しを開けるには90cm、ソファとコーヒーテーブルの間は30cm、人が通るには最低50cmのゆとりが必要といわれている。通路は、実際にはトレーや洗濯物を運んだりするので、90cmくらいあるのがベター。

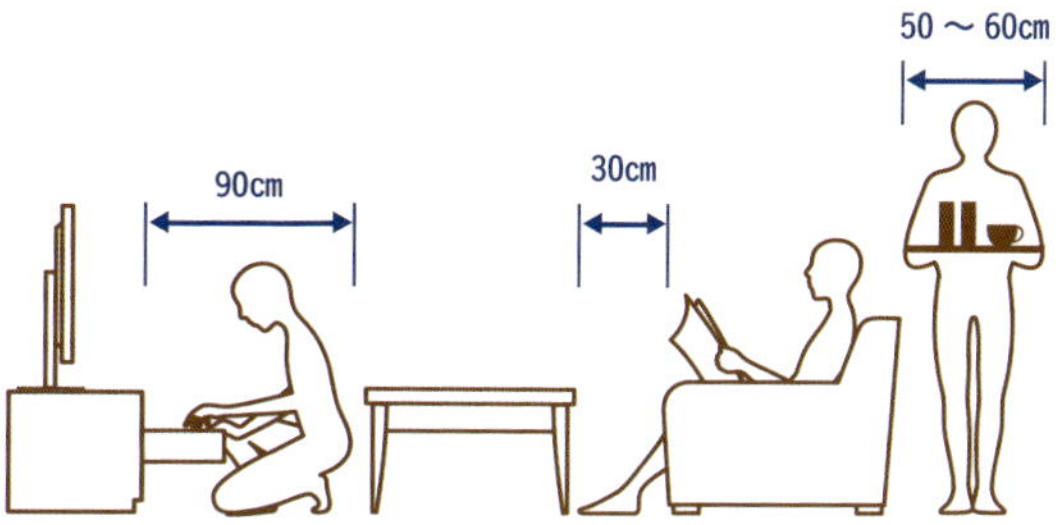


RULE 3

## 「左右対称」「非対称」を意識し、ラインをそろえて配置する

家具の配置は、部屋の骨格づくりのようなもの。骨格がしっかりしていれば、部屋はすっきりと見えます。その配置の基本として考えたいのが、暖炉を中心に据える西洋のインテリアに多い「左右対称（シンメトリー）」と、床の間などの和の空間に多い「左右非対称（アシンメトリー）」。この2つの基本の特徴を知って、家具配置のベースにしてください。

また、家具を無造作に置くと、ごちゃついた印象に。壁や窓の中心線に家具の中心線を合わせるなど、どこかに軸線を設定し、それを基準に家具を配置するとすっきり見えます。

**窓と窓の中心に、家具や照明をそろえて**

小さな窓と窓の中心線上に、テーブルの中心や照明の位置を合わせて配置。インテリアがすっきりと美しく見える。（Yさん宅・神奈川県）

**西欧で基本の左右対称は安定感のある配置**

左右対称の配置は、西欧インテリアの基本。非対称の配置にくらべ、多くのものを収容できる。（菅原さん宅・福岡県）

**和の空間に多い非対称は「間」を大切にする配置**

左右非対称の配置は和の空間に多い。ものは少なくシンプルに、余白をとることで生きる配置。（小菅さん宅・兵庫県）

### すっきり見せる家具の並べ方

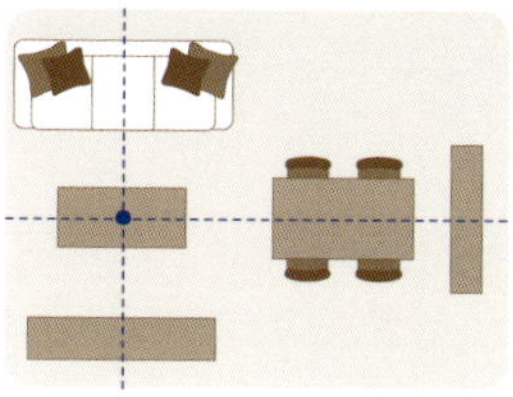

複数の家具を並べるときは、基準線を設け、家具の中心または端のラインをそろえると整然と見える。基準線を壁や窓のセンターなどに合わせると、より気持ちのよい配置に。

暮らしやすさは部屋の用途に合った家具配置から

# ［部屋別］家具配置の基本ポイント

家具の配置の工夫によって、
暮らしやすさが変わってきます。
ここでは各部屋の目的に合った、
家具レイアウトの基本を紹介します。

## FURNITURE LAYOUT

**ソファとアームチェアを置いて家族の居場所をしつらえて**

ソファとアームチェアを組み合わせて置き、コーヒーテーブルを囲んで団らんの場に。これらの家具は「イールドインテリアプロダクツ」のもの。（木村さん宅・岡山県）

ROOM : 1

# LIVING & DINING

リビング・ダイニング

POINT 1

## 人の動きに必要なスペースを確保しつつ、家族の人数分の「居場所」をしつらえる

リビング・ダイニングは、くつろぐ、食事をする、来客をもてなすなど、家の中で最も使用目的の数が多い部屋。そのため、必要な家具やものも多く、人の動きも複雑です。そこでの過ごし方を思い起こし、動作や動線に必要なスペースが確保できるように家具の配置を考えましょう。

さらにリビング・ダイニングで最も大切なのは、人数分の「居場所」づくりです。立ったまま食事をしたりくつろいだりする人はいませんから、居場所づくりとは座る場所づくりのこと。和室は座布団でフレキシブルに座る場所をつくれますが、洋室では椅子の配置を考える必要があります。大きなソファを複数台置けなくても、1人がけのソファやスツール、オットマンなどを組み合わせて、家族分の居場所をつくりましょう。

## リビングセットに必要なスペース

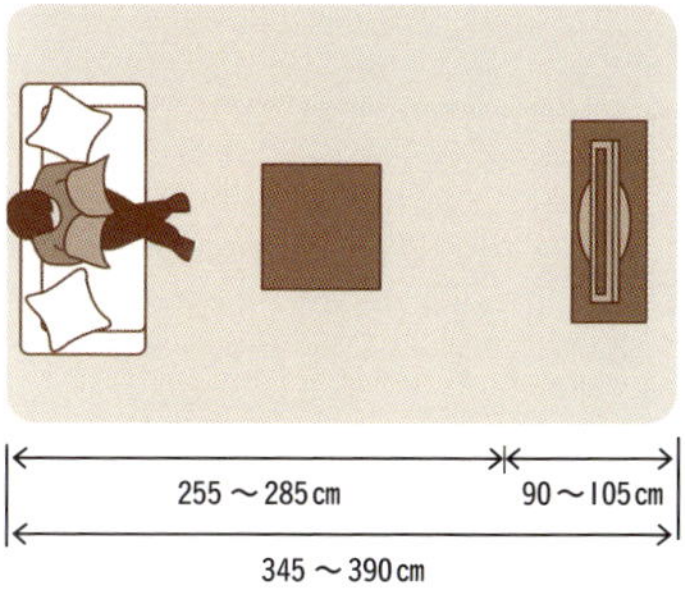


### I型

2人がけか3人がけソファだけを置いたレイアウト。2人で座ると顔が横に並び、体がとても近くなる配置なので、リラックスした親密感がある。ひとり暮らしや夫婦だけのプライベートリビング向き。

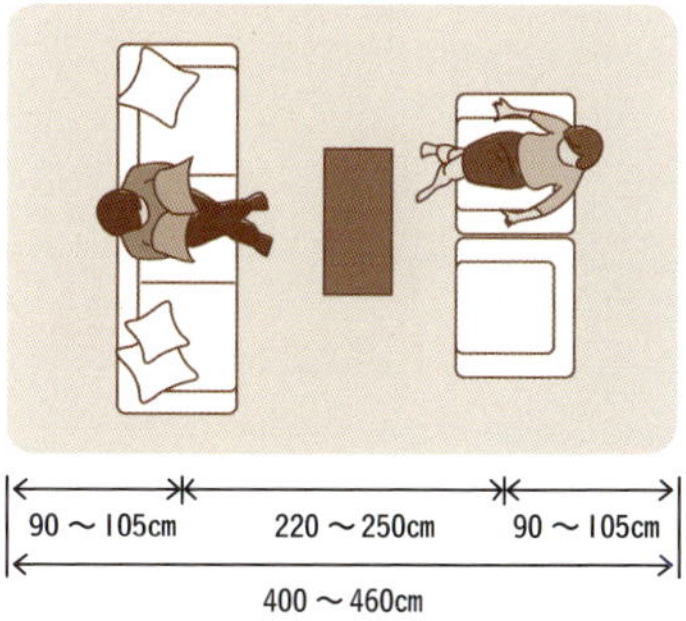


### 対面型

顔が正面にあり、体が遠い配置。面接のようにお互いの顔を見ながら会話をする緊張感があり、応接向きのレイアウト。3人がけを壁づけにして、1人がけをスツールにすると、コンパクトにおさまる。

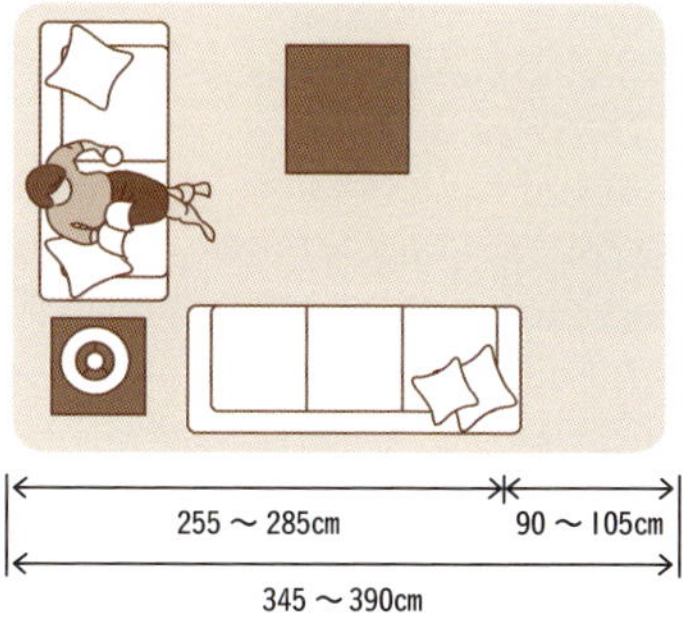


### L型

顔が正面になく、体が少し近づいた配置。適度な親密感と独立性もある。コーナーに壁づけすれば、視線が広がり開放感が得られる。コの字形も似ているが、輪に近い形なのでさらに会話しやすい。

## ソファとテーブルの間に必要なスペース

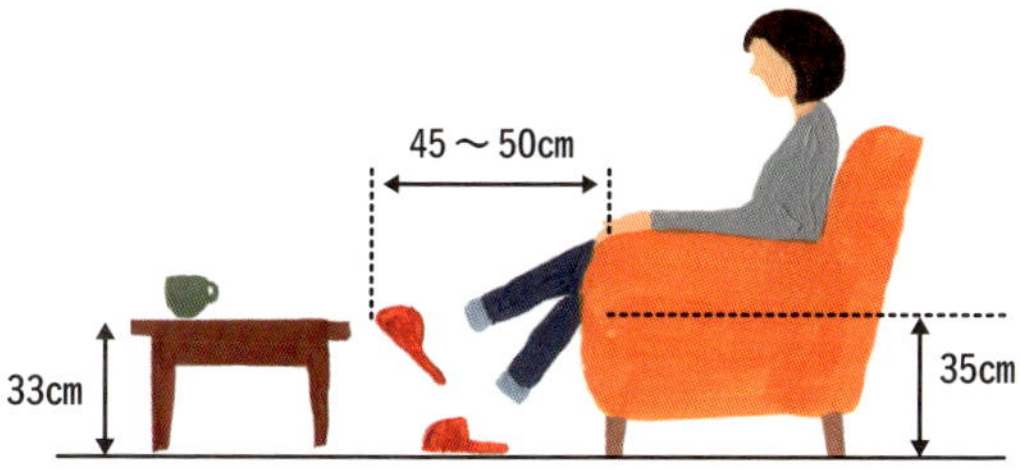


### カジュアルスタイル

座面が低めで、ゆったり座るカジュアルタイプのソファ。テーブルとソファの間には、足を前へ伸ばしたり組んだりするためのスペースが必要になる。

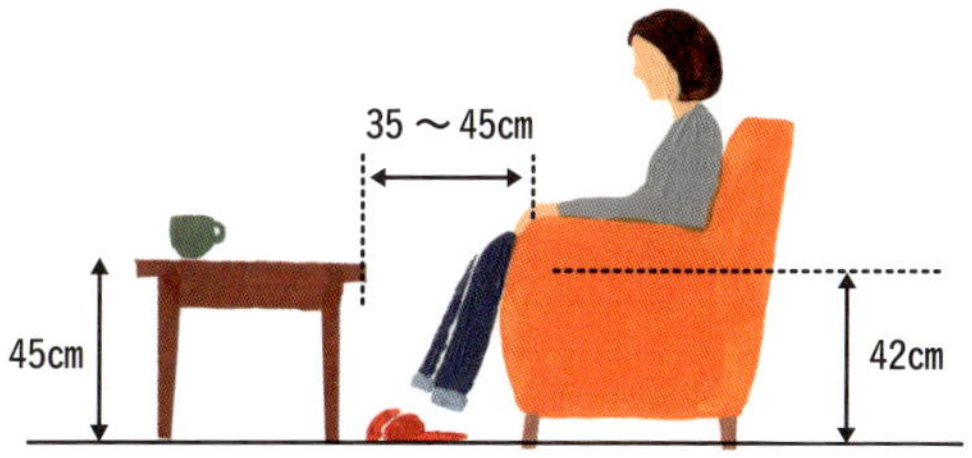


### フォーマルスタイル

かしこまった姿勢で座る、フォーマルタイプのソファ。テーブルとソファの間隔は小さくてすむ。テーブルの高さは、45cmくらいの高めのものが使いやすい。

**ダイニングスペースにゆったりと家具をレイアウト**

ナラ材のダイニングセットは、椅子とベンチを組み合わせて、座れる人数にゆとりをもたせて。キッチンカウンターや窓と、テーブルの間にそれぞれ人が通れるスペースが確保され、配膳などもしやすい配置。(七里さん宅・愛知県)

## テーブルまわりに必要なスペース

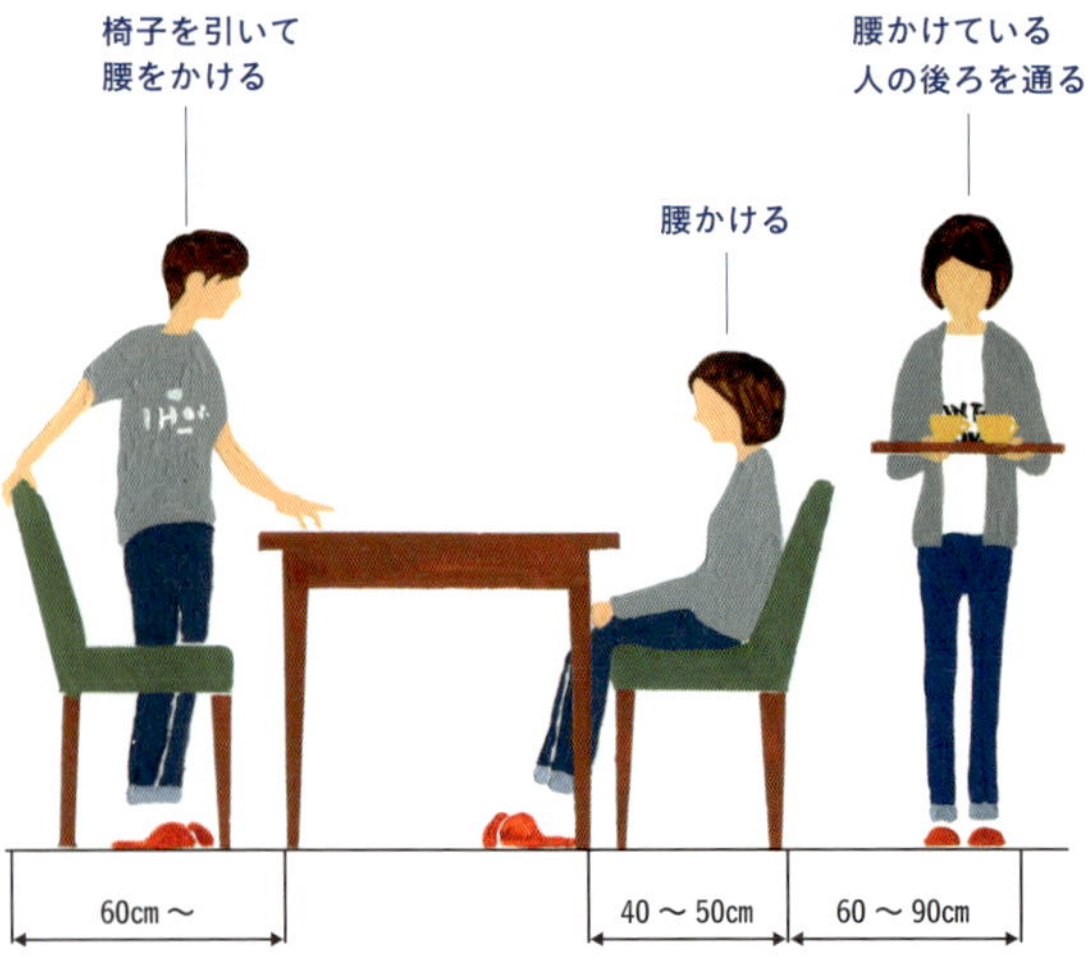


立ったり座ったりするには約60cm必要。腰かけている人の後ろを通るには、テーブルから1m以上必要となる。動作のための最小限のスペースを確保しないと、生活しにくくなる。

## ダイニングセットに必要なスペース

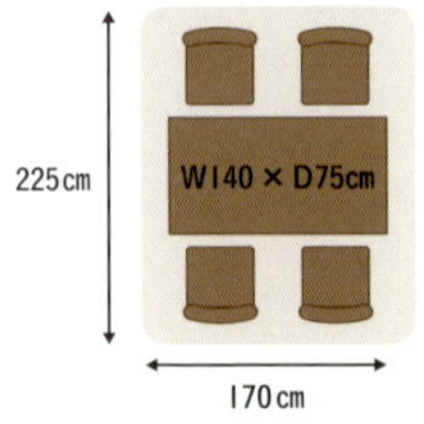


### 4人がけ（長方形）

4人用のダイニングセットを置くには、約2.3畳必要。狭い部屋では、1辺を壁につけると省スペース。アームチェアは幅をとるので、限られた空間にはアームレスチェアがおすすめ。

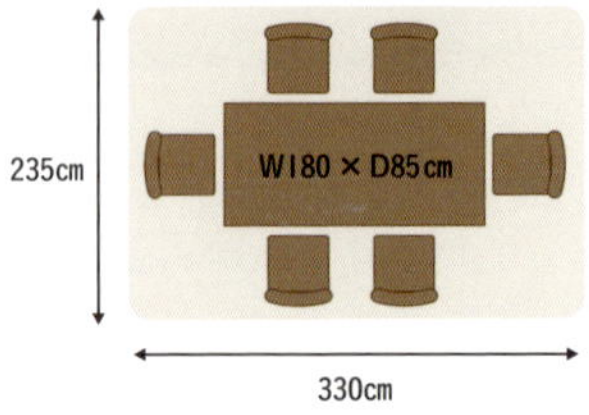


### 6人がけ（長方形）

フォーマルなダイニングでは、短辺方向のチェアをアームつきにして、主人用にする方法も。狭い部屋や人が集まる家では、ベンチにすると省スペースで、座る人数も融通がきく。

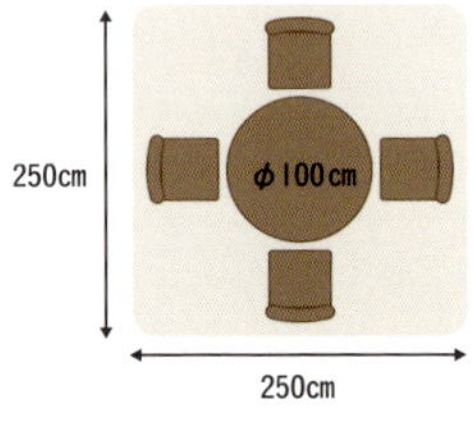


### 4人がけ（円形）

円形は長方形より場所をとるが、自然な姿勢で隣の人と会話が交わせるのが特徴。脚が円の中央についたタイプは、座る人数に融通がきき、詰めればもう1人座れることも。

POINT 2

## 「落ち着ける」リビングはとどまりたくなる空間がポイント

家族の団らんや友人たちとの集まりなど、落ち着いて会話を楽しみたいリビングは、人の流れがない、そこにとどまりたくなるような囲われた空間＝滞留空間をつくることがポイントです。

ソファで囲まれた空間が円形に近くなればなるほど、たき火を囲んで語らうような、より親密な雰囲気を出すことができます。そこに敷物を敷けば、ますます〝とどまりたくなる空間〟を演出できます。

囲われた空間をつくらないまでも、座っている人の目の前にパス（通路）ができないように、落ち着けるリビングの家具の配置を心がけましょう。

**こもりたくなるリビングを部屋のコーナーに**

オープンシェルフや柱などでゆるやかに仕切られたコーナーを、リビングスペースに。ラグを敷くことで滞留空間の印象が強まっている。（井岡さん宅・奈良県）

POINT 3

## ソファの向きを工夫して見えるもののコントロールを

ソファの向きで、見えるもの、見せたくないものをコントロールできるので、ワンルームのオープンなLDKでは、ライフスタイルに合わせて向きを変えてみましょう。

小さい子どもがいる場合は、キッチンからリビングが見えるようにソファをキッチン向き（視線オープン型）にするほうが、安心感があります。来客が多い家や忙しい家庭では、キッチンを背にした配置（視線セパレート型）にすれば、生活感を視界に入れずにくつろげます。折衷型は双方のよい部分を合わせたプランです。

**ダイニング〜リビングの視界が開けた視線オープン型のソファの向き**

リビングにいる家族の様子がダイニングからよく見えるソファの配置。家族がつながるプランにしたい、という希望を反映している。（Tさん宅・京都府）

**リビングに独立感が生まれる視線セパレート型の向き**

ソファをDKに背を向けて配置。ワンルームでありながら、ソファに座ったとき落ち着ける独立感のあるリビングに。やりかけの家事や日用品も視界に入りにくい。（Gさん宅・埼玉県）

**中庭に向けてソファを置き、開放感を演出**

中庭に面した窓を開けると、部屋の中と外が一体に。ソファから中庭へ視線が伸びて広がり感を満喫できる。（向井さん宅・鹿児島県）

POINT 4

## 視線の伸びを意識すれば、「広がり」と「開放感」が演出できる

実際の暮らしでは、ソファの見え方と同じくらいソファに座ったときに見えるものが重要で、部屋の居心地や広さ感まで左右します。ソファを置く位置や向き、そこから見えるもの、見せるものを意識しましょう。

部屋を広く感じたい場合、ソファを隅に置いて視線の方向を伸ばします。視線の先にアートやディスプレイなど目を引くものを用意すれば、視線はそこまで伸びます。部屋が狭い場合、ソファを窓に向けて配置すれば、視線は屋外へと抜け、開放感や気持ちよさを感じられます。

注意！

### DK の視線の届き方

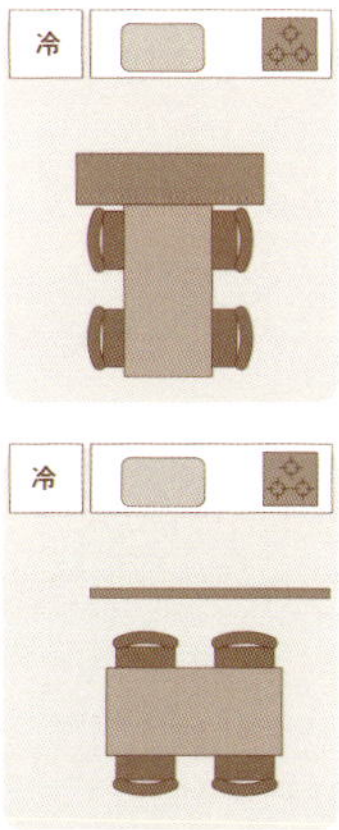


ダイニングからキッチンが直接見えると、煩雑な印象に。ロールスクリーンなどで目隠しするか（下図）、カウンターで仕切りながらダイニング家具をキッチンに対して直角に並べると、視線が直接的でなくなる。

### ソファの向きによる視線の広がり方

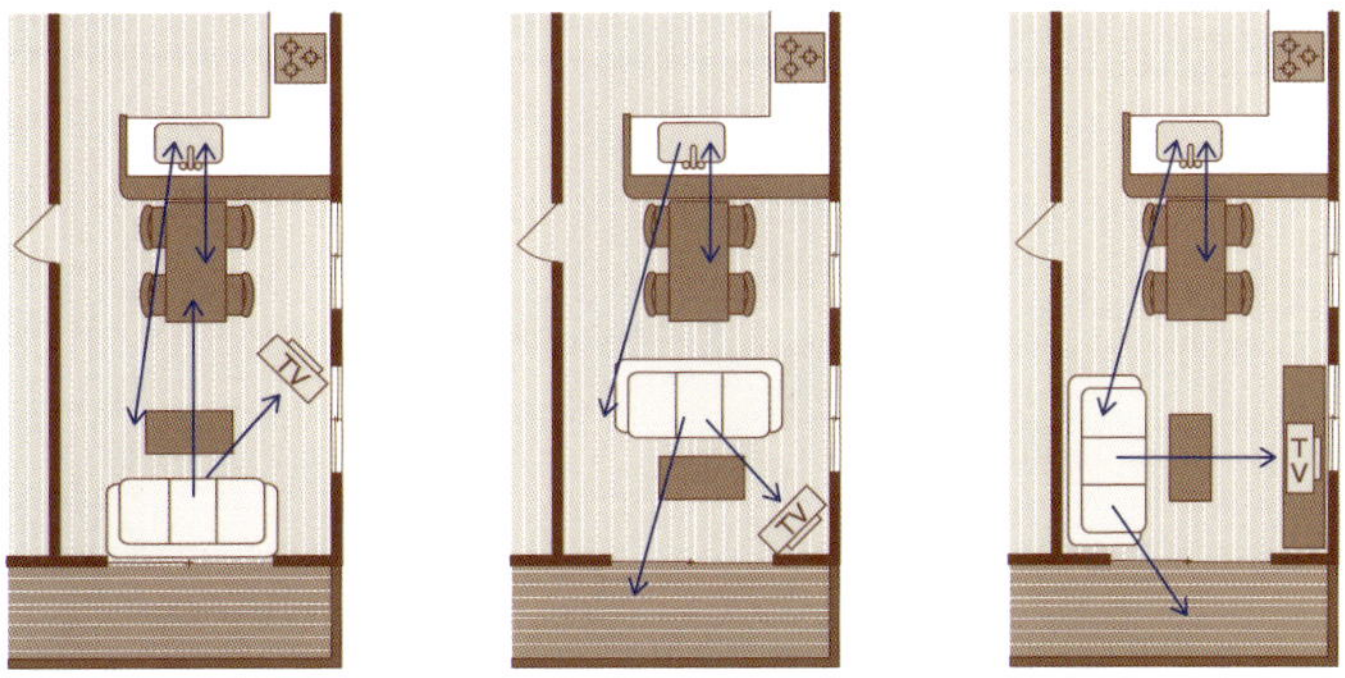


**視線オープン型**

ソファをキッチンに向けると、キッチン→ LD、LD →キッチンと互いに視線や会話が交わせる。調理しながら子どもが遊ぶ様子がわかるので、子育て世代によい。ソファから DK が見渡せるので、来客に雑然とした印象を与えることもある。

**視線セパレート型**

キッチンからは LD の様子が眺められるが、ソファからは DK が見えない。連続した空間でありながら、ダイニングとリビングでお互いの視線を意識しないで過ごせる。来客が多い家や、屋外に視線を向けたい家におすすめ。

**折衷型**

左の２つの折衷プラン。ソファに座って正面を向いていれば、DK の様子はさほどわからず、視線を DK に向けることもできる。ソファを壁づけにしたので、空間が有効に使えて、視線が屋外にも届くため、広がりや開放感を感じられる。

POINT 5

## フォーカルポイントをつくって、メリハリのある素敵なインテリアに

リビング・ダイニングにぜひほしいのが「フォーカルポイント」。これは部屋に入った瞬間、自然に視線が集まる「部屋の見せ場」のことで、絵やディスプレイ、美しい家具などでつくります。

わかりやすい見せ場をつくるには、フォーカルポイント以外はすっきりさせることがコツ。部屋をまんべんなく飾ったのでは、どこが見せ場なのかわかりにくくなり、散漫な印象のインテリアになってしまいます。フロアランプやブラケットランプなどの照明でそのスペースを照らすと、見せ場が強調され、より印象的なコーナーになります。

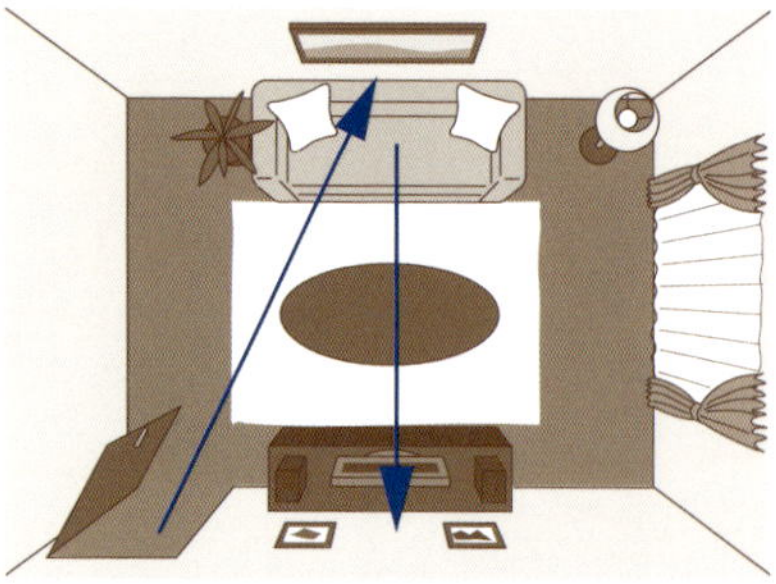

**「フォーカルポイント」とは**

部屋の中で自然と目がとまり、視線が注がれる「注視点」のこと。ドアを開けたときに、真っ先に目に入る壁や、ソファに座ったときに見える壁にフォーカルポイントをつくると効果的です。

**雑貨を飾ったウォールシェルフをフォーカルポイントに**

ダイニングの壁にお気に入りの雑貨をディスプレイしたウォールシェルフを飾り、フォーカルポイントに。（中村さん宅・福井県）

**ソファの上の壁に、フレームを３枚並べて印象的に**

プライベートルームに置いたソファの上に、アンティークの植物画を入れたフレームを並べて、目を引くコーナーに。（谷さん宅・兵庫県）

**ペイント壁に限定して**
**壁一面を見せ場に**

オリーブグリーンにペイントした壁にカードやフレームをたくさん並べ、壁一面をフォーカルポイントに。ほかの壁面はシンプルにしてここに目がいくように。(奥野さん宅・愛知県)

ROOM：2

# BEDROOM

寝室

POINT 1

## 室内ドアの開閉やベッドメイキング、ものの出し入れに必要なスペースを確保

寝室では、就寝だけでなく、着替えやメイクも行うので、ベッドのほか収納家具なども必要です。

ベッドまわりの通路幅は最小限で大丈夫ですが、ベッドメイキングのための動作スペースを確保しないと、シーツのとり替えなどがたいへんになります。ベッド脇にベッドサイドテーブルやチェストを配置すると、ベッドメイキングのスペースを確保しつつ、照明やメガネ、時計、スマートフォンなどを置けて便利です。ベッドと開き戸のクローゼットとの間には90cm程度の動作寸法が必要ですが、引き戸や折り戸タイプなら50〜60cmでも開閉できます。

**シングルベッド2台を並べてベッドメイキングの空間も確保**

シングルベッドを2台並べ、ベッドサイドにスツールを置いて照明や時計を。ベッドメイキングのための作業スペースも確保されている。（Mさん宅・東京都）

### ベッドまわりに必要なスペース

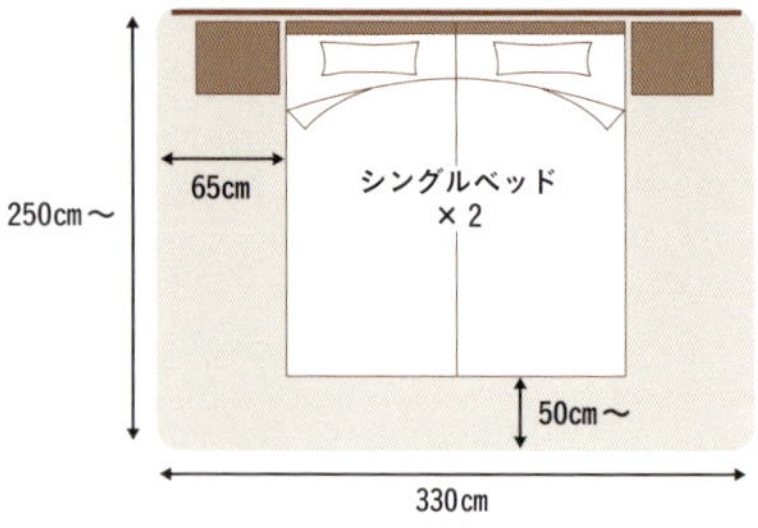


**シングル×2**

シングルベッド2台なら、お互いの体の動きが伝わらず、ゆっくり眠れる。1台を壁づけにすると、ベッドメイキングが困難になる。

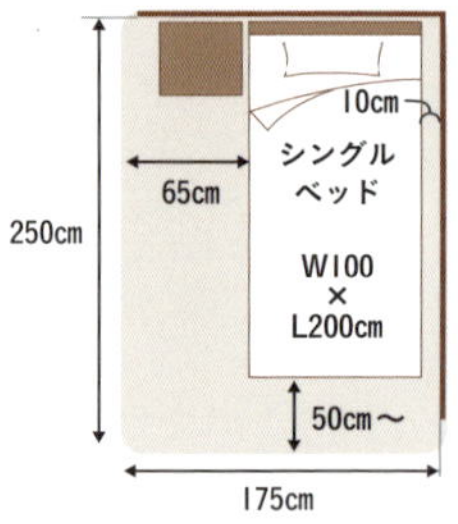


**シングル×1**

ベッドを壁にぴったり寄せて置くと、掛け布団がおさまらず、ずり落ちの原因に。布団の厚み分として、壁から10cmほどは離して。

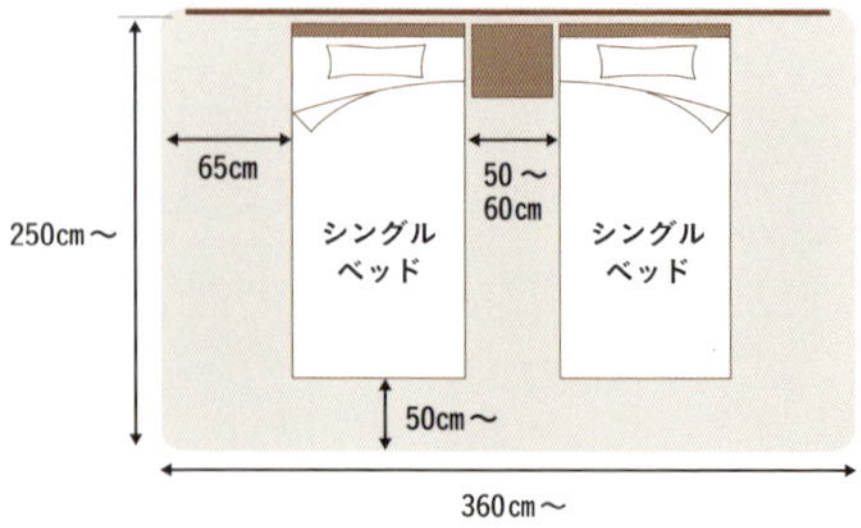


**シングル×2**

シングルベッド2台を離して置くには、約6畳のスペースが必要。クローゼットやドレッサーを置くには、8畳以上ないと窮屈になる。

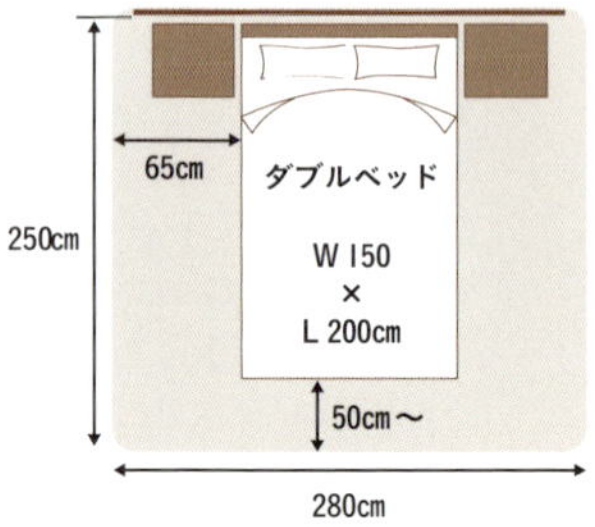


**ダブル×1**

ダブルベッドは4.5畳以上あれば置けるので、狭い寝室向き。ドアの位置によって、開閉時にベッドにぶつかることがあるので要注意。

## 寝室のプラン例

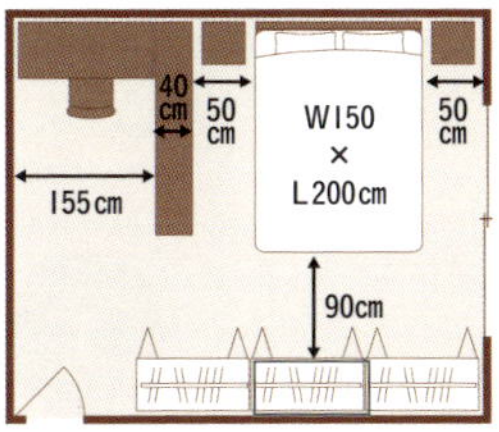


**10畳の寝室 ❶**

間仕切り家具の高さは、書斎への通風や採光を妨げず、しかも書斎の明かりがパートナーの眠りをじゃましないように配慮を。

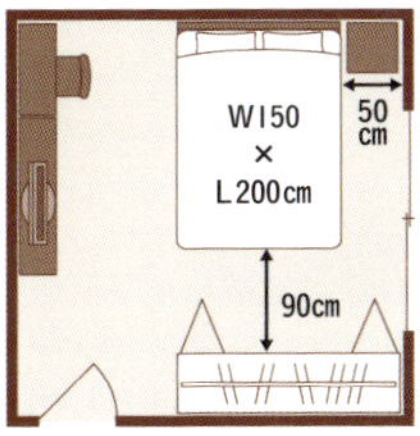


**8畳の寝室 ❶**

ダブルベッド1台にすれば、デスクや化粧コーナーがつくれる。チェストやテレビなども置くことができる。

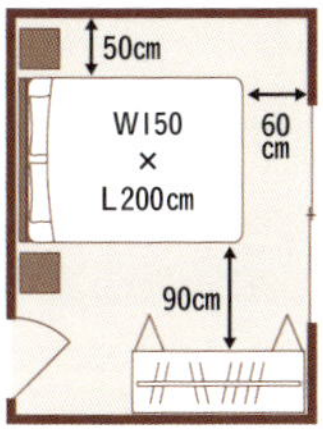


**6畳の寝室 ❶**

ダブルベッドにすれば、ベッドの三方に人が歩けるスペースが確保でき、ベッドメイキングもしやすい。

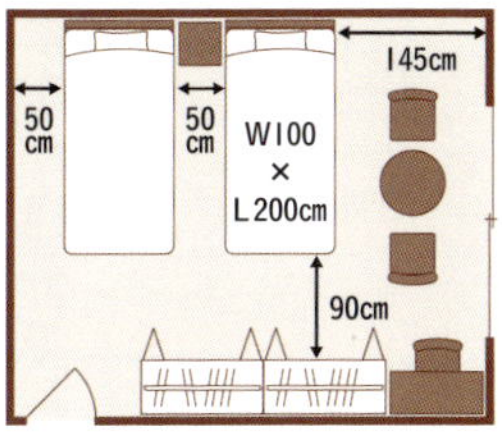


**10畳の寝室 ❷**

10畳なら、シングルベッド2台を離して置いても、夫婦のプライベートリビングがつくれ、ミニテーブルや椅子などを置くことが可能。

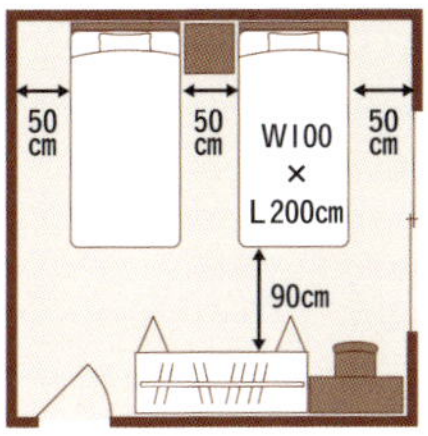


**8畳の寝室 ❷**

シングルベッド2台を離して置いた、基本プラン。クローゼットの横にデスクかドレッサーが置けるが、コーナーの照明に工夫を。

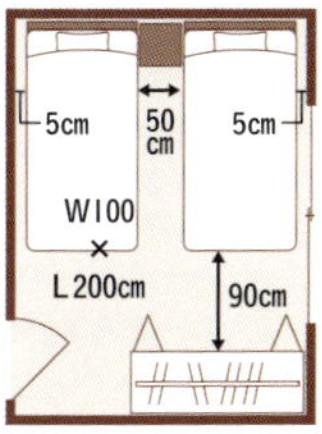


**6畳の寝室 ❷**

間口の狭い壁に頭を向け、シングルベッド2台を配置。ベッドと壁の間は5cmほどしかとれない。一方のベッドを幅の狭いものにしても。

POINT 2

## ベッドヘッドウォールの家具配置で機能的で美しい寝室に

欧米では「ベッドヘッドウォール」といって、ベッドヘッドを壁につける配置が基本です。外気の寒暖の影響を受けやすい窓からベッドを離し、冷えや暑さから体を守ると同時に、心理的な安心感を得るためです。

　また、このヘッドウォールは寝室のフォーカルポイントとして、絵や布でデコレーションするのが通例です。ベッドの上にある広い壁を、寝室のインテリアの見せ場にしましょう。

　寝室の快適さは住まいの快適さにもつながります。睡眠だけでなく、読書や音楽を楽しめるように椅子や小さなテーブルも置いて、豊かなインテリア空間に仕上げてください。

**シンプルでありながらアクセントのある寝室に**

白い壁とブルー系のアクセントウォールのコントラストが美しいゲストルーム。ヘッドウォールにはシンプルなアートフレームをかけて、空間のアクセントに。(米山さん宅・北海道)

ROOM：3

# KID'S ROOM

子ども部屋

POINT 1

## 子どもが自分で部屋を整えられるよう、ストレスのない配置を考えて

子ども部屋では、必要な家具が成長とともに変化します。幼少期は衣類やおもちゃの収納、学童期は本棚やデスク、衣類やスポーツ用品などの収納も大型化していきます。組みかえやつけ足しが可能なフレキシブルな家具は、成長に合わせてレイアウトを変えやすく便利です。

子ども部屋は、自分で着替えたり片づけたりできるようにする、自立の訓練の場でもあります。子どもが使いやすい収納や整えやすいベッドの配置を考えましょう。広さが限られている子ども部屋では、家具が数ミリ大きくてもドアの開閉ができない場合があります。部屋や家具の正確な寸法を実測し、ストレスのない動作寸法を加えてレイアウトを。

### 家具と家具の間に必要なスペース

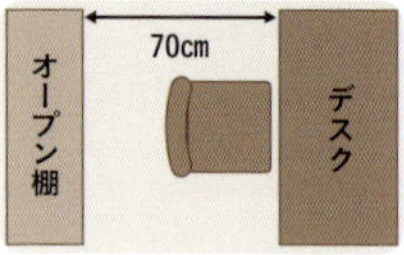


デスクとオープン棚の間隔が70cmくらいなら、デスクに向かっていて、必要なときに振り返れば、本がさっと手にとれる。

デスクとベッドとの間は110cmあれば1人が腰かけていても、1人が後ろを通ることができる。後ろを通らない場合は70cmでよい。

チェストは、引き出すスペースと人がかがむスペースがいるため、75cmは必要。間隔が狭すぎると出し入れが困難になる。

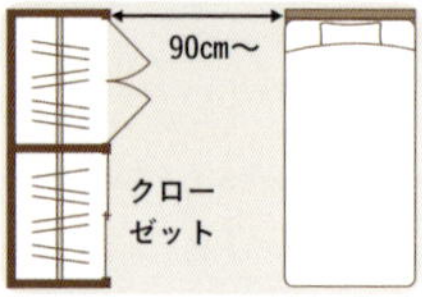


間口90cmで開き戸2枚のクローゼットは、ベッドとの間隔は90cm必要。引き戸や折り戸のクローゼットなら、50～60cmあれば可。

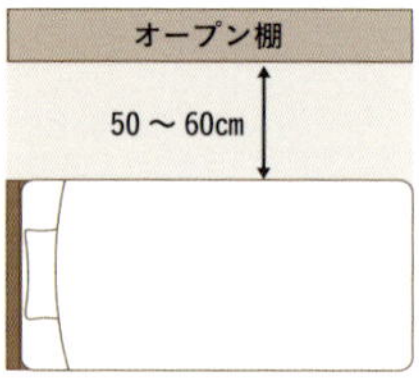


ベッドとオープン棚の間では、50～60cmあればよい。奥行きが浅くて背の高い家具は、地震などの揺れで転倒しないように固定する。

### 子ども部屋のプラン例

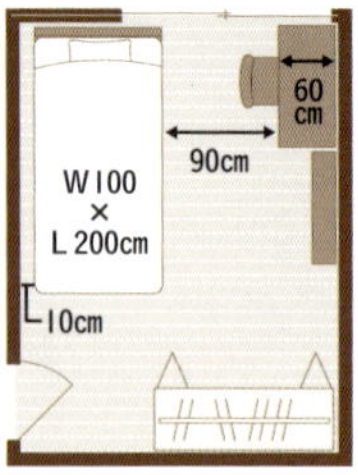


**6畳の子ども部屋**

デスクはベッドに背を向けたほうが、勉強に集中できる。手暗がりを防ぐために、デスクは利き手の反対側に窓がくる配置がよい。

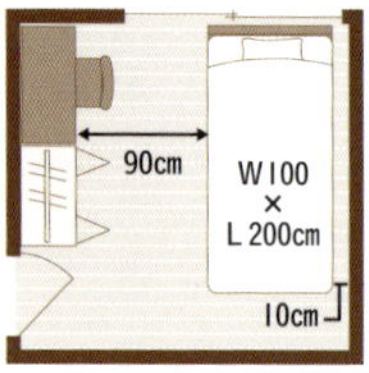


**4.5畳の子ども部屋**

ベッド、デスク、収納が置ける広さ。デスクや収納を組み込んだロフトベッドを選ぶのもよい。収納が別途確保できれば、3畳でも可。

**自分でお片づけしやすい収納アイテムをプラス**

クローゼットを設けているものの、子どもがまだ小さいので、自分でおもちゃや絵本を出し入れしやすいような、低めの収納を並べて。（Iさん宅・埼玉県）

## 成長とともに変化する12畳の子ども部屋のプラン例

### 幼児期

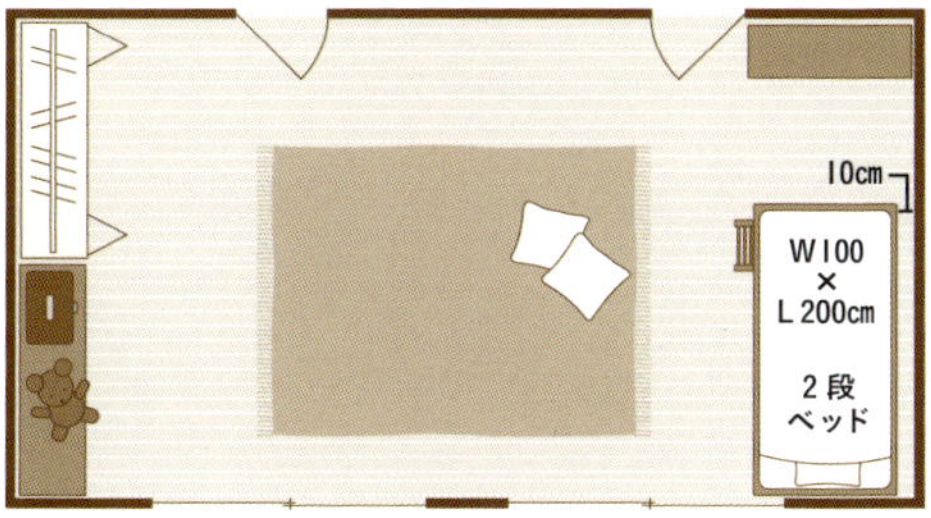


勉強はダイニングテーブルですることが多いので、デスクは置かず、中央に広いプレイスペースをとった。

### 小学生

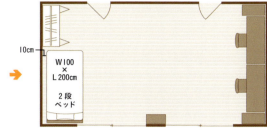

デスクは片側の壁に並べているが、間をロールスクリーンや本棚で仕切ると独立感が出る。

### 中学生（異性2人の場合）

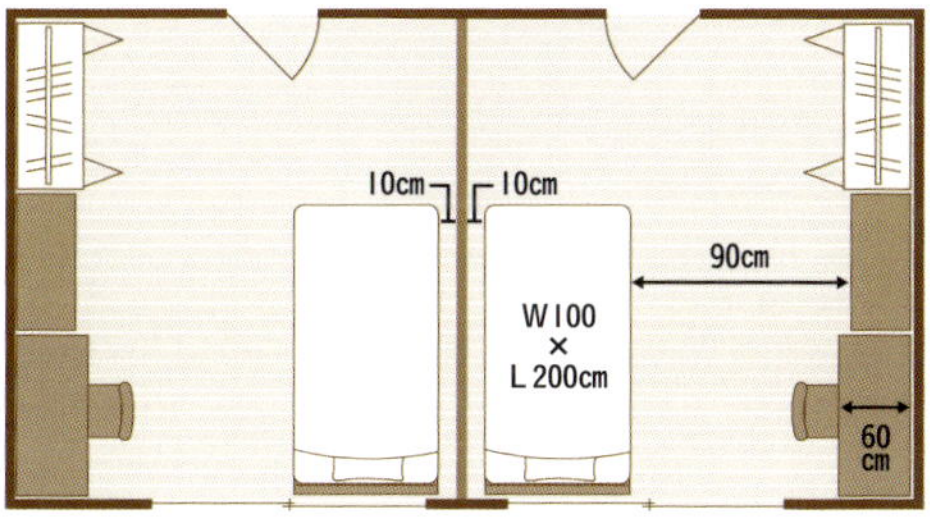


独立した個室が必要。ワンルームを将来2分割したい場合は、新築時にドアや窓、コンセントなどの位置を計画しておく。

### 中学生（同性2人の場合）

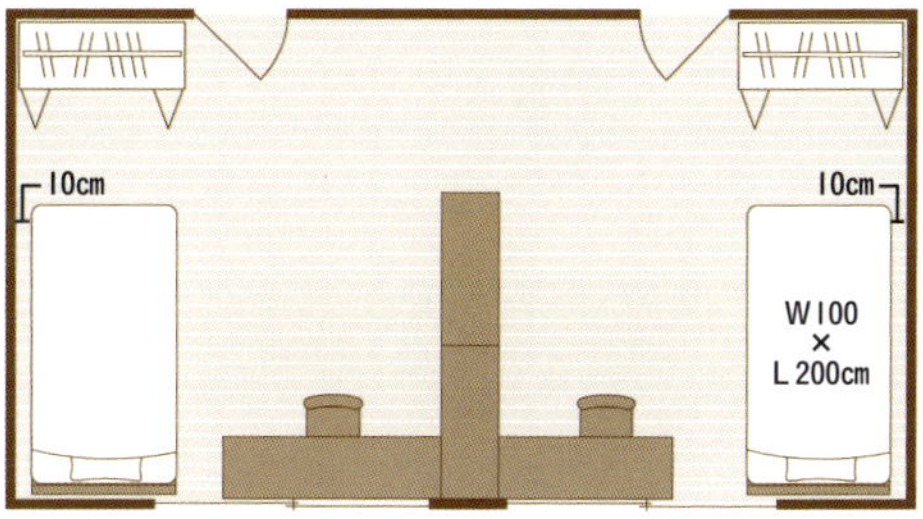


中学生になっても完全には仕切らず、椅子に座ったときに隣が見えない高さの本棚などを使って、ゆるやかに分ける方法もよい。

POINT 2

## 幼児期、学童期、思春期の成長に合わせたレイアウトを

子ども2人の家では、小学校低学年くらいまでは同じ部屋を使わせることが多いようです。そのため、子どもが小さいときの新築では、あらかじめドアを2カ所につけておくなど、将来2部屋に分割できる広い子ども部屋を設けることがよくあります。こうした間取りでは、成長に応じて家具の配置を変えましょう。幼児期は広い床でのびのび遊べるように、家具を少なめにして、壁に寄せて配置します。思春期になったら収納家具で仕切ったり壁を設けたりして、部屋やコーナーを分け、子どものプライバシーの尊重と、勉強に専念できる環境づくりが必要です。

**ワンルームにデスクを並べた学童期のプラン**

ゆるやかに仕切られたロフトつきワンルームの姉妹の部屋。将来、2部屋に分けられるようドアは2つ。今はおそろいのデスクを並べて。（島田さん宅・東京都）

STEAM BEER
Francisco since 1896

人気ショップおすすめの定番&人気家具セレクション

# POPULAR FURNITURE CATALOG

CHAPTER.4 | FURNITURE

4

ロングセラーから話題のアイテムまで、人気ショップスタッフ選りすぐりの家具をご紹介します。

shop : 001

## ACTUS
アクタス

### 日本の住まいになじむ ハイクオリティなインテリア

デンマークのアイラーセン社やイタリアのポラダ社など、世界のトップブランドの家具とあわせて、オリジナルブランドの家具もラインナップ。部屋に調和させやすいシンプル＆ナチュラルなアイテムがそろい、日本の住宅事情に合わせたサイズ設定や、バリエーション豊富な子ども家具も必見です。直営店は全国に27店舗を展開。不定期でプロから学べるインテリア講座も開催しています。

**アクタス新宿店**

東京都新宿区新宿
2-19-1 BYGSビル1・2F
電 03-3350-6011
営 11:00～20:00
休 不定休
www.actus-interior.com/

「ヴァリオ デスクセット」W120×D55×H72cm ¥13万3380(チェアは別売り¥3万8880)

希少材マホガニーを使用。「ホースシュー ダイニングテーブル」W180×D85×H70cm ¥20万6280～

一番人気のロングセラー。「ストリームライン カウチソファ」W210×D151×H83(SH42)cm ¥39万9600～

「プレミアムビスポーク システムソファ」W276×D92×H76(SH38.5)cm ¥69万9840～

背が低く、スペースを有効に使える組み合わせソファなど、コンパクトな部屋にもおすすめ。

幅広のアームボードにはコーヒーを置いても。「ディモンシュ ソファ(3)」W207×D90×H80(SH45)cm ¥29万1600～

引き出しは道具箱として持ち運びOK。「コントゥール ドロワー」W120×D40×H72cm ¥21万6000

天板はホワイトオーク無垢材を使用、スチールの脚でシャープな印象に。「スデュー テーブル 1600」W160×D85×H71.5cm ¥18万3600

フランスのセルジュ・ムーユによる繊細なデザイン。「ランパデール アン ルミエール」W45×D47×H170cm ¥8万4240

シンプルなデザインは、ミラー部分を閉じてデスクとしても。「エアウ ドレッサー メープル」H80×D43.5×H78cm ¥18万7920

shop : 002

# IDÉE
イデー

## 家具はすべてハイセンスなオリジナルデザイン

海外の提携デザイナーやインハウスデザイナーによるオリジナル家具は、斬新なフォルムからシンプルでありながらディテールに凝ったものまで、こだわりのハイデザイン。機能的で使いやすいオリジナル家具をリーズナブルなプライスで提供するシリーズも好評です。東京・自由が丘店はブランドの世界観を満喫できるフラッグシップショップ。全国に11店舗を展開。

**イデーショップ 自由が丘店**

東京都目黒区自由が丘2-16-29
電 03-5701-7555
営 11:30～20:00
(土・日曜、祝日11:00～)
休 無休
www.idee.co.jp/

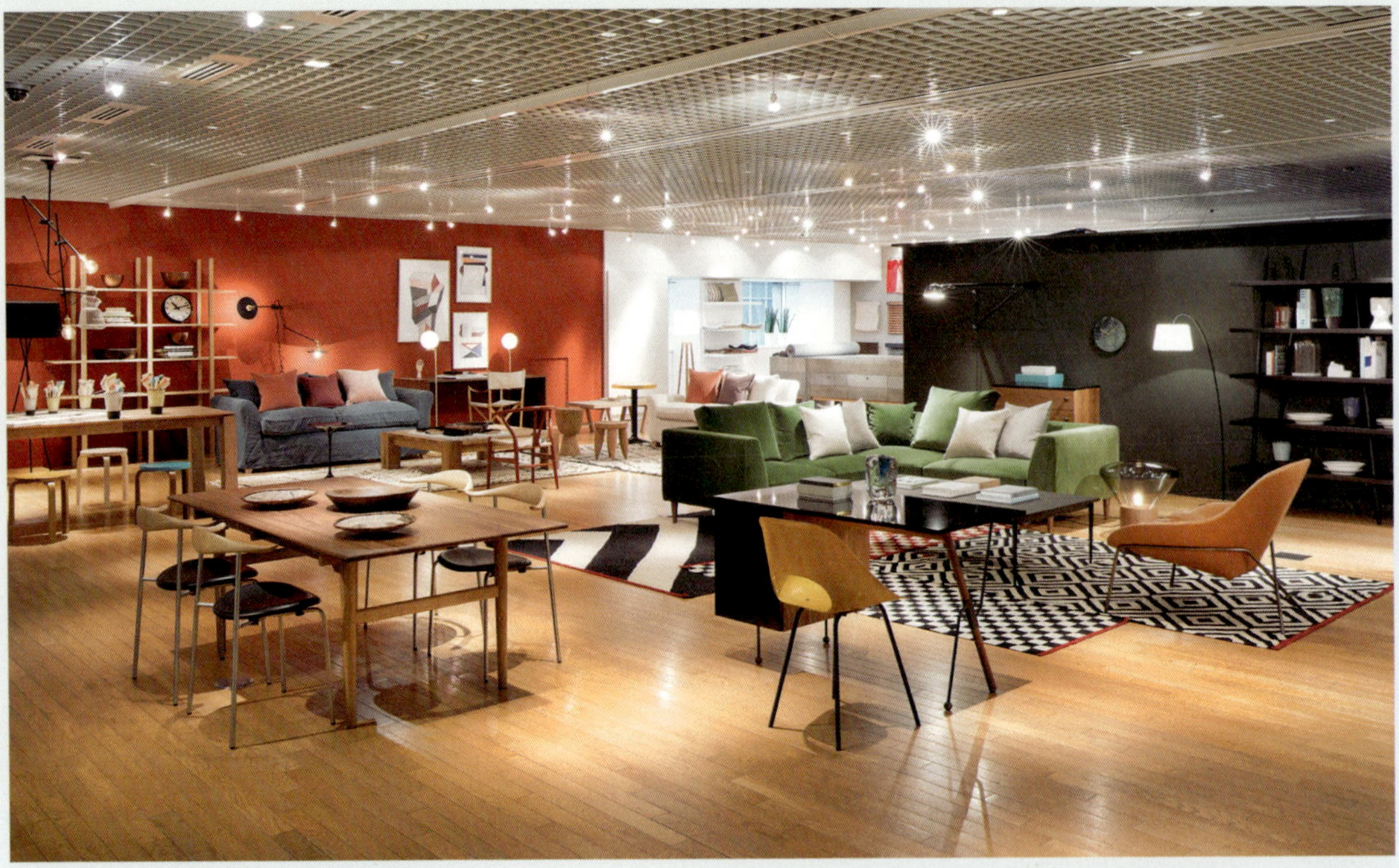

アイディアやインスピレーションが刺激される店内ディスプレイ。新鮮なカラーコーディネートがすてき。

どんなスタイルの部屋にもマッチする普遍的デザイン。「エルギン」W203×D93×H88（SH44）cm ￥86万4000

カバーのバリエーションが豊富。「エリプス 3シーター ソファ」W244×D114×H77（SH43）cm ￥46万2240～

クロスした脚が特徴。「ペターソンテーブル」W180×D90×H73cm ￥20万5200

鳥かご型のユニークなペンダントランプ。「スモール ヴォリエ」φ45×H36cm ￥11万3400

「モザイク ラック」W100×D34×H201cm ￥23万7600

shop : 003

# THE CONRAN SHOP

ザ・コンランショップ

## 世界中から選りすぐられたハイクオリティなアイテムが並ぶ

世界中から厳選したアイテムに加え、オリジナル商品もラインナップ。すぐれた機能性、デザイン性を兼ね備えたアイテムがそろいます。家具だけでなく、ファブリックやテーブルウェア、ガーデングッズなど、暮らしを創造するさまざまなアイテムが豊富です。英国らしい洗練されたデザインのなかに、ユーモラスなエッセンスも魅力のひとつ。全国に6店舗を展開。

**ザ・コンランショップ 新宿本店**

東京都新宿区西新宿 3-7-1
新宿パークタワー 3・4F
電 03-5322-6600
営 11:00～19:00
休 水曜（祝日の場合は営業）
www.conranshop.jp/

「DOCK SHELF」W118×D46×H104.5cm
¥20万1960

「DT SOFA」W240×D85×H70(SH35)cm ¥96万5520

「FK SOFA」W204×D96×H80(SH43)cm
¥44万8200

「198.GATTO TABLE」W200×D85×H71cm
¥49万2480

shop : 004

# TRUCK

トラック

## 使うほどに味わいを増す、素材感を大切にした家具

1997年のオープン以来、素材感を大切にしたオリジナル家具をつくり続ける人気店。木、革、鉄などの素材の表情を生かした家具は、シンプルなデザインで使い込むほどに味わいが増し、住む人にしっくりとなじみます。家具や照明をメインに、ライフスタイルを彩るインテリア雑貨も充実。隣にはTRUCKの家具を使ったカフェ「Bird」があり、ゆったりと食事を楽しめます。

**TRUCK**

大阪府大阪市旭区
新森6-8-48
電 06-6958-7055
営 11:00〜19:00
休 火曜、第1・第3水曜
https://truck-furniture.co.jp

天井まで届いた窓。開放感がある店内は、時間を忘れてくつろげる雰囲気。

shop : 005

## 北の住まい設計社

きたのすまいせっけいしゃ

### 無垢材を自然素材で仕上げる、世代を超えて使える家具

北海道産のナラやイタヤカエデなどの無垢材を使い、ほぞ組みという工法で、職人の手によって丹念につくられる上質な家具。木の表面はリネンの種からとれる亜麻仁油と蜜ろうワックスで仕上げています。長く使える、流行に左右されないシンプルなデザインが人気です。

フレームと張り地はオーダー可能。「エヌフレームソファ」W156.2×D76×H78(SH40)cm ￥25万4448～

7つの引き出しが衣類の分別収納に便利。オイル仕上げ。「チェスト 7 ドゥロワーズ」W93×D50×H95.5cm ￥21万600

足元が広く使える2本脚は、チェアはもちろん、ベンチとも好相性。「ダイニングテーブル シェーカー」W160×D85×H72cm ￥18万3600～

**北の住まい設計社　東川ショールーム**

北海道上川郡東川町
東 7 号北 7 線
電 0166-82-4556
営 10：00 ～ 18：00
休 水曜
www.kitanosumaisekkeisha.com/

shop : 006

## THE PENNY WISE

ザ・ペニーワイズ

### 英国の伝統を受け継ぐパイン材ファニチャーが人気

イギリス生まれの本格的な「ポールウィルソンシリーズ」をはじめ、日本の暮らしに適したサイズに設定されたオリジナルのシリーズなど、パイン材ほか無垢材を使ったナチュラルテイストの家具が充実しています。併設する「コロニアルチェック」は、ファブリック専門店。

ソファは100種類を超えるナチュラルファブリックから張り込みまたはカバースタイルで一台ずつ手作り。

定番の「ポールウィルソンダイニングテーブル」。W180×D90×H76cm ￥13万5000　「スクロールチェア」W46×D50×H83(SH45)cm 各￥3万5640

ミドルサイズの「ブックケースM」W87×D34×H121cm ￥10万8000

**ザ・ペニーワイズ白金ショールーム＆コロニアルチェック白金店**

東京都港区白金台 5-3-6
電 03-3443-4311
営 11：00 ～ 19：30
休 火曜
www.pennywise.co.jp/

shop : 007

## karf《カーフ》

### ベーシック＆スタイリッシュが絶妙なデザインの家具

ベーシックで素材感にあふれ、時間の流れとともに暮らしになじむ家具をコンセプトに、国内契約工場を中心にていねいにつくられた家具を展示。スタイリッシュなデザインのオリジナル家具のほか、北欧オーダー家具、インテリアグリーン、照明なども豊富にとりそろえています。

karf

東京都目黒区
目黒 3-10-11
電 03-5721-3931
営 11:00 〜 19:00
休 水曜（祝日の場合は営業）、年末年始
www.karf.co.jp/

直線で組み合わせたシンプルなフォルム。「ノット ダイニングテーブル」W120×D80×H71cm ￥14万5800〜

お気に入りの食器が映えるデザイン。「ノット キャビネット」W75×D34.5×H135cm ￥16万7400

部屋のアクセントになるボリュームたっぷりのローソファ。「Glove」W220×D90×H67（SH37）cm ￥46万4400〜

shop : 008

## SERVE《サーブ》

### メープル材の魅力が生きるシンプル＆ナチュラルな家具

素材、つくり、形、使い勝手のよさにこだわった、メープル家具の専門店。メープルの繊細な木目を生かす、シンプルで飽きのこないデザインは、すべてオリジナル。特別に伐り出した北海道産のイタヤカエデを大切に使い、熟練した職人の手により、国内でつくられています。

SERVE 吉祥寺店

東京都武蔵野市吉祥寺
2-35-10 1F
電 0422-23-7515
営 11:00 〜 18:00
休 火曜（祝日の場合は営業）
www.serve.co.jp/

シンプルで使い心地のいいロングライフデザイン。デスク・チェストは背面もていねいな仕上げなので、壁づけしなくてもOK。「desk type 18 c+l」W120×D60×H72cm ￥15万9840

座面は丈夫なアクリルテープ。座り心地はとてもしなやか。「chair type 09」W58.6×D55×H83（SH45）cm ￥7万3440

使う場所を選ばない、小ぶりな万能チェスト。玄関に置いても。「side chest type 06」W30×D30×H80cm ￥7万3440

shop : 009

## MOMO natural

モモ ナチュラル

### ナチュラル＆スタンダードが世代を超えて幅広く人気

天然木を基調としたナチュラルテイストの家具のほか、オリジナルのカーテンやラグ、照明、テーブルウェアなどやわらかい表情のアイテムがいっぱい。家具は良質なアメリカやニュージーランド産の木材を使い、岡山の自社工場で製作しています。全国に10店舗を展開。

**MOMO natural 自由が丘店**

東京都目黒区自由が丘2-17-10 ハレマオ自由が丘ビル 2F
電 03-3725-5120
営 11：00〜20：00
休 無休
www.momo-natural.co.jp/

アルダー材を使用したダイニングテーブル。「ORDER VIBO TABLE」W〜150×D〜80×H72cm ￥〜7万3440

高級感のある革張りのクッションブロック。「CLOUD 3P SOFA〈LEATHER〉」W183×D84×H80(SH46)cm ￥24万6240

あたたかみのある空間づくりに。背面のゆるやかなカーブが背中にフィット。張り地は2種類。「CREW CHAIR」W57×D57×H70(SH42)cm 各￥2万8080

shop : 010

## unico

ウニコ

### 懐かしくて新しい、暮らしに寄り添うインテリア

ソファやテーブル、ベッド、収納など住まい全体をカバーするアイテムが、手ごろな価格で手に入ります。ナチュラル、モダン、北欧風など幅広い好みにも対応。コンパクトな家具も充実しているので、狭い部屋のコーディネートにもおすすめ。全国に37店舗を展開。

**unico 代官山**

東京都渋谷区恵比寿西1-34-23
電 03-3477-2205
営 11：00〜20：00
休 不定休
unico-lifestyle.com/

ほどよいかたさが座り心地満点。「アルベロカバーリングソファ 3シーター」W179×D77.5×H77(SH39)cm ￥9万6984

家電も収納。「ストラーダ キッチンボード オープン」W120.5×D45×H180.5cm ￥16万4160

丸みをつけた天板。「シグネダイニングテーブル」W140×D80×H73cm ￥6万8904

ブランドを象徴するロングセラー。傷やシワも味になる、使い込む楽しみを感じるソファ。「FRESNO SOFA 3P」W190×D85×H80(SH42)cm ￥29万9160

ヘリンボーンの天板が特徴。重厚なつくりなので作業台にも。「WARNER DINING TABLE」W160×D85×H74cm ￥14万5800

座面と背もたれにもクッションがあり、快適な座り心地。「SIERRA CHAIR」W48×D63.5×H78(SH44)cm 各￥2万2680

shop : 011

## ACME Furniture

アクメファニチャー

### 1960～70年代のアメリカン ヴィンテージ家具を探すなら

1960～70年代のアメリカ西海岸のヴィンテージ家具を、専門の職人によりメンテナンスしています。当時のディテールを忠実に再現したチェアや、テイストを盛り込んだオリジナル家具の展開も。上質な木材とアイアンを組み合わせたライン「グランドビュー」も好評。

ACME Furniture　目黒通り店

東京都目黒区目黒3-9-7
電 03-5720-1071
営 11:00～20:00
休 不定休
http://acme.co.jp/

天板に古材を使用したダイニングテーブル。ひとつひとつ異なる古材の風合いが魅力。「CHINON DINING TABLE L」W180×D73×H73cm ￥8万8560

背面クッションを外せば、ゆったりと寝転がることも。フレームはアッシュ材。「JFK SOFA」W170×D93×H76(SH40)cm ￥16万7400

「CHINON CHAIR LEATHER SEAT」W41×D50×H83(SH46)cm ￥2万4840

shop : 012

## journal standard Furniture

ジャーナル スタンダード ファニチャー

### ファッションブランド発の メンズライクなインテリア

ヴィンテージにトレンドをプラスしたオリジナル家具と、国内外のブランドを合わせたミックススタイルを提案しています。ホームファニシングにも力を入れていて、ファッションブランド発のショップならではのスタイリングにも注目です。全国に7店舗を展開。

journal standard Furniture 渋谷店

東京都渋谷区神宮前
6-19-13 1F・B1
電 03-6419-1350
営 11:00～20:00
休 無休
http://js-furniture.jp/

shop : 013

## Karimoku

カリモク

### 木のよさを引き出す、老舗国産メーカーのこだわり

1940年創業、国内最大級の家具メーカー。日本の暮らしに合う、上質でベーシックな家具を展開。木のやさしさやぬくもりを感じるデザインで、安心して長く使い続けられる家具がそろいます。じっくり選べるショールーム（小売りなし）は全国に25店舗の展開。

**カリモク家具　新横浜ショールーム**

神奈川県横浜市港北区新横浜 1-12-6
電 045-470-0111
営 10:00～18:00（土・日曜、祝日～19:00）
休 水曜（祝日の場合は営業）
www.karimoku.co.jp/

木の質感が心地よいテレビボード。グッドデザイン賞受賞。「ソリッドボード QT7037」W203.7×D42×H46cm ¥29万1600

2本脚のダイニングテーブル。塗装のオーダーも。「DU5310ME」W150×D90×H69cm ¥16万2000

自由度の高いユニット収納。2段セッティングは圧迫感がなく座卓に合わせても。「セルタス QW93 シェルフ組合せ8点」W202.7×D38×H72.2cm ¥14万8824

shop : 014

## STANDARD TRADE.

スタンダードトレード

### 木目の美しい堅牢なナラ材を生かし、誠実な家具づくり

耐久性にすぐれた無垢のナラ材を使用し、デザインから製作、メンテナンスまで自社工場で行っています。細部まで品質を追求したオリジナル家具は、シンプルで落ち着きのあるデザイン。家具のオーダーや、住宅と店舗の内装といった空間デザインにも対応しています。

**STANDARD TRADE. 玉川ショップ**

東京都世田谷区玉堤 2-9-7
電 03-5758-6821
営 10:00～19:00
休 水曜
www.standard-trade.co.jp/

3本脚のコーヒーテーブル。天板下の棚にはTVリモコンや本などを。「CFT-02A」φ60×H55.1cm ¥9万720

背面の仕上げにいたるまでこだわったチェストは、ゾーニングにも力を発揮。「CHT-013D」W120×D45×H81cm ¥26万7840

右は天板が無垢の柾目材のテーブル。「DNT-06A Dining Table」φ120×H72cm ¥25万560
スポークの背もたれのチェア。「CHR-05」W48×D54.4×H87(SH43)cm 各¥7万3440

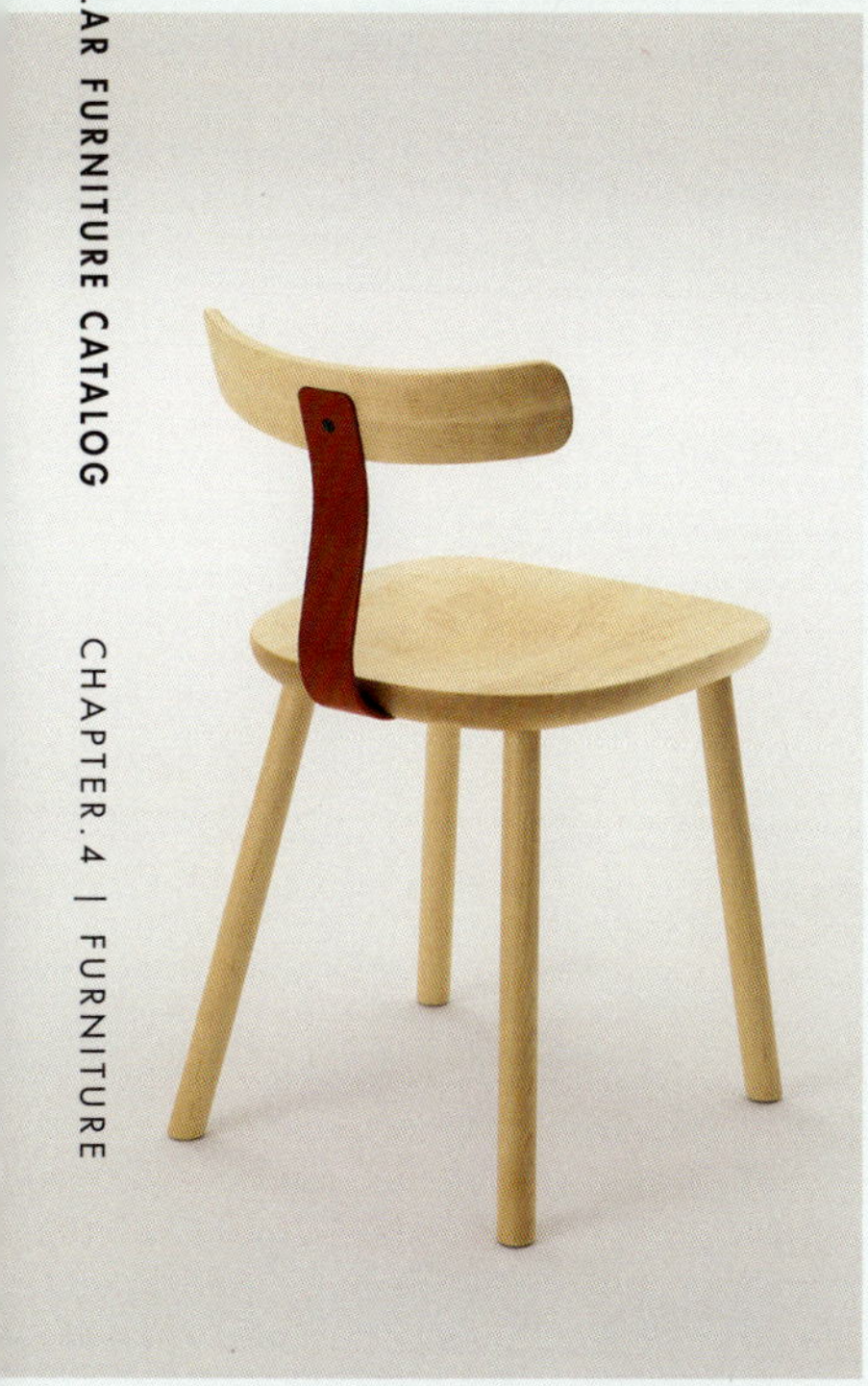

T字形の背面に施したメープル材とカラースチールのコントラストが魅力。「T1チェア」W40.3×D44.3×H73(SH44.6)cm ￥5万8200

深澤直人によるロングセラー。「HIROSHIMAアームチェア（板座）」W56×D53×H76.5(SH42.5)cm ￥ 9万3960

約2.5kgという軽さのミニマムデザイン。「Lightwoodチェア（メッシュシート）」W46.8×D46.1×H76.2(SH43)cm ￥4万6440

shop : 015

## マルニ木工《まるにもっこう》

### 国内外のデザイナーとつくる、シンプルでひときわ美しい家具

1928年、広島発祥の老舗家具メーカー。深澤直人、ジャスパー・モリソンといった世界で活躍するデザイナーとのコラボレーション家具が有名です。強度と機能美にこだわり、メーカー独自の3年間品質保証制度もあります。全国に4店舗の展開。

**マルニ東京**

東京都中央区東日本橋3-6-13
電 03-3667-4021
営 10:00～18:00
休 水曜
www.maruni.com/jp/

「マットソンシリーズ イージーソファ」W186×D72 ×H77(SH38.5)cm ￥31万9680～

「ヘロンロッキングチェア」W58.2×D85.3×H93(SH42.8)cm ￥9万6120～

やわらかい曲線が特徴。「バタフライスツール」W42.5×D31×H38.7(SH34)cm ￥4万8600

shop : 016

## 天童木工《てんどうもっこう》

### モダンな名作家具をはじめ、美しさと品格のある家具を

柳宗理の「バタフライスツール」や剣持勇の「イージーチェア」など、1950～60年代の日本人デザイナーの名作をはじめ、高品質の家具を発売。山形に本社・工場をもち、木を自由に曲げる成形合板技術で美しい曲線デザイン、軽さ、強度を備えた家具づくりを実現。

**天童木工 TOKYO ショールーム**

東京都港区浜松町1-19-2
電 0120-24-0401
営 10:00～17:00
休 祝日、夏期・冬期休業あり
www.tendo-mokko.co.jp/

shop : 017

## BoConcept

ボーコンセプト

### デンマークを拠点とするアーバンデザインインテリア

世界60カ国に260店舗を展開するグローバルブランド。デンマークの伝統にアレンジを加えたアーバンスタイルの家具を販売。レイアウトを変えられる「モジュラーシステム家具」をはじめ、日常に使うものにこそ美しさと機能性を求める北欧デザインの理念が息づいています。

つややかなレザーが美しい。「I.D.V.2 ソファ(モールOxfordレザー)」W243×D91×H83cm ¥61万5400

マットホワイトラッカー仕上げ。収納つき。「Chiva コーヒーテーブル」W114.6～135.6×D80.6～101.6×H32.2～45.7cm ¥12万9900

天板はホワイトガラス。伸長式の「Milano エクステンションテーブル」W140～190×D100×H74.5cm ¥23万1900

回転ベース&リクライニングのついたリビングチェア。「Bostonチェア(ライトベージュ Lux Feltファブリック)」W77×D77.5×H113(SH90)cm ¥31万700

**BoConcept 南青山本店**

東京都港区南青山 2-31-8
電 03-5770-6565
営 11:00～19:00(土・日曜、祝日～20:00)
休 不定休
www.boconcept.com/ja-jp/

shop : 018

## ARFLEX

アルフレックス

### 美しさ、品質、機能を備えたシンプルモダンな家具

イタリア生まれ、日本育ちのオリジナルブランドを中心に、イタリアのモダン家具を扱い、心を豊かにする暮らし的で夢のある生活を提案しています。ゆったりと展示された店内では、家具に合わせてカーテンやラグ、グリーン、アートなど幅広くコーディネートできます。全国に4店舗を展開。

上質な素材感と女性デザイナーらしいふっくらしたフォルムのハイバックソファ。「ピッピ」W257×D98×H87(SH41)cm ¥95万1480～(オプションクッションを除く)

「エヌティー」W56×D56.2×H77.7(SH43.5)cm ¥7万6680～

1971年発売以来のロングセラー。「マレンコ」W110×D97×H66(SH39)cm ¥26万6760～

**アルフレックス東京**

東京都渋谷区広尾 1-1-40
恵比寿プライムスクエア 1F
電 03-3486-8899
営 11:00～19:00
休 水曜
www.arflex.co.jp/

# CHAPTER

# 5

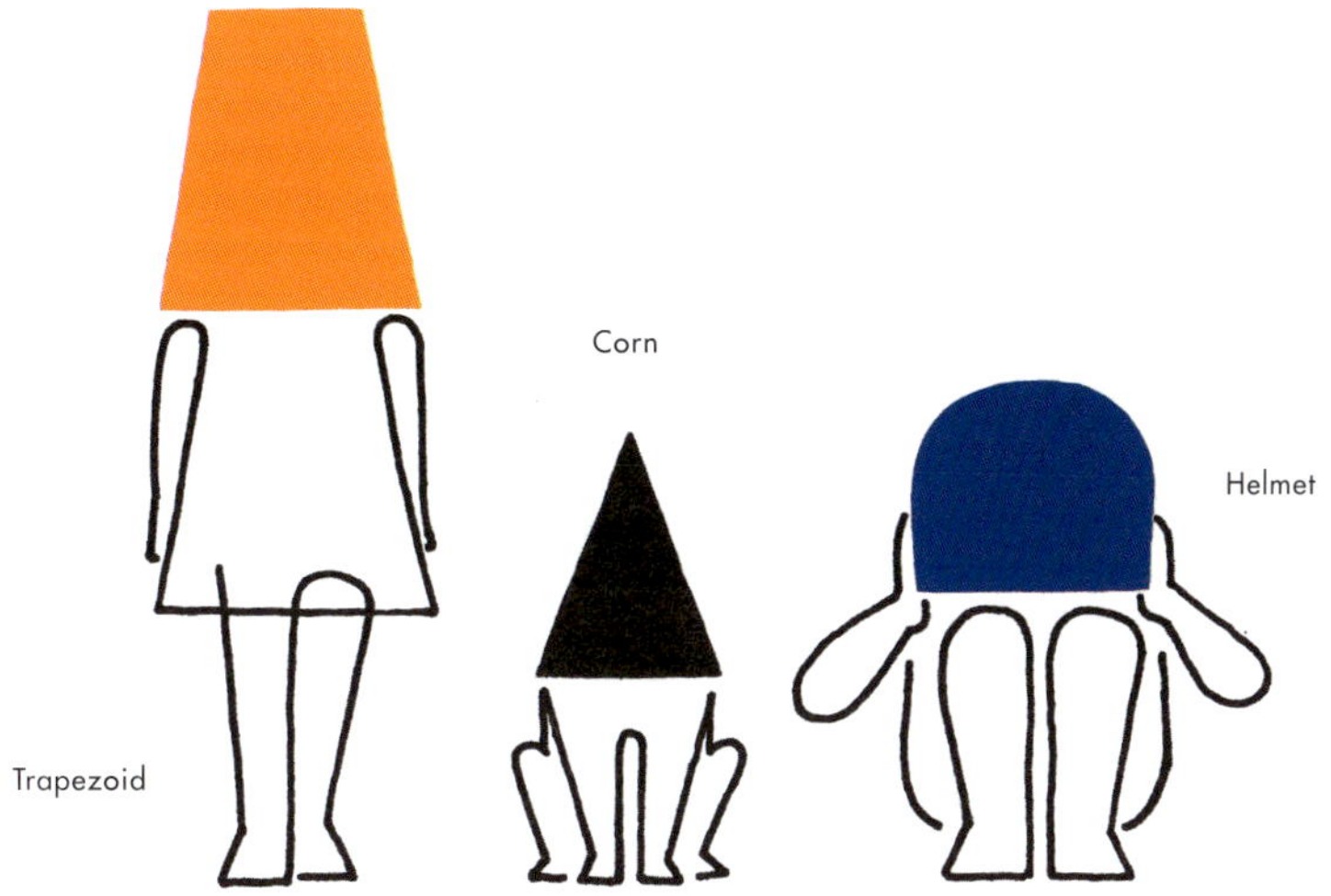


# LIGHTING

照明は心地いい部屋づくりの決め手になるほど、
ますます注目されるキーアイテム。
選び方とプランの基本から、人気デザイナー照明まで。

LESSON.1 LIGHTING BASIC / LESSON.2 LIGHTING TECHNIQUE
LESSON.3 LIGHTING SELECTION

適正な明かりで心地いい部屋づくりを

# 照明の種類と選び方の基本レッスン

部屋づくりの決め手として注目される照明は、デザインだけでなく、光の照らし方・広がり方など基本的な知識からチェックしましょう。

## LIGHTING BASIC

THEME 1

## 主照明と補助照明

### 1室多灯の照明プランで機能性とムードをアップ

照明は「主照明」と「補助照明」に分けられます。主照明とは部屋全体をほぼ均一に明るくするのが目的で、代表的なものがシーリングライト。補助照明は限られた範囲を照らす照明で、用途別に2タイプあります。ひとつが、デスクライトのように、視作業に必要な明るさを補うもの。ただ、手元の明るさが十分でも、部屋全体が暗いと、目に負担がかかるので要注意。補助照明のもうひとつが、部屋の雰囲気づくりや明るさの足りない場所に利用するもので、フロアランプやブラケットなどがこれにあたります。

天井の真ん中にシーリングライトが一灯だけという照明法では、表情のとぼしいインテリアになりがち。また、こまかな作業に適した明るさに部屋全体を設定しておくと、ふだんの暮らしにはまぶしすぎて、電力のムダづかいにも。

照明計画では食事をとる、読書をするなどの生活行為をよく考え、主照明と補助照明をバランスよく組み合わせて。視作業が快適になり、部屋の雰囲気もアップします。

### 主照明（全体照明）

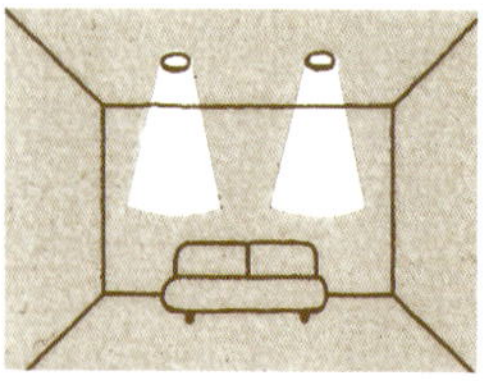

**ダウンライト**

天井に埋め込んで使用するため、器具自体を目立たせたくないシンプル志向のインテリアや、天井が低めの部屋に向いている。

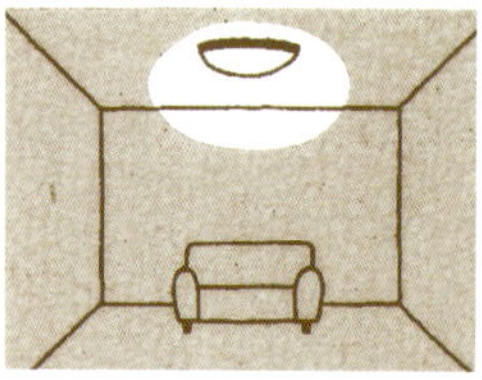

**シーリングライト**

天井に直づけして、高い位置から部屋全体を照らす最も一般的な主照明。最近は、圧迫感の少ない薄型の機種も豊富にそろう。

**ペンダント**

コードやチェーンで天井から吊るす器具で、ダイニング照明に多い。種類が豊富なのでテーブルのサイズや用途を考えて選ぶ。

**シャンデリア**

装飾的でリビングや応接間を華やかに演出してくれる多灯器具。天井の低い部屋では、器具の高さを抑えたタイプを選んで。

### 補助照明（部分照明）

**ブラケット**

壁面にとりつける器具。壁面が明るくなるため、部屋に奥行き感が生まれ、広く見える。器具がインテリアのポイントになる。

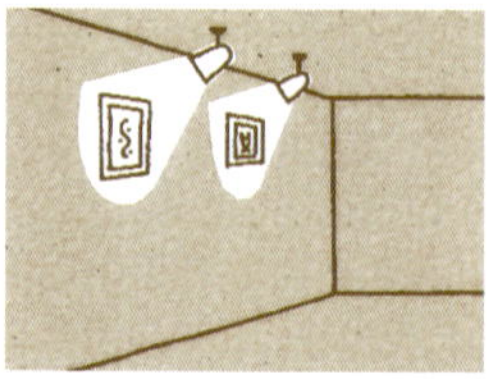

**スポットライト**

天井などにとりつけ、絵画など特定の対象物を照らす。主照明が明るすぎると効果が薄れる。光の方向が変えられるのも特徴。

**フットライト**

床近くの壁に埋め込み、足元を照らす。主照明＋フットライトにすると足元が明るくなり安全性が向上。廊下や階段、寝室に。

**フロアランプ（フロアスタンド）**

読書灯や暗くなりがちなコーナーの補助照明などに使う。低い位置から光が広がるタイプのものは、落ち着き感を演出する。

THEME 2

# 電球の種類

## 省エネのLED電球が主流に。白熱電球、蛍光灯と使い分けて

節電志向で、熱効率の劣る白熱電球の生産縮小に対し、急速に普及しているのがLED電球です。白熱電球と比較して、電気代は約5分の1、寿命は約20倍と高い省エネ性。また最近では、白熱電球の色合いや雰囲気を再現したタイプも登場しています。LEDほどではありませんが、蛍光灯には高効率や高寿命タイプがあり、電球形や円形など種類も豊富です。

器具や電球の価格、点灯時間などを考え、使い分けてみては。

### 電球の種類と特徴

| | LED電球 | 白熱電球 | 蛍光灯 |
|---|---|---|---|
| 商品例 | <br>LED電球 | <br>ホワイトランプ | <br>電球形蛍光灯 |
| 色合い | ●電球色はやや赤みを帯びた色。<br>●昼白色は白っぽくて、さわやかな色。<br>●昼光色はやや青みがかかった色。 | 赤みを帯びたやわらかであたたかみのある色。 | ●電球色はやや赤みを帯びた色。<br>●昼白色は白っぽくて、さわやかな色。<br>●昼光色はやや青みがかかった色。 |
| 質感・指向性 | ●陰影ができ、ものを立体的に見せる。<br>●指向性があり、目的物を効果的に照らせる。 | ●陰影ができ、ものを立体的に見せる。<br>●指向性があり、目的物を効果的に照らせる。 | ●陰影ができにくく、フラットな光。<br>●指向性が少ない。 |
| 発熱量 | 少ない（白熱電球にくらべ） | — | 少ない（白熱電球にくらべ） |
| 点灯・調光 | ●スイッチを入れると、すぐに点灯。<br>●繰り返しの点滅に強い。<br>●調光可能なものもある。 | ●スイッチを入れると、すぐに点灯。<br>●頻繁に点滅しても、電球の寿命が消耗しない。<br>●調光器との併用で、1〜100%の範囲で可能。 | ●スイッチを入れてから点灯までやや時間がかかるものもある。<br>●点滅を頻繁に行うと、電球の寿命が短くなる。<br>●調光できない。 |
| 電気代 | 安い（白熱電球にくらべ） | — | 安い（白熱電球にくらべ） |
| 寿命 | 長い（約4万時間） | 短い（1000〜3000時間） | 長い（6000〜2万時間） |
| 価格 | 高い（白熱電球にくらべ） | — | 高い（白熱電球にくらべ） |
| 適した場所 | 長時間点灯したり、高所など電球の交換がしにくい場所。 | 対象物をきれいに見せたい場所や、白熱電球ならではのあたたかみが求められる場所。 | 長時間点灯する場所。 |

（写真協力／パナソニック）

### 一般電球形LEDの光の広がり方

光が全方向に広がる 広配光タイプ

一般の白熱電球に近く、全方向に明るいタイプ。リビングやダイニングのシーリングライトやダウンライト、フロアランプ、ダイニングのペンダント向き。

光が下方向に広がる 下方向タイプ

直下が明るいタイプ。廊下や階段、トイレ、洗面所など狭い場所のダウンライト、絵画やアートなど一部の壁面だけを照らしたいスポットライト向き。

# LAMP TYPE

LED LIGHT BULB / WHITE LAMP / FLUORESCENT LAMP

THEME 3

# 照明器具の光の広がり方

## 照明器具を選ぶときは光の広がり方も確認して

同じ位置に同じワット数の照明器具を設置しても、器具によって光の出る方向や強さが異なるため、部屋の雰囲気は変わります。配光とは、照明器具から光が広がる方向や広がり方のこと。5つのパターン（左図参照）があり、器具のデザインとシェードやカバーの素材で決まります。

たとえば、主照明用のダウンライトや光を通さないシェードのペンダントライトの場合は、すべての光が直接下に向かって広がる「直接配光」。局部的に強い明るさが必要な場所には適していますが、電球を覆うものがないため、まぶしさがあります。すべての光をいったん天井や壁に当て、その反射光で明るさを得る「間接配光」は、まぶしさのないソフトな光が特徴。部屋での過ごし方に適した配光の明かり選びが、快適な暮らしにつながります。

照明器具をカタログで選ぶときは、どのように光が広がるかをイメージし、できれば、ショールームで点灯した状態を確認するとよいでしょう。

## LIGHT DISTRIBUTION

PENDANT / BRACKET

### 照明器具の配光パターン

**pattern.1 直接配光**

すべての光が直接下に向かって照射。照明効率が高いため、部分的に強い明るさが必要なときにはよいが、天井や部屋のコーナーが暗くなりがち。ダイニングのペンダントライトやブラケットなど。

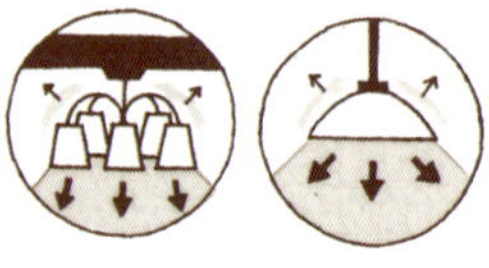

**pattern.2 半直接配光**

ほとんどの光が下方向に広がり、一部は透過性のあるシェード越しに天井にも広がる。直接配光よりまぶしさが少なく、陰影がソフト。天井や部屋のコーナーが暗くなりすぎるということを防ぐ。

**pattern.3 間接配光**

すべての光を天井や壁にいったん反射させ、その反射光で明るさを得る。照明効率は落ちるが、まぶしさがなく落ち着いた雰囲気になる。角度のつけられるアームライトなどで演出する際に。

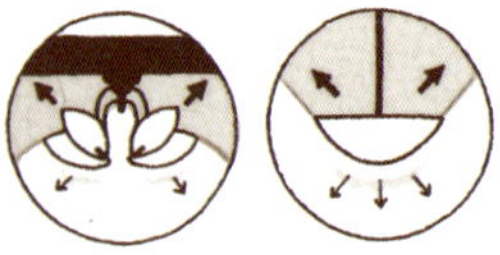

**pattern.4 半間接配光**

間接配光とほぼ同様に、天井や壁に照射される反射光で、一部はシェードやグローブ越しに下方向にも広がる。光が直接目に入らず、ソフトな印象。まぶしさを抑えたい、リビングなどくつろぎの空間に。

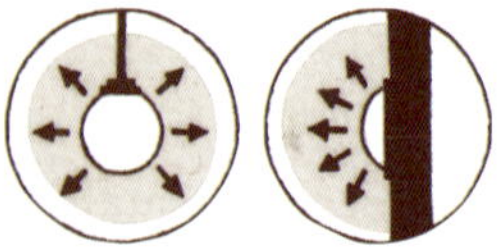

**pattern.5 全般拡散配光**

光を透過する乳白ガラスやアクリルのグローブ越しに、光が全方向にやわらかく広がる。まぶしさや陰影を抑えたソフトな光で、部屋を均一に照らす。比較的広いスペースの照明に向いている。

### シェードの素材と光の広がり方

| | ガラス、アクリル | スチール |
|---|---|---|
| ペンダント | 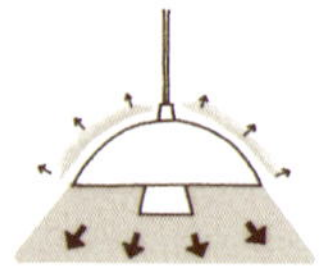 |  |
| ブラケット |  |  |
| 光の特徴 | 光を通す乳白色のガラスやアクリルの場合は、シェードやカバーの周囲にも拡散光が広がり、やわらかな印象になる。 | 光を通さないスチール製の場合は、カバーの周囲が暗くなり、光と影のコントラストがはっきりする。 |

# IMPRESSION OF THE ROOM

PENDANT / BRACKET / SPOTLIGHT / DOWNLIGHT

## 光の当て方と部屋の印象

### 天井面と壁面を明るく照らすと空間の広がりを演出できる

天井面と壁面を照らすと、天井を高く、面積を広く見せる効果がある。開放的で心安らぐ空間づくりに適している。

### 床面と壁面を明るく照らすと落ち着いた雰囲気に

天井が暗く、床と壁が明るい光の当て方では、落ち着いた雰囲気になる。クラシカルで重厚なインテリアに向いている。

### 全体をバランスよく照らすとやわらかな雰囲気に

床と壁、天井にあまりコントラストをつけず、ほぼ均一に光が当たると、光に包み込まれたような、やわらかな印象になる。

### 床面を明るく照らすと非日常的な雰囲気になる

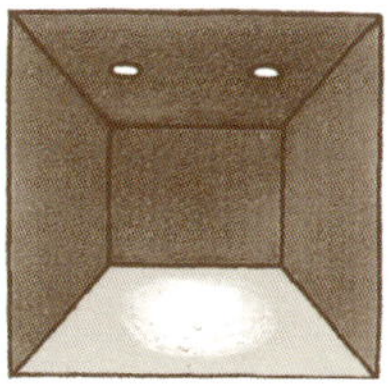

ダウンライトなどで床面を明るく強調すると、非日常的でドラマチックな空間に。印象的なエントランスの演出などに。

### 壁面を明るく照らすと横への広がりが出る

スポットライトで壁面を明るく照らすと、横への広がり感が生まれる。アートが映える、ギャラリー風の演出に効果がある。

### 天井面を明るく照らすと天井が高く見える

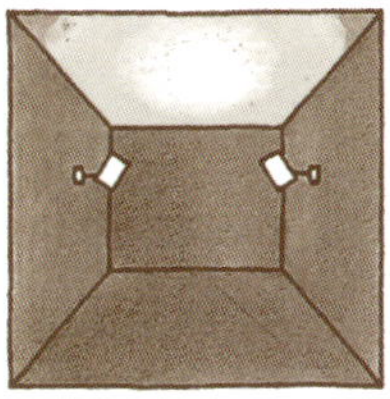

天井に光を当てると、上への広がり感が強調され、天井が高く感じられる。開放感や伸びやかさのある部屋づくりに効果的。

THEME 4

## 照射面による部屋の印象

### 天井と壁を明るく照らすと天井が高く、面積も広々

壁や床など、どの面をどの光で強調するかで部屋の印象は変わります。くつろぎの空間やドラマチックな空間など、目的に合わせた照明設計を。

やわらかな印象の部屋にしたいなら、床と壁、天井にまんべんなく光が当たる工夫を。床と壁を明るくし、天井に光が当たらないようにすると、落ち着いた雰囲気になります。天井が低く、狭い部屋では、天井と壁に光を当てると、実際より天井が高く、広々とした印象に。複数の照明をシーンに応じて点灯できるように配線しておくと、多彩な表情が楽しめます。光の方向が変えられるブラケットやフロアランプを使うと手軽です。

明るさの感じ方は、内装材の色にも左右されます。白に近くて光沢のあるものほど、光を反射するため明るく感じ、逆に光を吸収する黒っぽい色でマットなものほど、暗く感じます。壁や天井を濃い色にするなら、明るめの照明器具がおすすめ。

### COLUMN

#### 「ダウンライトの注意点」は？

**暗くなりがちな壁と天井の明るさを補うこと**

主照明のダウンライトは、光が下に向かって広がります。天井や壁に光が当たらないため、部屋が暗く感じることも。その際は、上方向に光が広がるアッパー光の照明をプラス。簡単に壁面や天井の光を補えます。

**下方向の光のみでは暗い印象の部屋に**

主照明用のダウンライトだけでは、天井や壁に光が当たらないため、暗い部屋という印象を与えがちに。

**天井と壁を照らすと明るく広々とした印象に**

アッパー光のフロアランプやブラケットで天井や壁を照らすと、明るさが増し、広がりも生まれる。

LESSON 2

明かりを工夫して、機能的で心休まる空間に

# 快適なインテリアをつくる照明テクニック

照明は暮らしやすさと雰囲気づくりにかかわる重要アイテム。
シーンや目的に応じた、照明使いのアイディアを紹介します。

## LIGHTING TECHNIQUE

**低い位置に下げたペンダントと天井を照らすライトが対照的**

テーブル上には、下方向に光が広がるペンダントライトをあえて低い位置に下げ、光を下に集める。アームライトは天井に向けて暗さを補い、奥行き感を演出。（滝沢さん宅・東京都）

POINT: 1

### ワンルームのLDは明かりの位置に変化をつけて

**多目的に使う場所では多灯使いで光をコントロール**

家族が集い、多目的に使われるリビング・ダイニング（LD）は、暮らしの中心になるスペース。食事をとる、家族で語らう、ゆっくり読書をする、音楽やテレビを楽しむ、友人たちと集う……など、LDでの過ごし方はさまざまです。目的に応じた複数の照明器具を組み合わせて、機能的でくつろぎ感のあふれる部屋をめざしましょう。

新築やリフォームの際は、まず、ソファやダイニングセットなど主要な家具の配置を決定。家具をレイアウトしたら、全体を照らす「主照明」↓手元や天井・壁などを照らす「補助照明」の順に検討していきます。

このとき、光が片寄らないように、水平・垂直方向とも照明を分散させましょう。アームが動かせるブラケットなどで、配光に動きをつけるのもおすすめ。壁や天井を照らすなど、シチュエーションに合わせて空間演出を変更することも可能です。また、小型の照明を組み合わせ、ソフトな間接光と強い直接光を組み合わせるなど、配光にメリハリをつけると、奥行き感が生まれます。

**家族団らんのリビングを**
**間接照明で落ち着いた空間に**

主照明以外に、テーブルランプやブラケットなど複数の照明を使うと、明かりの濃淡によってメリハリのある空間に。夜は間接照明だけで過ごして。（コーサカさん宅・東京都）

POINT: 2

## ペンダントライトのサイズは テーブルとのバランスを確認して

### 食事をおいしそうに見せるには まぶしすぎも暗すぎも避けて

ペンダントライトのサイズは、テーブルのサイズとのバランスを考えて。120〜150cm幅のテーブルなら、テーブル幅の3分の1、直径40〜50cmのペンダントが適します。180〜200cmあるテーブルなら、小型ペンダントを多灯使いしても。

ペンダント選びでは、着座したときに光がまぶしく感じないかどうかもチェック。天井についている電源がテーブルの中心から離れている場合は、ペンダントサポーターを使うと、位置の調節ができます。

**ペンダントとテーブルの関係**

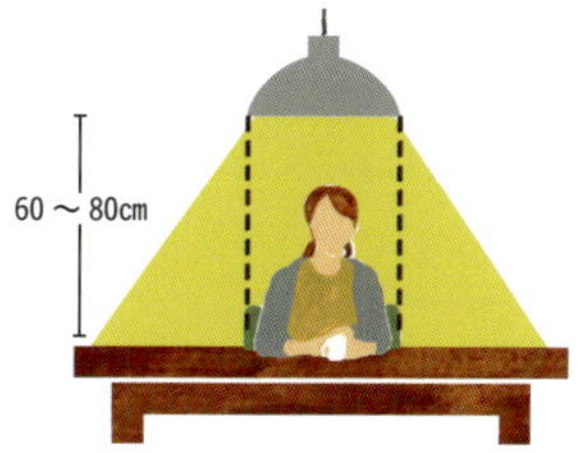


**一般的な大きさのテーブル**

テーブル幅の約3分の1の器具を、テーブル面から60〜80cmの高さに設置。

**大きなテーブル❶**

大きなテーブルには幅が広めの器具にすると、四隅が暗くならず快適。

**大きなテーブル❷**

小型ペンダントを2〜3灯でもOK。テーブル面から50〜70cm離して。

**変形テーブル**

変形テーブルや大きなテーブルには複数の小型ペンダントを設置しても。

POINT: 3

## くつろぎたいスペースには やさしく包む間接照明を

### 新築時にはぜひ検討したい、雰囲気たっぷりの間接照明

器具の存在感を抑え、ソフトな光そのものを楽しむ間接照明。本格的な方法が建築化照明で、照明器具を壁や天井などに組み込みます。配線が見えないのですっきりしますが、新築時やリフォーム時以外は業者による工事が必要。手軽にとり入れたいなら、ブラケットやスタンドタイプの間接照明を。さらに棚の裏側や階段の下など、死角になる部分に置くことで雰囲気のある光の演出に（発熱の少ないLED電球を使用）。

POINT: 4

## 吹き抜けは 壁の上部を照らして 縦方向の広がりを演出する

### 高い位置にとりつける照明は 電球の選び方にも配慮を

吹き抜けには、光が上方向を向いたアッパー光を壁や天井に当てて、空間の伸びやかさを強調しましょう。天井空間に高さと奥行き感を与え、開放的な印象をプラスできます。

吹き抜け用ブラケットには、壁面設置タイプのほか、梁に設置するタイプなどもあるので、柱や梁の位置や家具の配置、照らしたい方向などに応じて選びましょう。高い位置は手軽に電球のつけ替えがしにくいため、交換頻度の少ないLED器具がおすすめです。白熱電球の色合いを選ぶとぬくもり感がアップします。

**灯具が可動式のブラケットを使い 光を自由に操って、空間を印象的に**

ギャラリーのように壁面に並べた写真の魅力を際立たせる、シンプルなインテリアが上品な雰囲気。色を抑えた空間に、陰影をプラスするブラケットの光が印象的。（春日さん宅・静岡県）

**キッチンカウンターに平行して 長いライティングダクトをとりつけてカフェ風に**

業務用スタイルのステンレスキッチンに合わせ、電球だけの照明を複数並べて設置。暗くなりがちなキッチンの奥のほうまで明るく照らせるので、カフェのキッチンのような雰囲気に。実用性を兼ね備えた照明使い。（速水さん宅・大阪府）

POINT: 5

## 模様替えを 簡単にするには ライティングダクトを

### 照明の数や位置を変える 自由度がぐっとアップ

照明器具の数を増やしたり、位置をずらしたりと、気軽に明かりが変えられるライティングダクト。インパクトのあるものを1灯だけつけたり、小ぶりでシンプルな照明を多灯使いしたり、流行や気分に合わせて模様替えが楽しめます。最近は、素朴なハロゲンランプを複数下げるスタイルも人気です。

また、ダイニングテーブルなど家具の位置を変えたい場合にも、照らす位置を変えられるので便利。ただし、照明器具の総ワット数や重量に制限があるので、複数使いには注意が必要です。

**調光 OK なダウンライトを生かして
やわらかな光が広がるベッドルームに**

ダウンライトは頭上をできるだけ避け、まぶしくない位置に設置。事前にベッドの配置をイメージすることが大事。また、快適な眠りには、調光可能なライトがおすすめ。（サンドラさん宅・パリ）

POINT: 7

## まぶしさのない明かりで眠りにつきやすい寝室に

### ソフトな光を選んでホテルのようなくつろぎ空間を

寝室はベッドに横になったとき、光源が直接目に入らないようにプランしましょう。シーリングライトは、ソフトな光の半間接配光で調光機能つきが便利です。

ペンダントライトを使う場合は、頭上に近くならないように配置。また、枕元に光がやわらかなテーブルランプなどを置くと、読書などのリラックスした時間を過ごせます。ベッドから起き上がらずに消すことができる距離に設置すると、入眠を妨げません。お気に入りのホテルの明かりをイメージして、調光可能な照明をプランニングするのも一手です。

POINT: 6

## ドア付近にある廊下の照明はドアノブ側に設置して

### 狭い廊下では、ドアや人の可動範囲をシミュレーションして

廊下側に開くドアの場合、廊下のブラケットの設置場所に注意が必要です。蝶番側に設置してしまうと、部屋の出入りの際にドアが光をさえぎり、暗くなってしまいます。ドアノブ側に設置すると、さえぎることなく明るさを保てます。

廊下に設置する照明は、掃除の際にドアを開けっぱなしにすることや、人が通る幅や頭の高さなども考慮したいもの。ドアの可動範囲やさえぎる角度、人が通る場所などをしっかりとシミュレーションし、明るさだけでなくデザイン面も含め照明プランを立てましょう。

**廊下の照明の位置**

蝶番側に照明をつけると、光がドアにさえぎられる。

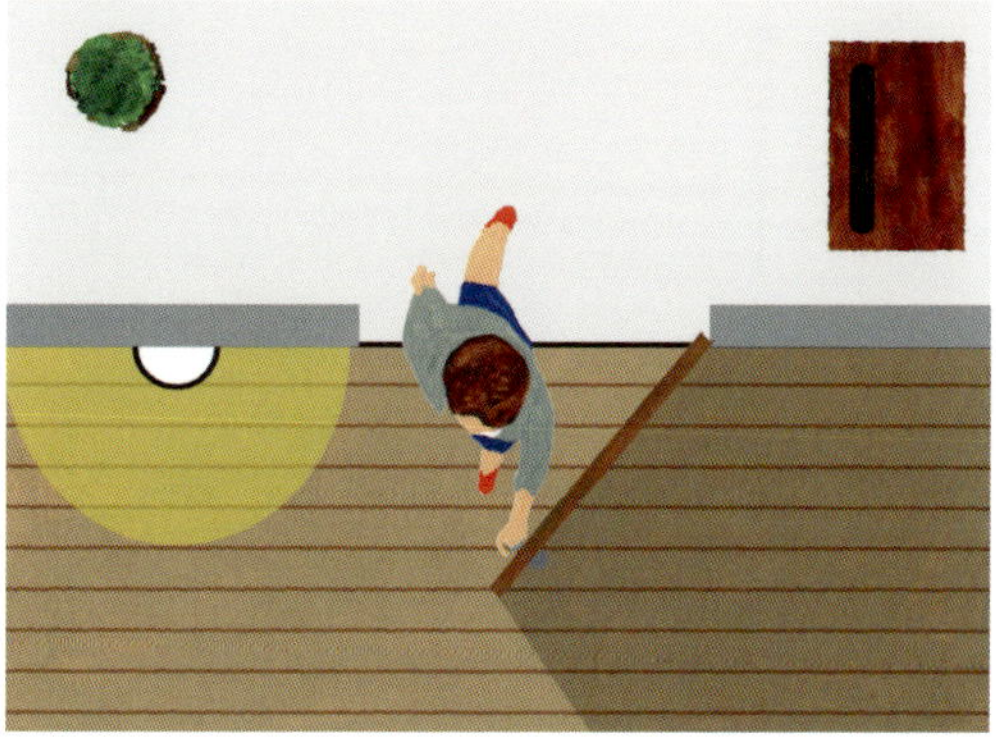

ドアノブ側につければ、光がドアにさえぎられない。

機能美を追求した永遠のベストセラー

# 世界のデザイナー照明人気セレクション

世界のベストセラーから
日本生まれの注目アイテムまで、
建築家や照明・家具デザイナーによる
照明器具の逸品を集めました。
暮らしの中で使うことで
美しさと機能性を実感できるはず。

## LIGHTING SELECTION

File 01　Denmark

### Poul Henningsen

ポール・ヘニングセン

**人ともの、空間を美しく照らす質の高い光を探求**

デンマークが生んだ20世紀を代表するデザイナーで、“近代照明の父”と呼ばれる。その才能は照明だけにとどまらず、建築やデザインにも発揮された。代表作「PHシリーズ」（ルイスポールセン社製）は緻密に計算されたシェードの反射によって、どこからも光源が見えず、やわらかな間接光だけが空間に放たれる。

**コンパクトなダイニングにもしっくりとなじむ柔軟なデザイン性**

天井が低めの古い団地をリノベーションしたダイニング。白い天板のテーブルや北欧のチェアにやわらかな光が届く。日本の間取りにも北欧デザインがよくマッチして。（桜庭さん宅・東京都）

**PH2/1 Table**

PH2/1 テーブル

PHシリーズ最小のテーブルランプ。直径20cmのガラスシェードからやわらかな光が広がる。¥7万7760／yamagiwa tokyo

**PH Artichoke**

PH アーティチョーク

微妙にカーブした72枚の羽根をもち、100種類以上のパーツで構成。1958年にデザイン。¥92万8800／yamagiwa tokyo

**PH Snowball**

PH スノーボール

重なったシェードに反射した間接光が広がる、光のオブジェ。広範囲でも十分な明るさに。¥24万4080／yamagiwa tokyo

**PH5 Classic**

PH5 クラシック

独特の曲線を採用したシェードと内側の反射板の精巧な組み合わせで、不快なまぶしさを軽減。¥8万9640／yamagiwa tokyo

File 02　Sweden

## Hans-Agne Jakobsson

ハンス＝アウネ・ヤコブソン

### パイン材のシェードからこぼれる光が人と空間をあたたかく包む

スウェーデンを代表する照明デザイナー。薄くスライスした北欧産パイン材の素材を生かした、シンプルなデザインで、木製シェードならではのぬくもりある光が特徴。重ねた年輪が織りなす木目の美しさや、自然素材ならではの色合いで、ひとつひとつが個性を放つ。

**木部の色を統一させてすっきりとした印象に**

ハンス・J・ウェグナーのソファやヴィンテージのソーイングテーブルとストリングシェルフなどに、「Jakobsson Lamp F-217」が自然ととけ込みながらほどよい存在感を放っている。（小川さん宅・神奈川県）

**シンプルな和の空間に木目の美しさが際立つ**

タイルで仕上げた土間のようなリビング。柱や窓辺の木の質感に、北欧生まれの「Jakobsson Lamp F-108」がしっくりとマッチ。北欧デザインのシンプルな照明は和の空間にもよく似合う。（Mさん宅・東京都）

**Jakobsson Lamp F-217**

パイン材を通したやさしい明かりが、部屋をあたたかく照らす。ホワイトやダークブラウンの塗装を施した製品も。¥6万4044／yamagiwa tokyo

**Jakobsson Lamp F-222**

薄く削り出したパイン材の美しさを生かしたデザイン。使い込むほどに深い色合いになるのも魅力。¥7万1388／yamagiwa tokyo

**Jakobsson Lamp S2517**

高さ24cmと小ぶりなテーブルランプ。ぬくもりある光は、快眠へといざなうベッドサイドにぴったり。¥2万8080／yamagiwa tokyo

**Jakobsson Lamp C2087**

ランプを3つ重ねた深みのある光が魅力。重量約1kgと軽いので、マンションの天井でも負担が少ない。¥8万2080／yamagiwa tokyo

File 03　Denmark

## Poul Christiansen

ポール・クリスチャンセン

### 1枚のプラスチックシートから 生まれた、やわらかな光の彫刻

プラスチックシートを折った直線的なヒダが特徴のランプシェードを開発したレ・クリント社。それまでの直線デザインに対し、ポール・クリスチャンセンが、数学的な曲線で構成したシェードのデザインで新風を吹き込んだ。

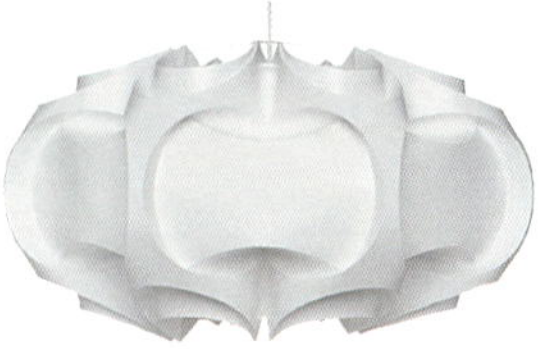

**171A**

高さ31cmと天井高の低いマンションや日本家屋にもとり入れやすい。熟練の職人がつくり出す製品。¥3万4560／yamagiwa tokyo

**172B**

緻密に計算された曲線と凹凸が生み出す豊かな陰影が魅力。彫刻のような造形は、手仕事によるもの。¥4万5360／yamagiwa tokyo

**イギリスのアンティークテーブルと合わせたミックススタイル**

どこか懐かしさを残した、アンティークを中心にしたスタイルに「172B」を合わせて。わざとふぞろいにしラフさを出したチェアや、キリムスタイルのラグなど、ミックス感のあるインテリアにもマッチします。（崎山さん宅・大阪府）

File 05　Denmark

## Hans J.Wegner

ハンス・J・ウェグナー

### 心をなごませる優美なライン。 使いやすさにもこだわりが

北欧モダンを代表する「Yチェア」で知られる椅子デザイナー。このペンダントは、コードリーラーによって高さを自由に調節でき、用途に合わせて光の広がりやテーブル面の明るさをコントロールできるなど、使い勝手にも十分な配慮が。

**The Pendant**

**ザ ペンダント**

人と道具との関係をきめこまかくとらえ、使い手への工夫が随所に。灯具の高さや配光がフレキシブルに変えられる。¥14万2560／yamagiwa tokyo

**CARAVAGGIO PENDANT MATT P2 WHITE**

**カラヴァジオ ペンダント マット ホワイト**

シンプルななかに女性らしさを感じる上品なラインと、深みのあるマットな質感が魅力。ほかにシックなグレーも。¥6万1560／ザ・コンランショップ

File 04　Denmark

## Cecilie Manz

セシリエ・マンツ

### スタイルや時代を問わない 不変のシンプルデザイン

デンマークを拠点に活躍する女性デザイナー。ミニマルなデザインを得意とし、日本の家具メーカーとのコラボレーションも。2007年にはフィン・ユール プライズを受賞するなど、現代のプロダクトデザイナーとして注目が集まっている。

**ソファサイドに置いて奥行きのある空間に**

コンパクトなシェードと細いポールを組み合わせた「AJ フロア」は、半世紀以上の時間を経ても新鮮なミニマルデザイン。シェードは上下に 90 度可動、手元を的確に照らすことができ、機能性にもすぐれる。（F さん宅・東京都）

File 06　Denmark

## Arne Jacobsen

アルネ・ヤコブセン

### 配光が変えられる可動式シェード。半世紀近く愛されているシリーズ

デンマークを代表する世界的建築家。「AJ シリーズ」（ルイスポールセン社製）は「エッグチェア」などとともに、1959 年にコペンハーゲンのロイヤルホテルのためにデザインしたもの。

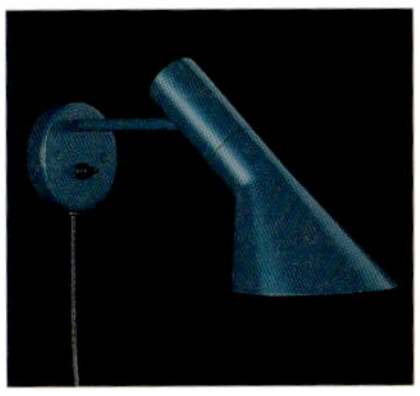

**AJ Wall**

AJ ウォール

1960 年デザインとは思えないミニマルさ。シェードは上下に 60 度、中心から左右 60 度ずつ可動。¥7 万 7760 ／ yamagiwa tokyo

**AJ Table**

AJ テーブル

シェードは 75 度可動し、必要な位置が照らせる。白以外に黒や赤などカラーバリエーションも豊富。¥10 万 1520 ／ yamagiwa tokyo

**広く伸びやかな空間にぴったりの可動式ライト**

ゆったりと家具を配置した広いリビングには、オブジェのような照明がぴったり。家具の配置や時間、演出に合わせて照射角度を変えられるので、シンプルな部屋も自分好みに。（大塚さん宅・千葉県）

File 07　France

## Serge Mouille

セルジュ・ムーユ

### さまざまに表情を変えるおおらかで革新的なフォルム

銀細工職人として教育を受けたのち、デザイナーに。トカゲの頭のようなシェードをもつ照明は、アームとシェードがそれぞれ角度調節でき、目的に合わせて照射できる機能性も秀逸。

**Applique Murale 2 Bras Pivotants**

アプリク ミュラル ドゥー ブラ ピヴォタン

↓ 1954 年発売時、シェードやアームが自在に動き広範囲に照らすブラケットは革新的だった。¥14 万 400 ／イデーショップ 自由が丘店

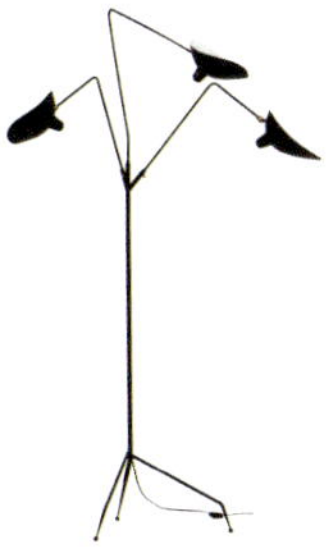

**Lampadaire 3 Lumières**

ランパデール トワ ルミエーレ

↗シェードを上に向けて天井を照らしたり、下に向けて手元を照らしたりできる。¥25 万 9200 ／イデーショップ 自由が丘店

File 08　France

## JIELDE
ジェルデ

### シンプルなデザインと機能性が融合。フランス生まれのデスクランプ

1950年にデザインされて以来、高い機能性と独特のフォルムでロングセラーに。ジョイント部分に配線のない構造は、アームを動かしても断線の心配がなく、タフな使用にも耐えられる頼もしさ。

**SIGNAL DESK LAMP gray**

現在もリヨンの職人により、1台ずつ手作りされている。ヘッド部分は360度回転。¥3万5640／パシフィック ファニチャー サービス

**DESK LAMP-CLAMP white**

ネジで机の天板に固定するクランプ式。机以外に、シェルフに垂直にとりつけも可能。¥5万9400／パシフィック ファニチャー サービス

**フロアランプの明かりで、よりリラックスできる場所に**

1人がけソファにフロアランプを合わせると、よりパーソナルな雰囲気を演出できる。ほかの間接照明と組み合わせれば、広いリビングもメリハリのある空間に。夜はこのランプのみで、リラックスしたムードを楽しんでも。（山田さん宅・福岡県）

File 10　U.K.

## Anglepoise
アングルポイズ

### 時代とともに進化を重ねてきた歴史ある武骨なデスクランプ

1932年、自動車会社勤務の経験から、スプリングを生かしたランプを制作。角度調整とポジションキープにすぐれたデスクランプを生み出した。イギリスではデスクランプといえば「アングルポイズ」といわれるほど親しまれている。

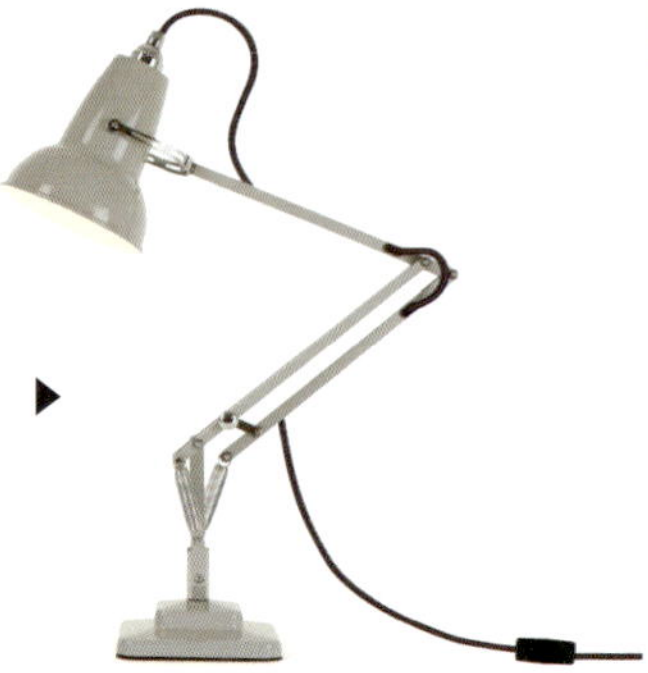

**Original 1227 ミニ デスクランプ Gray**

一般家庭でも日常使いしやすいようにとオリジナルを3分の2サイズに。シェードはアルミに塗装仕上げ。¥3万9960／リビング・モティーフ

File 09　Italy

## Artemide
アルテミデ

### イタリアのオフィスではスタンダードのデスクライト

1959年創業のイタリアを代表する照明メーカー。人気デザイナーのミケーレ・デ・ルッキらによる「トロメオ」シリーズは、スタイリッシュで軽快なデザインとスマートなアームの可動システムで、世界中のベストセラーに。

**TOLOMEO S7127S**

ワイヤーのテンションでアームのバランスをとる。¥5万9400／ミューズ トーキョー ドットコム

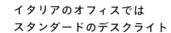

# TOPICS
# ファクトリー系ランプ

**大きなファクトリーランプがダイニングの主役アイテムに**

実際に工場で使われていた、シェードの大きなペンダントライトをダイニングに。アンティークショップで購入したもの。（名取さん宅・神奈川県）

**ブラウンをベースにしたインテリアの引き締め役に**

使い込んだ木のテーブルやキャビネットなど、ぬくもりのあるインテリアに黒いペンダントライトでピリッと引き締めて。（コーサカさん宅・東京都）

## 武骨なレトロさのなかに漂う ノスタルジックなぬくもりが味

古い工場にある照明を思わせるデザイン。インダストリアル系、工業系などとも呼ばれ、業務用としてのシンプルさとタフさ、武骨ながら味わいのあるマニッシュなデザインで、インテリアにとり入れる人が増えています。

**THE WORKSHOP LAMP black（M）**

1951年デザインのデンマーク製を復刻。職人の作業場から家庭へ浸透。￥3万4560／yamagiwa tokyo

**JIELDE CEILING LAMP AUGUSTIN（S）black**

ジェルデ社製。シェード直径16cmのSサイズ（写真）。￥2万7000／パシフィック ファニチャー サービス

**PORCELAIN ENAMELED IRON LAMP white**

シンプルな円錐形で、真鍮の金具にもこだわりが。間接照明にも。￥1万40／イデーショップ 自由が丘店

**PORCELAIN ENAMELED IRON LAMP black**

1930年代のフランスのランプをリデザイン。直径24cmでコンパクト。￥1万40／イデーショップ 自由が丘店

**LAMP SHADE blue**

茶や黒もあり、シェード交換OK。￥5033（専用ソケットは別売り）／ピー・エフ・エス・パーツセンター

**GLF-3344 ペルージャ**

東京・墨田にある明治28年創業の照明メーカー。レトロなカーキのシェードが新鮮。￥1万3122／後藤照明

# TOPICS
# 日本のデザイン照明

## 長い年月を重ねた技術や 職人の手わざをインテリアに

日本独自の素材や受け継がれてきた職人の熟練した技術に、現代のデザインをミックスさせた照明が注目されています。また、制作をひとりの手で行う作家ものの照明も人気。どれもインテリアのアクセントになる存在感です。

**北欧テイストの部屋に似合う**
**日本生まれの木の照明**

明るい吹き抜けと白い壁、ナチュラルでさわやかな広々としたリビングに、「ブナコBL-P321」のブナ材のシンプルなペンダントライトがよく似合う。（平澤さん宅・東京都）

**BUNACO（ブナコ）**
**P424**

シンプルなので和室にはもちろん、北欧風やナチュラルスタイルなど、幅広い部屋で使える。灯すと折り重なるブナ材の陰影が美しい。¥4万3200／ブナコ

**BUNACO（ブナコ）**
**P321**

熟練した職人が国産のブナ材を厚さ1mmのテープ状に巻き重ね、押し出して成形する独自の技法。ブナのもつ色や素材感を味わえる。¥3万8088／ブナコ

**chikuni（チクニ）**
**角台座照明（壁掛け）**

アンティークのような趣きと洗練されたデザインが融合した照明。壁にかけることも、卓上に置くことも可能。素材はオーク材、ビーチ材。¥2万9800／chikuni

**FUTAGAMI（フタガミ）**
**真鍮照明 明星 小**

明治30年創業の老舗鋳物メーカーがつくる、鋳物のもつ素材感を持ち味にした照明。使い込むと酸化して、独特の風合いになる。¥2万1600／フタガミ

**SKLO（スクロ）**
**Light bulb K-95**

金沢のアンティーク店が“アンティーク家具に似合うように”と製作した、やさしく灯る白熱電球。消費電力を抑え、長もちする工夫も。40W。¥2592／スクロ

**渡邊浩幸（わたなべひろゆき）**
**山桜のランプシェード 240mm**

ひとつずつ削り出してつくるシェードは彫りあとが残り、日用品でいてオブジェのような美しさ。¥2万1600／日光土心（ライトアンドウィル）

# CHAPTER 6

# KITCHEN

食と健康を支えるスペースとして、キッチンは家の中心。
キッチンの選び方とレイアウトから
システムキッチンやパーツの最新情報までをわかりやすく。

LESSON.1 KITCHEN BASIC / LESSON.2 KITCHEN PARTS
LESSON.3 PLANNING / SYSTEM KITCHEN CATALOG

CHAPTER.6 KITCHEN

# 1 LESSON

ライフスタイルと機能性を考えてプランニング

# キッチンのレイアウトとサイズの基礎知識

キッチンでの過ごし方は、家庭によってそれぞれ異なります。暮らしに合ったキッチンを見つけるための基礎を解説します。

## KITCHEN BASIC

THEME : 1

## キッチンのレイアウト

### 広さや調理の効率からキッチンを考える

キッチンのレイアウトを決めるときは、キッチンの広さやLDとのつながり、調理の手順を考えましょう。

コンパクトなキッチン空間では、I型を壁づけにすると最も省スペース。ただし、小さなキッチンでは、収納不足でものがあふれ、乱雑になってしまうことも。食器棚やパントリーなど収納の配置や距離を考えて、出し入れしやすいプランを考えましょう。特に、食器棚がキッチンと離れすぎていると、行ったり来たりの動線が長くなり、作業にロスが生じます。また、I型は間口を広くとりすぎると、左右に動く動線が長くなり、不便になりがちです。

L型とU型(コ型)は短い動線で作業できるメリットがあり、調理スペースも広くとることができます。

部屋の中央にカウンターを配置するアイランド型は、4方向から使えるため、来客の多い家におすすめですが、広いスペースが必要です。

### キッチンレイアウトの基本

**I型**

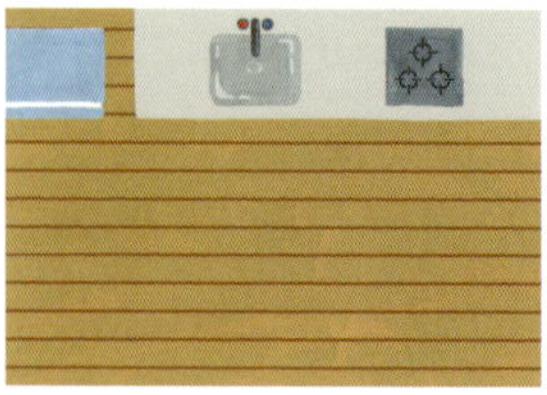

**－長所－**

省スペースで、左右に動くだけで作業ができる。

**－注意点－**

間口が広すぎると、動線が長くなって使いにくくなる。

**L型**

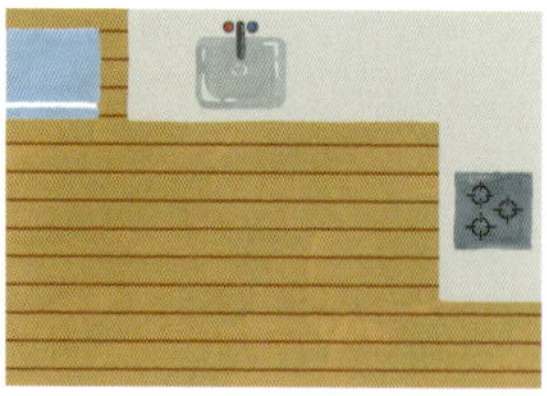

**－長所－**

動線が短くてすむのでムダがなく、効率がよくなる。

**－注意点－**

コーナー部分の収納がデッドスペースになりがち。

**II型**

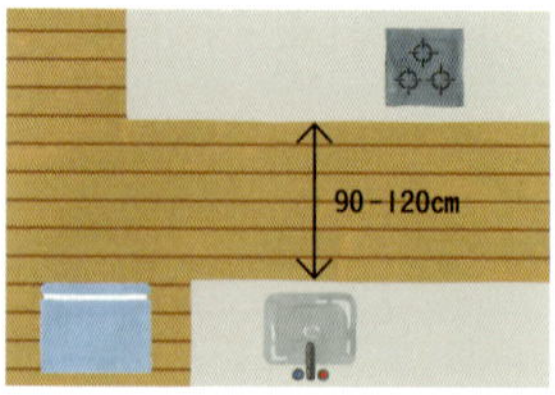


**－長所－**

シンクとコンロの脇に広い調理スペースがとれる。

**－注意点－**

左右の移動は減るが、後ろに振り返る動作が増える。

**U型(コ型)**

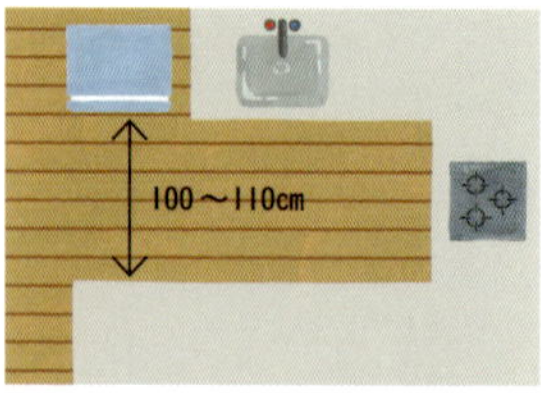


**－長所－**

広い調理スペースがとれるので、作業がしやすい。

**－注意点－**

出入りがスムーズにできる通路幅の確保が必要。

**アイランド型**

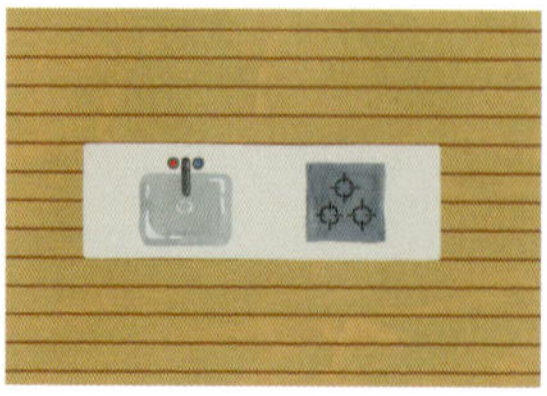

**－長所－**

4方向から使えるので、大人数で調理することができる。

**－注意点－**

他のレイアウトにくらべ、広いスペースが必要となる。

**ペニンシュラ型**

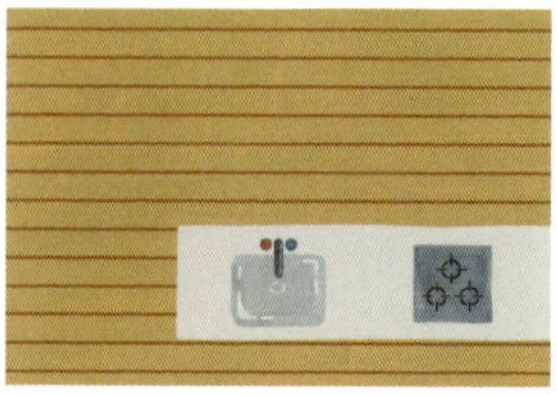

**－長所－**

一方が壁づけなので、間口の狭い部屋でもOK。

**－注意点－**

カウンターが長すぎると回り込むのがたいへんに。

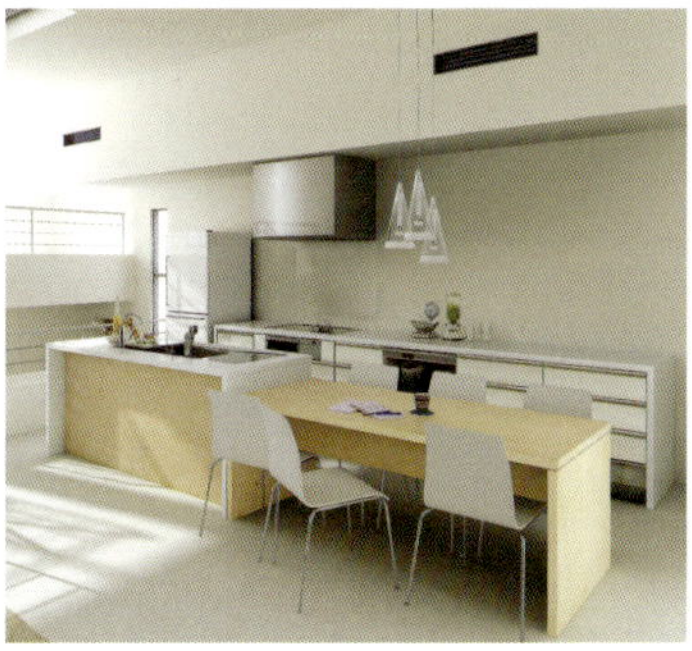

**調理＆食事スタイルに合わせたキッチンを**

上／家族が調理に参加しやすいアイランド型キッチン（LIXIL）。右下／キッチンとダイニングテーブルがつながったプランは、調理と配膳、片づけの流れがスムーズ（クリナップ）。左下／LDから、さりげなく作業の手元を隠す対面型キッチン（トクラス）。

### 「ワークトライアングル」とは？

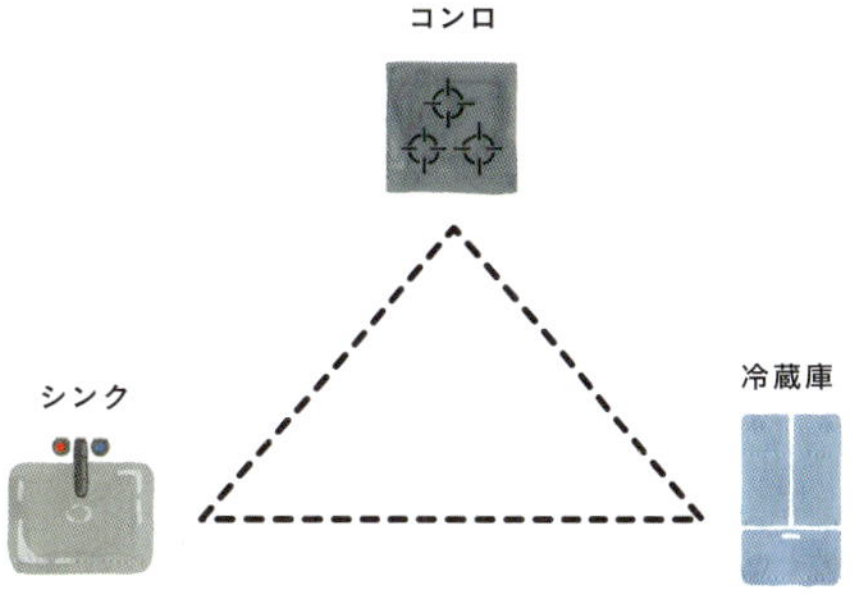


コンロとシンク、冷蔵庫の中心を結ぶ三角形のこと。正三角形に近くなるほど理想的なプランとなり、1辺を2歩以内で歩け、3辺の合計を3m60cm〜6m以内におさめると使いやすい。

THEME：2

## キッチンのサイズ

**冷蔵庫→シンク→コンロの順に。調理台の高さは身長に合わせて**

調理をスムーズに進めるためには、コンロとシンク周辺に十分な作業スペースが必要。ただし、シンクとコンロ、冷蔵庫の間隔があきすぎるのはNGです。これら3点の各中心を結んだ三角形の1辺が、2歩以内で歩ける距離が使いやすいプラン。さらに、冷蔵庫→シンク→コンロの順に配置すると、調理の効率がよくなります。

ワークトップの高さは調理する人の身長に合わせると、調理時の負担が軽減されます。ワークトップの奥行きは、65cmが主流。主にリフォームを対象にした60cmタイプは、コンパクトな印象です。

対面型プランなら、小空間にもすっきりおさまる奥行き75cmタイプや、軽食用のカウンター機能をもたせた奥行き100cm前後のものなど、豊富なサイズがそろいます。

### 使いやすいキッチンのサイズ

これより狭くなるなら、ワークトップを奥行きの広いものにするか、出窓をつけるなど、スペースを確保すると作業がしやすい。

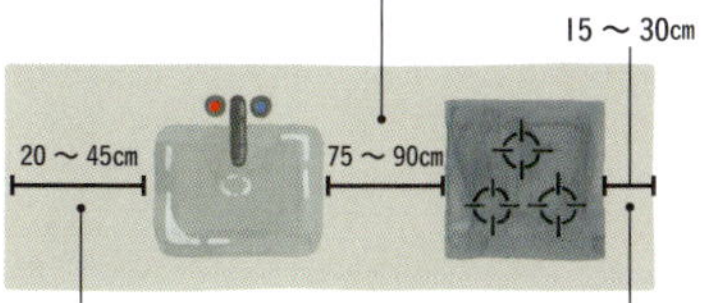


水切りかごを置くか食洗機を組み込む場合は、必要なスペースを確保。食洗機はシンク右に設置してもOK。

コンロとその横の壁のスペースは、安全面を考えると、最低15cm必要。このスペースに鍋などを置く場合は、30cmは必要。

ワークトップの高さは、身長(cm)×0.5＋5(cm)が目安。現在使っているキッチンの高さを基準にして、プラスマイナスしてもよい。

お気に入りのアイテムで調理を楽しく！

# キッチンパーツの選び方の基本

機能性にすぐれ、見た目も美しい
キッチンパーツを選べば
毎日の作業がもっと楽しく、
さらに快適になります。

## KITCHEN PARTS

ITEM. 01

## ワークトップ

WORKTOP

### セレクトの基準は美しさと耐久性、手入れのしやすさ

素材はステンレスと人造(人工)大理石が一般的。ステンレスは熱や水に強く、丈夫で手入れがしやすいのが特徴で、傷が目立たないようにヘアライン加工やエンボス加工が施されています。一体成形タイプはつなぎ目がなくて汚れがたまりにくいため、お手入れが簡単です。

また、オーダーキッチンでは御影石や天然木、タイル張りなどのワークトップにすることもできます。

**水や汚れに強いステンレス**

耐久性の高いステンレスに特殊コーティングをプラスした「美コートワークトップ」。／クリナップ「S.S.」

**キッチン用に開発された独自の人造大理石**

汚れがしみ込みにくく、さっと拭くだけできれいになる人造大理石製ワークトップ。／トクラス「Berry」

ITEM. 02

## 扉・取っ手

DOOR & HANDLE

### 印象を決める扉と取っ手はインテリアに合わせて

システムキッチンの場合、同じシリーズの商品であれば、キャビネット本体は共通仕様であることがほとんど。扉やワークトップ、設備機器などのセレクトによって価格が変わります。

手ごろな価格帯の扉は、基材となる合板に色や柄を印刷したシートを張り、汚れ防止の表面加工を施した製品が一般的。デザインのポイントともなる取っ手は、扉のシリーズごとに対応するものを数種類設定しているメーカーが多いようです。

**豊富な素材や色柄から自由にセレクトできる**

塗装仕上げや天然木など、多彩な仕上げや素材がそろい、100柄からセレクト可能。／パナソニック「L-CLASS」

**家電収納ユニットの扉もそろえて**

収納ユニットの扉をキッチンキャビネットとそろえることで、空間全体に統一感が生まれる。／パナソニック「L-CLASS」

ITEM. 03

# シンク・水栓金具

SINK & FAUCET FITTING

## 水栓金具は機能とデザイン、シンクは清掃性がポイント

シンクの素材の代表格が、ステンレス。丈夫で傷がつきにくく、汚れがしみ込みにくいので、毎日の手入れが簡単です。人造（人工）大理石製は、ホワイト系やパステルカラーなどのカラーもそろい、キッチンを楽しく演出。清掃性も向上し、ワークトップとのカラーコーディネートが楽しめます。

シンクのサイズは中華鍋もラクに洗える、ゆったりタイプが主流。排水口と一体成形された清掃性の高いシンクや、水はね音を抑えるシンクも登場しています。

水栓金具は、片手で操作できるシングルレバータイプが人気。手が汚れているときに、手をかざすだけで止水・吐水できるセンサータイプも好評です。ホースが引き出せるハンドシャワータイプは、シンク洗いに便利。ガチョウの首のようなグースネックタイプは吐水口が高いので、深鍋洗いもラクです。

**美しいデザインでキッチンが楽しくなる**

シャワーと整流が吐水口先端のノブで切り替えられる「MINTA」。省エネタイプが登場。／グローエジャパン

**ほうきのように水流が広がる幅広シャワーが人気**

幅広シャワーもタッチスイッチで操作可能な「タッチスイッチ水ほうき水栓 LF」。／TOTO「THE CRASSO」

**手が汚れていてもセンサーで簡単操作**

センサーに手をかざすだけで、吐水・止水が操作できる「ナビッシュ」。節水効果もアップ。／LIXIL

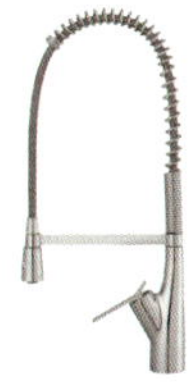

**吐水位置が自由に変えられるホースタイプ**

ホース状の吐水口は鍋洗いにもシンク掃除にも便利。プッシュ切り替えで操作がラク。「SUTTO」／三栄水栓

**野菜くずがすいすい流れ、ゆったり洗えるワイドタイプ**

野菜くずなどが排水口までスムーズに流れる「スクエアすべり台シンク」。／TOTO「THE CRASSO」

**水の流れであと片づけが簡単になる「流レールシンク」**

シンクの手前から排水口まで水路を設け、水や野菜くずの流れをスムーズに。／クリナップ「S.S.」

**ステンレス＋カラーリング。発色の美しい人気のシンク**

ステンレスにクリスタルガラスの細粒で特殊加工をプラス。ステンレスシンクの耐久・耐熱性とカラーシンクの美しさを両立させた「COMO シンク　COMO-V8」。摩耗性や清浄性も高く、お手入れがラク。／コモ

ITEM. 04

# 食洗機

DISHWASHER

## 新築で設置するならビルトイン型がおすすめ

ワークトップ上に置く卓上型食洗機もありますが、新築なら調理台が広く使えるビルトイン型がおすすめ。

国産に多い引き出しタイプは、立ったまま食器を出し入れできて便利です。機能性や堅牢さに定評のある輸入品は、扉を手前に引き倒して開けるタイプが主流。選ぶときは洗浄容量を確認して、オープンキッチンであれば運転音の静かな製品を選びましょう。

**シンプル・イズ・ベスト！7人分の食器も一度に洗浄OK**

カトラリーなども専用トレーできれいに。幅45cmビルトインタイプ「G 4800 SCU」。／ミーレ・ジャパン

ITEM. 05

# コンロ

STOVE

## つくる料理の種類と安全性、清掃性、デザイン性を考えて

ガスコンロは、立ち消え安全装置や調理油過熱防止装置など、安心・安全の機能が向上。また、小型の五徳やガラスのトッププレートを使用したタイプが主流になり、清掃性も向上して、お手入れが簡単になりました。料理好きの方に必須のグリルは、両面焼きタイプが一般的。高級機種のグリルのなかでは、ダッチオーブンが使えるタイプが人気です。

IHクッキングヒーターは、磁力線の働きで鍋自体が発熱して食材に熱を伝える仕組みです。熱効率がよく、火を使わないので、空気を汚さず、安全で健康的。小さな子どもや高齢者のいる家庭でも安心です。また、上昇気流が少ないので、周囲に油煙が飛び散りにくく、オープンキッチンにもおすすめ。フラットな天板は、さっと拭くだけできれいになります。

**鋳物製五徳で本格派も満足。ダッチオーブンにも対応**

調理が楽しくなる「超・強火力」コンロ。グリルは専用ダッチオーブンにも対応する「プラスドゥグリレ」。／リンナイ（東京ガス）

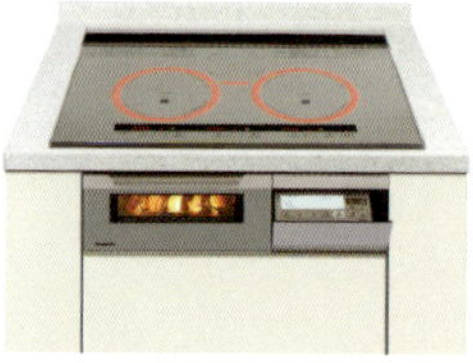

**多機能タイプのIH クッキングヒーター**

調理の温度や時間を自動設定する「焼き物アシスト」機能を搭載。遠赤外線でグリル機能も向上。K2-773／パナソニック

**多彩な調理機能を搭載した最新型ガスコンロ**

液晶操作パネルのついた多機能タイプのコンロと、マルチグリルを搭載した「プログレプラス」。／ノーリツ

ITEM. 06

# レンジフード

KITCHEN FAN

## 場所やプランに合わせてセレクトを

レンジフードは、ファンの違いで2種類に大別します。まず、背面(または側面)から排気するプロペラファンタイプは、外に直接排気するため、設置場所を選びます。ダクトを通じて排気するシロッコファンは、設置場所を選ばないというメリットがあり、対面式やアイランドキッチンなどにもおすすめです。また、プロペラファンは外風の影響を受けやすいため、風当たりが強い2階キッチンなどには、シロッコファンが活躍します。

レンジフードのチェックポイントは、清掃性と捕集性、運転音の大小。特にオープンキッチンでは、高捕集・静音機能も重要です。また、オープン空間ではレンジフードがポイントとなるため、色やデザインにもこだわりたいところです。

**オープンキッチンにもなじむデザイン性**

オープンキッチンにおすすめの直線的でシャープなデザイン。「レンジフードコレクション HI-90S」／Acca Inc.

**ラウンドタイプのフードが新鮮**

ヴィンテージ感あるデザインと清掃性を兼ね備えた「Giglio（ジリオ）」。白と黒の２色で展開。／アリアフィーナ

**めんどうな清掃もボタンひとつで終了**

レンジフードのフィルターとファンを、ボタンひとつで丸ごと自動洗浄する「洗エールレンジフード」。／クリナップ「S.S.」

ITEM. 07

# 収納

STORAGE

## デッドスペースをつくらない工夫がいたるところに

キッチンの収納キャビネットを選ぶときは、ものの使用頻度と重量を見直し、サイズや位置、扉のタイプ、収納部材を決めましょう。

フロア(ベース)キャビネットは従来、開き戸タイプが主流でしたが、最近では引き出しタイプが人気。開き戸タイプより高価ですが、調理をしながら開け閉めができ、奥にしまったものまで見やすく、出し入れしやすいなどの利点があります。

キャビネットは、天井高までのタイプや、腰高サイズなど、さまざまなサイズがあります。家電まで収納できると、空間のすっきり感をキープ。また、カウンター上のウォールキャビネットは、電動または手動昇降タイプにすると出し入れがラクになり、空間を有効活用できます。

**ますます便利な吊り戸棚に注目して**

ワンタッチで自動昇降するウォールキャビネット「オートムーブシステム」。水洗いした食器のための水切り機能や、除菌乾燥機能も搭載 OK。／クリナップ「S.S.」

**使いたいときにさっと出せる きめこまかな収納を実現**

大型鍋も長いツール類も、適材適所でしまう場所が見つかる引き出しキャビネット。／ノーリツ「レシピア プラス」

**一度に出し入れできる 外＋内引き出し収納**

内引き出しまで一度に引き出せる「フロアキャビネット」。大型鍋も小さなツールもすっきり収納。／TOTO「THE CRASSO」

### キッチンの名称

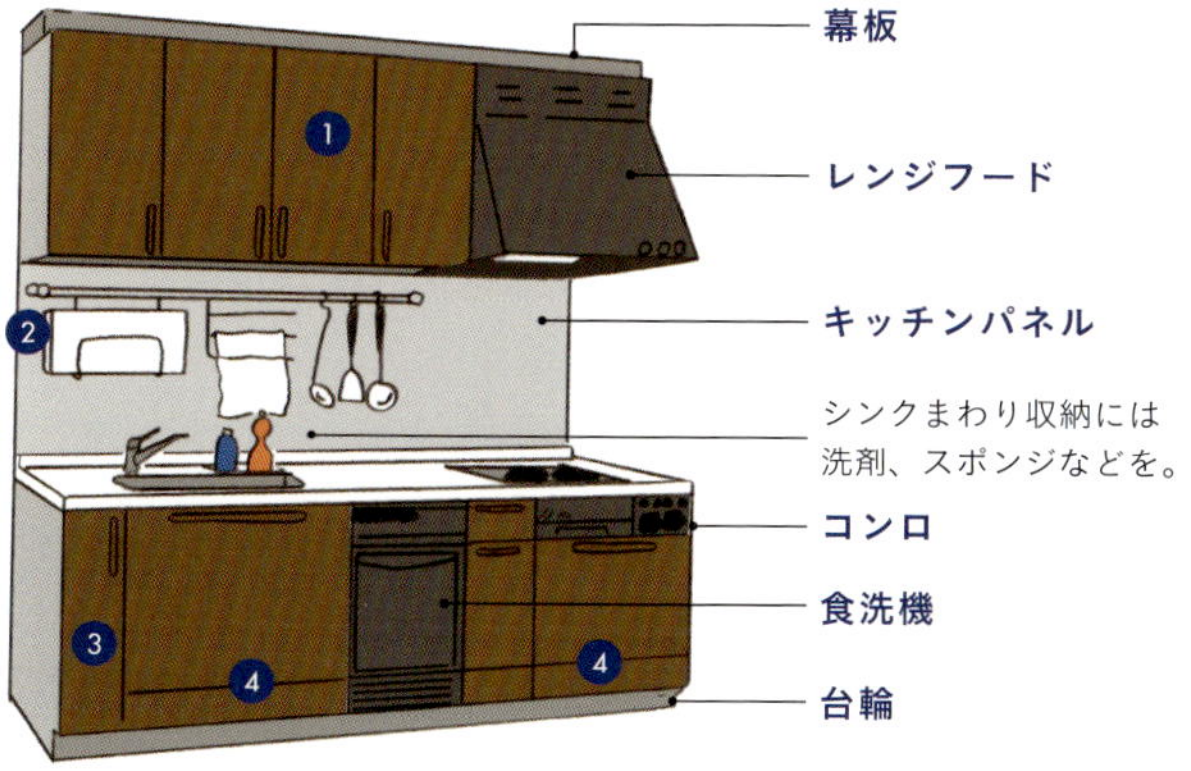


1. ウォールキャビネットには、食品、食器などを収納。高さには種類があるので、収納物や窓の大きさを考えて選ぶ。
2. アイレベルゾーン収納には、レードル類、まな板などをしまうと、作業効率がアップ。最も手が届きやすい高さなので、有効に利用を。
3. シンク脇には調理器具、調味料などを収納。
4. ベース（フロア）キャビネットのシンク下やコンロ下は、引き出しタイプの収納がベター。シンク下をオープンにして、ダストボックスを置いても便利。

**奥まで見渡せるから デッドスペースを解消**

デッドスペースになりがちなコーナー部の収納を、パントリー感覚で使いこなす「コーナーストッカー」。／LIXIL「リシェル PLAT」

LESSON 3

ライフスタイルに合う間取りで快適に

# キッチンプランニングの基礎知識

キッチンプランを練るときは、
キッチンだけでなく、
LD空間とのつながりも含めて
計画することが大切です。

## PLANNING

FILE 01

## オープンキッチン

OPEN KITCHEN

### 限られた空間が生かせ、家族と会話が楽しめる

オープンキッチンとは、L、D、Kの間に間仕切りを設けず、ワンルームにおさめるスタイルです。それぞれを独立させるプランより、空間にムダが生じず、伸びやかな広がりが得られるため、最近は住まいのコアとなるオープンキッチンが人気を集めています。

キッチンの配列では、I型を壁づけにするプランがいちばん省スペース。LDKの広さによっては、対面式やアイランド式にするのも。対面式では、LD側にワークトップより一段上げた笠木カウンターをつけると、シンクの水はねがダイニング側に飛び散りにくく、LDから調理の手元が見えにくくなります。

油煙がLD側に広がるのを抑えるには、排気力の高いレンジフードにし、コンロ前にガラスのスクリーンを設ける方法などがあります。

**木の色みにこだわった解放感満点のキッチンに**

LDKの広々とした空間に、アイランドの一辺を壁づけにしたペニンシュラ型キッチン。家族との会話や開放感から、オープンキッチンをセレクト。さらに圧迫感を抑えるため、背面はオープン棚と低い置き家具に。やさしい木の色みにそろえて、すっきりと明るい印象に。（mikiさん宅・大阪府）

## 「オープンキッチン」プランのポイント

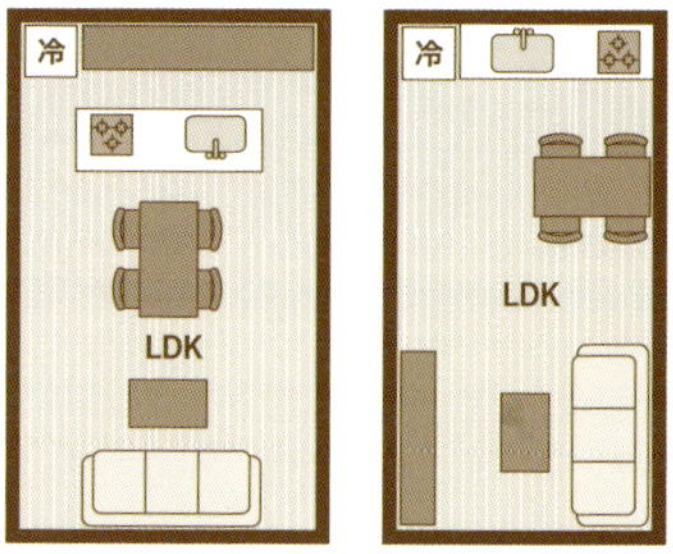


右. I 型キッチンを壁づけにしたプラン。LD スペースが広くとれるので、比較的コンパクトな住まいに向いている。左. アイランドキッチンのプラン。4 方向から使えるのが利点だが、周囲に動作や移動のための空間が必要で、広い部屋向き。

**［長所］**

- 小さな家でも、広々、快適に。
- 開放的で、風通しのよい、明るいキッチンになる。
- 調理しながら、家族と会話が楽しめる。子どもが小さい家庭にも適している。
- 家族が調理に参加しやすい。キッチンパーティが楽しめる。

**［注意点］**

- 調理のにおいや油煙が LD に広がるのを抑えるには、排気力の高いレンジフードを選ぶ。
- 水音を抑えるシンクや運転音の静かな食洗機、レンジフードなら、LD の団らんを妨げない。
- LD とキッチンのインテリアを統一し、収納を充実させる。

FILE 02

# セミオープンキッチン

SEMI-OPEN KITCHEN

## LDの様子がわかり、生活感も上手にカバー

セミオープンキッチンは、LDとキッチンの境の壁にハッチ（間仕切り壁をくりぬいた、両側から使える開口部・窓）を設けて、LDとキッチンを適度にセパレートさせるプランです。ハッチの大小によって、それぞれに独立性をもたせたり、オープンキッチンのような連続性をもたせたりできます。

キッチンの配列は、ハッチを通してLDの様子がわかるように、シンクのあるカウンターをLDに向ける対面式が一般的。ハッチに扉をつけると、キッチンに、より独立性が生まれます。また、ハッチのLD側にカウンターを設けると、軽食や配膳に利用できて便利。

**生活感を抑えつつ、適度な連続性もあるおしゃれなカフェ風キッチン**

キッチンの両端2方向に出入り口を設けた、動線がスムーズな回遊式プラン。キッチンとリビングは、境の壁に設けたハッチを通してつながった間取り。リビング側からキッチン内部が見えすぎず、会話は交わせる絶妙なプラン。(太田さん宅・茨城県)

### 「セミオープンキッチン」プランのポイント

シンクのあるカウンターをLDに向けた対面式にして、LDとの境の壁にハッチをあけたプラン。ハッチを通してキッチンとLDを適度に連続させている。

**［長所］**

- キッチンとLDに適度な独立性と連続性がある。
- ハッチを通して、LDにいる家族の様子がわかり、団らんに参加できる。
- キッチン内部がLDから見えすぎないので、生活感が出にくい。

**［注意点］**

- オープンスタイルよりは、調理の汚れがLDに広がりにくい。ただ、どうしてもにおいや煙が広がるので、パワーのあるレンジフードを選ぶ。
- ハッチが小さいとキッチン内部が暗くなりがちなので、窓プランに注意する。ガラス入りの勝手口ドアを選ぶのもよい。

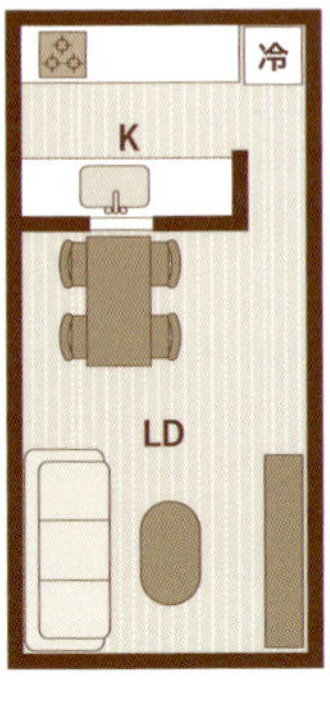

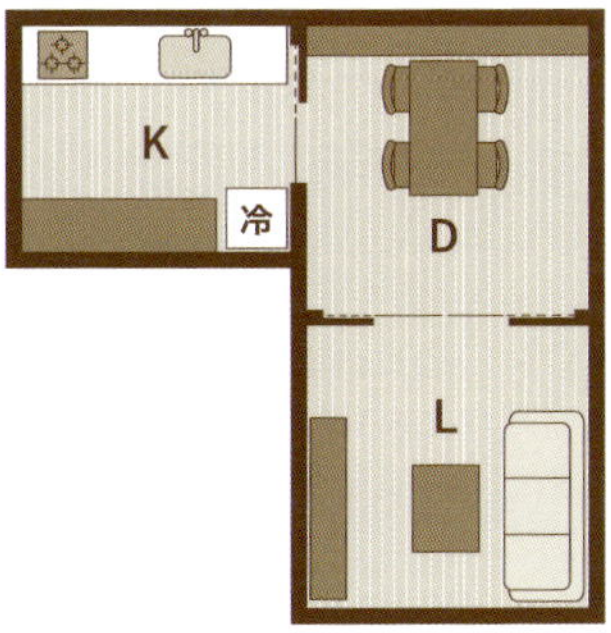


### 「クローズドキッチン」プランのポイント

L、D、Kをそれぞれ独立させ、間仕切りに引き戸を設けたプラン。必要に応じて、引き戸を開け閉めすれば、各空間を連続させたり、独立させたりできる。庭を囲むL字形の間取りにすると、窓がたくさんとれ、採光や通風がよくなる。

**［長所］**

- 落ち着いて調理やあと片づけに専念できる。
- 調理に伴う汚れやにおい、油煙、音などがLDに広がりにくい。
- LDに生活感が出ず、すっきり美しく暮らせる。

**［注意点］**

- 団らんに加われないので、調理する人が孤独感を感じることも。
- 狭いキッチンでは、閉塞感が出る。キャビネットや内装を明るい色に。採光や換気にも注意して、窓プランを立てる。
- ワゴンを用意すると、ダイニングへの配膳作業がラクになる。

**すっきりした出入り口でL、D、Kを分離させ、雰囲気の違いを楽しんで**

出入り口は枠がないので、スマートな印象。LDはパイン材、キッチンはタイルと床の素材に変化を。キッチンのワークトップは、ウレタン塗装を施した集成材。コーナーのオープン棚には、キッチン雑貨を飾りながら収納。（Sさん宅・千葉県）

FILE 03

# クローズドキッチン

CLOSED KITCHEN

## 生活感が表に出ず、落ち着いて調理できる

クローズドキッチンは、キッチンとLDを分離させるプランです。キッチンの生活感を出したくない人、調理に専念したい人、調理のにおいや油煙をLDに広げたくない人、フォーマルな来客が多いお宅向きです。ただ、キッチンにいるとLDの家族の団らんに加われないので、孤立感を味わうことも。家族の気配が感じられるようなプランニングの工夫が必要です。また、スペースが狭くなると閉鎖的で圧迫感があるため、ゆとりあるキッチンにするには、広い家のほうが向いています。狭くなる場合は、キッチン扉や床・壁などの内装を明るい色にすると広く感じられ、出窓をつけても広がりが出ます。

AIRLINE...WARDS FINEST FM-AM RADIO PHONOGRAPH
DYNAMIC SPEAKER . 3-SPEED RECORD CHANGER PLAYS ALL TYPE RECORDS
SONY
CANADA DR
PROPERTY OF CANADA DRY CORPORATION

Kitchen | 001

# TOTO《トートー》

## THE CRASSO《ザ・クラッソ》

### リビング空間となじむ スタイリッシュなデザイン

　ムダを省いたミニマムなデザインが美しい「ザ・クラッソ」シリーズ。野菜くずなどが排水口にスムーズに流れる「スクエアすべり台シンク」や、手入れが簡単なレンジフード「ゼロフィルターフード eco」など、機能性を備えた設備が充実していて、お手入れのしやすさも魅力。日々の掃除がぐんとラクになり、きれいな状態が長もちします。

**油汚れもさっとひと拭き「ゼロフィルターフード eco」**

フィルター不要のレンジフードは、パネルをとりつけたまま表裏を拭けるので、めんどうなレンジフードの掃除が簡単に。

**シンクをきれいにキープする 3度の傾斜がポイント**

絶妙な傾斜で、野菜くずをスムーズに集める「スクエアすべり台シンク」。一体成形タイプの排水口はお手入れもラク。

**耐久性の高いカウンターは メンテナンスしやすい**

新登場の「クリスタルカウンター」は、熱や傷に強く、耐久性も抜群。すり傷はスポンジなどで磨いて落とせる。

**TOTO 東京センターショールーム**

東京都渋谷区代々木 2-1-5
JR南新宿ビル 7・8F
電 0120-43-1010
営 10:00 〜 17:00
休 水曜（祝日の場合は営業）、夏期、年末年始
www.toto.co.jp/

水栓金具やレンジフードなど、デザインのディテールにまでこだわり、美しい空間を実現。間口274.6cmアイランド型キッチン部 参考価格¥333万7200

フルフラットのキッチンは調理や盛りつけがしやすく、家族のコミュニケーションにもGOOD。間口 255cm I 型キッチン部 参考価格￥73万6560

Kitchen | 002

# LIXIL

リクシル

## リシェル SI

リシェルエスアイ

### 美しさをキープするための プラン＋設備＋機能が充実

毎日の食事の準備が楽しくなるような、使い心地にこだわったプランを展開。道具の出し入れや掃除など、日常的な動作と動線が整理されているため、調理がさらに快適になります。セラミックトップは、焼き物ならではのあたたかみと高い機能性が好評。扉のカラーリングや収納プランも豊富で、美しく使い続けるための配慮が行き渡っています。

**ひと工夫をプラスした スライドストッカー**

引き出すと扉面が斜めに傾くため、ふだん使いのキッチンツールをすぐにとり出せる「らくパッと収納」を開発。

**熱や傷にも強い セラミックワークトップ**

最新のセラミック技術から生まれたワークトップが、ワンランク上の品質を実現。高い耐久性を備えている。

**内蔵センサーで 吐水も止水も自動対応**

調理中に手が汚れたときも、ハンズフリー水栓なら、手洗いや下ごしらえがスムーズ。吐水口は引き出せるので、大きな鍋やシンクを洗うときに便利です。

**LIXIL ショールーム東京**

東京都新宿区西新宿 8-17-1
住友不動産新宿グランドタワー 7F
電 0570-783-291
営 10：00 ～ 17：00
休 水曜（祝日の場合は営業）、夏期、年末年始
www.lixil.co.jp

Kitchen | 003

# PANASONIC

パナソニック

## L-CLASS

エルクラスキッチン

### 豊富なカラーバリエーションから イメージどおりの１色を選んで

キッチンカウンターの扉と取っ手を一体化させることで、空間と調和するデザインを実現。扉は塗装仕上げや天然木などの上質素材や、100柄のカラーリングからセレクトできます。調理が楽しくなる「マルチワイドIH」や「PaPaPaシンク」も人気。

**シンク内がワイドになって 洗いやすく、掃除しやすい**

大きなサイズのキッチン器具でもゆったり洗える「PaPaPaシンク」。汚れがたまりにくく、掃除がしやすいデザイン。

**調理の動線がスムーズになる ワイドタイプのIHコンロ**

４つの鍋を同時に加熱できる「マルチワイドIH」。コンロ手前に設けた作業スペースで、盛りつけしやすい設計に。

扉は100柄、カウンターは29柄、取っ手は10種からセレクト可能。最新の設備も完備。
間口349cm＋229cm Ⅱ型キッチン部 参考価格￥415万8000

**パナソニック リビングショウルーム 東京**

東京都港区東新橋1-5-1
電 03-6218-0010
営 10:00～17:00
休 水曜（祝日の場合は営業）、夏期、年末年始
sumai.panasonic.jp/sr/tokyo/

Kitchen | 004

# TOCLAS

トクラス

## TOCLAS KITCHEN Berry

トクラスキッチン ベリー

### カウンター×シンクの コーディネートが楽しめる

「マーブルシンク」８色、カウンタートップ10色の組み合わせでカラーコーディネートが楽しめます。カウンター奥のバックガードに洗剤や調味料を置けるので、カウンター上もすっきり。ほしいものがサッととり出せる「時短収納キッチン」です。

手元をさりげなく隠しつつ、家族との会話もはずむ対面型キッチン。間口255cmステップ対面キッチン部 参考価格￥229万（標準プラン￥148万～）

**排水口にもひと工夫がある 人気の「マーブルシンク」**

排水口の底面を溝形状に仕上げ、両サイドから水が流れる「奥スルーポケット」で、野菜くずもスムーズに流れる。

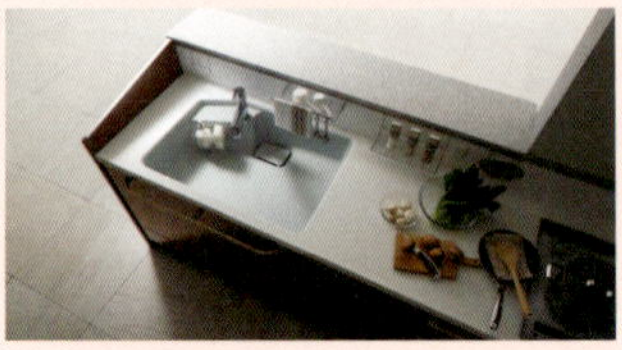

**シンクもカウンターも ワイドに使えて便利**

左奥に斜めに配置された水栓デッキで、シンク内をさらにワイドに。バックガードには洗剤かごもセットできる。

**トクラス新宿ショールーム**

東京都渋谷区代々木2-11-15
東京海上日動ビルディング1F
電 03-3378-7721
営 10:00～17:00
休 水曜
www.toclas.co.jp/

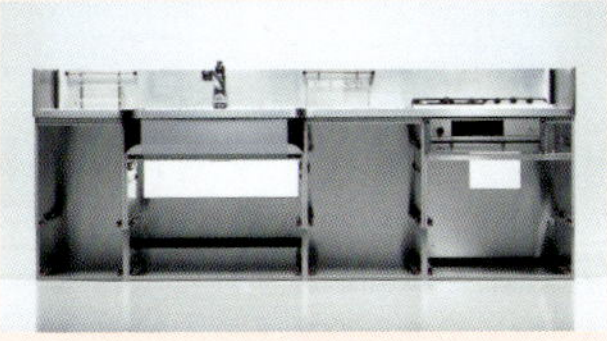

**キャビネットの細部まで
丈夫なステンレス仕上げに**

キャビネットの内側までステンレス仕上げなので、においがしみ込まず、カビやサビを防ぎ、清潔さをより長くキープ。

**特殊コーティングなので
ひと拭きすればきれいに**

ステンレスカウンターに、傷や汚れがつきにくい「美コート」を施しているので、さっとひと拭きするだけできれいになる。

スタンダードな壁づけプランも、シャープなステンレス仕上げのキャビネットでスタイリッシュな印象に。間口270cm Ｉ型キッチン部 参考価格￥189万600

Kitchen | 005

# CLEANUP《クリナップ》

## S.S.《エスエス》

### さっと拭くだけできれいになる カウンターとキャビネット

ロングセラーの「S.S.」シリーズは、内側までステンレス仕上げのキャビネットがとても人気。特殊コーティングが施されたワークトップや、汚れを落としやすいステンレスシンクなど、掃除の手間を軽減するアイディアと設備が充実しています。

**クリナップ・キッチンタウン・東京（新宿ショールーム）**

東京都新宿区西新宿3-2-11
新宿三井ビルディング2号館 1F
電 03-3342-7775
営 10:00～17:00
休 水曜（祝日の場合は営業）、夏期、年末年始
cleanup.jp/

Kitchen | 006

# NORITZ《ノーリツ》

## recipia plus《レシピア プラス》

### 作業動線にこだわり、 キッチンの流れをスムーズに

下ごしらえから片づけまでの流れを整理した、作業を効率よく行うプランを提案。野菜くずをさっと捨てられるゴミポケットや、作業しやすいスクエアシンク、作業の手をとめない収納キャビネットなどで、毎日の家事の負担が軽くなります。

**ノーリツ 東京ショールーム NOVANO**

東京都新宿区西新宿2-6-1
新宿住友ビル 15F
電 03-5908-3983
営 10:00～18:00
休 火・水曜、夏期、年末年始
www.noritz.co.jp/

キッチンとダイニングがダイレクトにつながるオープンプラン。白でまとめて清潔感を演出。間口274cm Ｉ型キッチン部 参考価格 ￥212万1552

**下ごしらえも片づけも
無理なくこなせるシンク**

ワイドに使えるスクエア形のシンクに、作業スペースとして使えるセンタープレートやゴミポケットをプラス。

**調理がさらに楽しくなる
ガスにこだわった充実機能**

料理の幅が広がる「マルチグリル」や、同時に強火が使える「ダブル高火力」など、ガス調理にこだわった機能を搭載。

**アクリル製３層構造シンクで**
**下ごしらえの負担を軽減**

スライドまな板と２枚の水切りプレートによって、作業スペースが広がり、下ごしらえがとてもしやすく。

**カラーリングも豊富な**
**ホーロー素材のキッチンパネル**

油汚れも水拭きだけできれいになる「ホーロークリーンキッチンパネル」。油性ペンのメモ書きも水拭きでOK。

Kitchen | 007

# Takara standard

タカラスタンダード

## LEMURE

ホーローシステムキッチン　レミュー

### 丈夫で汚れ落ち抜群の ホーローを生かしたキッチン

ホーローの品質と性能を生かして、上質感漂うキャビネットを実現。掃除しやすいアクリル人造大理石やクォーツストーン(高級人造大理石)仕上げのワークトップ、ガラスコート仕上げのコンロなど、厳選された素材で構成されています。

フラットタイプの対面型キッチン。インテリアに合うウッド調やヴィンテージ調など多彩なラインナップ。間口259cm Ⅰ型キッチン部 参考価格￥161万1792

**新宿ショールーム**

東京都新宿区西新宿6-12-13
㊆ 03-5908-1255
㊇ 10:00～17:00
㊡ 無休
(夏期、年末年始を除く)
www.takara-standard.co.jp/

Kitchen | 008

# EIDAI

永大産業

## PEERSUS EUROMODE S-1

ピアサス ユーロモード S-1

### 家具のように格調高い 欧州スタイルのモダンキッチン

北欧家具のようなモダンテイストの、最先端の技術を備えたシステムキッチン。シンメトリーなデザインと上質な素材・塗装仕上げで生まれる心地よい空間を堪能できます。ステンレス仕上げのキャビネットは耐久性が高く、メンテナンスも簡単。

鏡面仕上げのベースキャビネットと美しいカウンターで、軽やかな印象のキッチンに。間口270cm Ⅰ型キッチン部 参考価格￥197万9400(設備機器含む)

**梅田ショールーム**

大阪市北区梅田3-3-20
明治安田生命大阪梅田ビル14F
㊆ 06-6346-1011
㊇ 10:00～17:00
㊡ 水曜、GW、夏期、年末年始
www.eidai.com

**異素材の組み合わせで**
**モダンな印象を演出**

ステンレスのワークトップと天然木突き板扉の組み合わせが美しい。扉の色は25色と豊富なところもうれしい。

**キッチンの印象を決める**
**扉素材にこだわって**

天然木突き板や鏡面塗装、ステンレス仕上げと、高級感あふれる素材が魅力。ハンドルも多彩なデザインから選んで。

**棚の奥まで手が届く**
**回転式のキャビネット**

収納アイテムのサイズに合わせて棚板を調節できる、回転式のコーナーキャビネット。扉には強化ガラスを採用。

**毎日使うキッチンツールを**
**引き出しにすっきりしまう**

「カトラリー用」「調味料ボトル用」と専用スペースを設ければ、中はいつもすっきり。収納用の LED 照明もおすすめ。

Kitchen | 009

# Ikea

イケア

## METOD & BODBYN

メトード＆ボードビーン

### シンプルなホワイトキッチンは ディテールで差をつけて

人気の高いホワイトキッチンも、取っ手や水栓金具などディテールにこだわることで、個性的な空間に。ウッドテイストのワークトップを組み合わせると、ナチュラルな雰囲気に仕上がります。収納庫にも LED 照明をプラスしてやわらかな印象に。

少しレトロなテイストを楽しんで。間口 264 × 229cm L 型キッチン＋間口 108 × 160cm アイランドカウンター 参考価格￥77万3500（コンロ、レンジフードなど設備機器別）

**IKEA Tokyo-Bay**

千葉県船橋市浜町 2-3-30
㊊ 0570-01-3900
㊋ 10：00～21：00（土・日曜・祝日 9：00～）
㊡ 無休（1月1日を除く）
www.ikea.com/jp/ja/

Kitchen | 010

# Annie's

アニーズ

## French Style

フレンチスタイル

### ライフスタイルに合わせて キッチン空間をオーダー

素材や仕上げ、サイズ・機能を好みやスペース、予算に合わせて、ミリ単位でオーダーが可能。ライフスタイルに合わせたキッチンが手に入ります。「フレンチスタイル」は、ディテールに優美なテイストをプラスしたフェミニンなスタイルが人気。

オーク材の白い扉は薄く木目が出るオフホワイト仕上げ。間口 301 × 408 × 156cm コ型キッチン。参考価格￥95 万～（間口 255cm I 型キッチンの場合）

**東京ショールーム**

東京都新宿区西新宿 3-7-1
新宿パークタワー OZONE 7F
㊊ 03-6302-3378
㊋ 10：30～19：00
㊡ 水曜
annie-s.co.jp/

**エレガントな輸入水栓金具で**
**キッチンをワンランクアップ**

シンクまわりの印象を上品に変える、クラシカルなデザインの水栓。輸入水栓もカスタマイズ OK。

**天然木仕上げの**
**オーダーキャビネット**

キッチンに合わせて、収納キャビネットもオーダー可能。キャビネットの扉は、木目を生かした塗装仕上げ。

Kitchen | 011

# FILE

ファイル

## Custom Made Kitchen

カスタムメイドキッチン

### 最適のキッチンライフをトータルにコーディネート

人気家具ショップのオーダーキッチンは、トータルコーディネート力が好評。清潔性を大事に、掃除のしやすさや経年変化を考えた素材選びにこだわり、ライフスタイルに合わせたレイアウトや収納プラン、デザインなどこまかく対応してくれます。

**パーツや設備も個別に選び、こだわりの空間をオーダー**

ワークトップや水栓金具、食洗機、レンジフードなどの設備を自在に組み合わせ、イメージどおりの空間に。

**ナチュラルテイストのオーダーキャビネット**

キッチンカウンターに合わせてオーダーできるキャビネットは、人気の天然素材や塗装などもセレクト可能。

ヴィンテージ家具にも似合いそうなウォールナット材を採用した落ち着いたキッチン。間口240×220cm L型キャビネット 参考価格￥380万

**FILE Tokyo**

東京都大田区田園調布2-7-23
電 03-5755-5011
営 10:00～18:00（予約制）
休 水曜
www.file-g.com

Kitchen | 012

# LiB contents

リブコンテンツ

## Order Kitchen

オーダーキッチン

### 住まいの中心になるキッチンを“幸せを感じる場所に”

「夫婦で料理をつくりたい」「自宅で料理を教えたい」といったライフスタイルやインテリアに合わせてゼロからつくっていくオーダーキッチン。海外の水栓金具やオーブンをセレクトしたり、レンジフードやシンクをオーダーメイドすることも可能。

L型のキッチンに作業カウンターをプラスして、ゆとりのワークスペースを確保。間口265×213cm L型キッチン部＋アイランドカウンター 参考価格￥380万

**重い調理器具もすぐ出せるスライド式のシェルフが人気**

「コンロ下をスライドタイプのオープン棚にしたい」といった、こまかなオーダーにも対応。

**ナチュラルテイストの陶製シンクを組み合わせて**

輸入シンクと水栓金具を組み合わせて、海外のキッチンのように。インテリア性の高い吊り戸棚はガラスの種類もオーダー可能。

**リブコンテンツショールーム**

東京都目黒区八雲3-7-4
電 03-5726-9925
営 10:30～18:00
休 日曜、夏期、年末年始
libcontents.com

CHAPTER

7

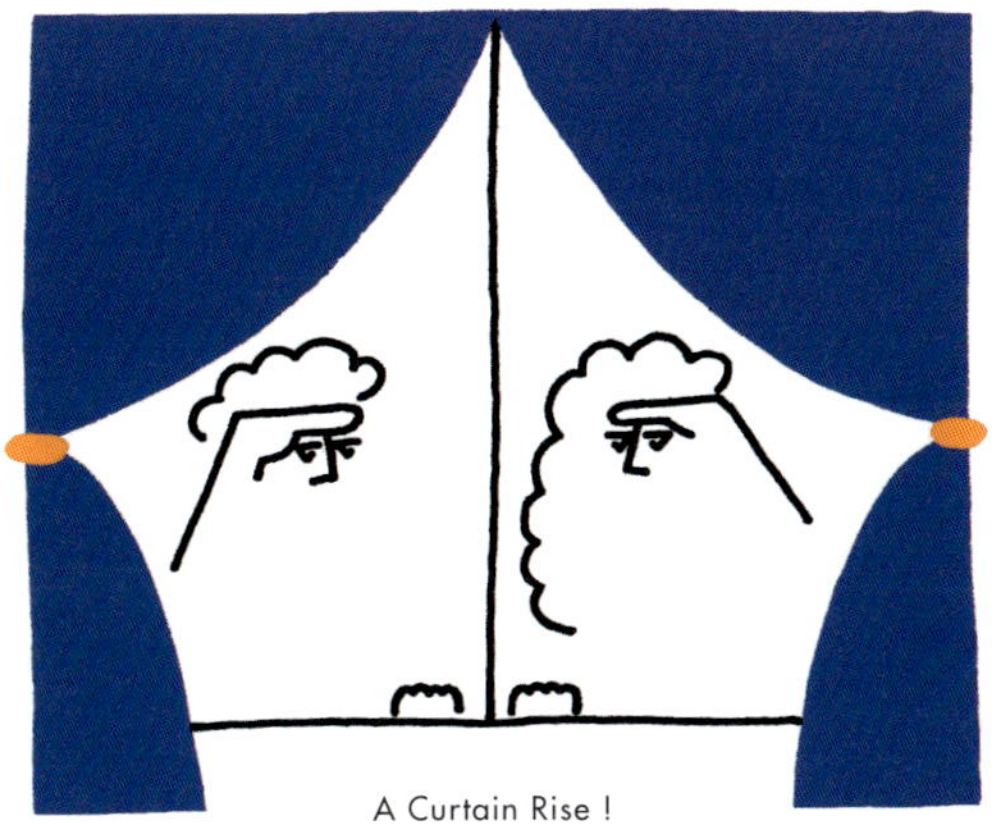


# WINDOW TREATMENT

住む人と同じで、住まいの居心地は気持ちのいい光と風から。
建物に占める面積が多い分、とても大切な
窓装飾・ウインドートリートメントの基本をくわしく。

LESSON.1 WINDOW BASIC / LESSON.2 HOW TO SELECT
LESSON.3 PLANNING / LESSON.4 INDOOR WINDOW

LESSON 1

# ウインドートリートメントの基礎知識

カーテンやスクリーンなどの選び方しだいで、部屋の印象は大きく変わります。ここでは、アイテムの種類と特徴など、重要なセレクトポイントをきちんと確認しましょう。

## WINDOW BASIC

### THEME 1 窓まわりアイテムの種類

どんなカーテンやブラインドを選ぶかによって、インテリアの雰囲気が変わるだけでなく、住み心地にも影響してきます。ウインドートリートメントは開閉方式によって、左表の3タイプに大別できます。選ぶ際は、つける窓の用途に合っているかをまず確認しましょう。

出入りする機会が多い掃き出し窓やテラス窓は、左右に開閉するカーテンや縦型ブラインドにすると、出入りがしやすくて便利。上下に開閉するシェードやスクリーンは、必要に応じて下ろすことで、日ざしや上方向からの視線を防ぐことができるのもメリット。また、細長い窓には片開きカーテンが調和するように、カーテン選びでは窓サイズの縦横の比率にも気を配り、バランスのとれた窓辺をめざしましょう。

**開閉方向別・ウインドートリートメントの種類と特徴**

| 左右に開閉 | 上下に開閉 | | 固定 |
|---|---|---|---|
| | たたみ上げる | 巻き上げる | |
| 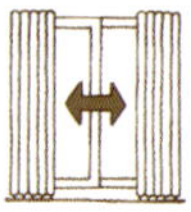 カーテン |  横型ブラインド |  ロールスクリーン | 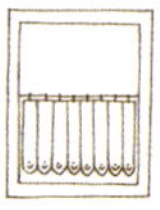 カフェカーテン |
| 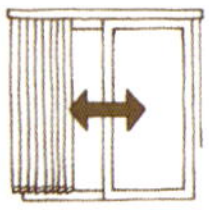 縦型ブラインド |  ローマンシェード |  すだれ | 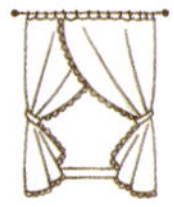 クロスオーバースタイル |
|  パネルスクリーン | 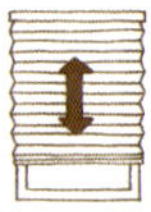 プリーツスクリーン | |  タペストリー |
| **POINT**<br>● 間口がある程度広い引き違い窓に向き、小窓や縦長窓には不向き。<br>● 出入りに便利なので、掃き出し窓やテラス窓に適している。<br>● 間仕切りにも利用可能。 | **POINT**<br>● 全開すると上部におさまり、窓がすっきり見える。<br>● 小窓や縦長窓にも適している。<br>● 出入りが多い掃き出し窓には不向き。<br>● ロールスクリーンは、間仕切りや収納スペースなどの目隠しにも。 | | **POINT**<br>● 外部からの視線を遮断する目隠しの効果。<br>● インテリアを演出する装飾的な効果。<br>● タペストリーは間仕切りにも利用可能。 |

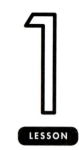

THEME 2

## カーテン生地の種類

カーテンは生地の厚さや織り方などによって分けられ、厚地のドレープ、薄くて光を適度に透過するレースやボイル、レースより太い糸で織られたケースメントなどがあります。現在、カーテンに使われる繊維はポリエステルが主流で、シワになりにくい、洗濯による伸び縮みが少ないなどの特徴が。綿や麻はナチュラルな風合いが魅力です。

### 主なカーテン生地の種類

**プリント**

比較的フラットな生地にプリントして柄をつけたファブリック。アート感覚に楽しめる抽象柄やナチュラルな花柄など種類が豊富。ドレープ地のほか、ボイル地にプリントしたものもある。

**シアーファブリック**

薄手で光を通し、軽やかなイメージがある。編み機で編まれたレースと、細い糸を使用した平織り織物のボイルが代表格。ボイルに刺繍を施したものをエンブロイダリーと呼ぶ。

**ドレープ**

ドレーパリーとも呼ばれ、太い糸を使った織物の厚手のカーテン地。保温や防音、遮光などの機能にすぐれ、無地や柄物など種類が豊富。最も一般的なカーテンは、ドレープとレースの2重吊り。

**自然な色と風合いでやさしい窓辺に**

カーテンポールに通しただけのシンプルなカーテン。ナチュラルな生地の風合いが、素朴な印象。床面近くがダークカラーになっているので、落ち着いた雰囲気に。

THEME 3

## 機能つきカーテン生地

カーテン生地には、さまざまな機能の製品があるため、部屋の用途や窓の方位、周囲の環境などを確認して選びましょう。いつも清潔に保ちたい部屋には、家庭で洗えるウォッシャブル機能つきを。マンションや雨戸のない戸建て住宅では、遮光性のある生地を選び、プライバシーをキープ。昼間、外からの視線を防ぐには、ミラーレースが効果的。

### 機能つきカーテン生地の種類と特徴

| | |
|---|---|
| 消臭・抗菌 | 消臭は生ゴミやペット、タバコなどの不快なにおいを抑える機能。抗菌は表面に付着した菌の増殖を抑える機能。 |
| ウォッシャブル | 家庭で洗えるファブリック。洗ってもほとんど伸び縮みせず、色も落ちにくい。家族が集まるLDや子ども部屋などに。 |
| 遮光 | 外からの光をさえぎる効果があり、横糸に黒い糸を織り込んだものや、生地の裏に樹脂でラミネート加工したものなどがある。 |
| 耐光 | 強い日ざしにさらされても変色しにくい効果がある。レースやケースメントは耐光性のあるものがよい。 |
| ミラーレース | 日中は外から室内が見えにくく、室内からは外が見えるハーフミラー効果が。夏は冷房効率を高め、さらに家具の色褪せを防ぐ効果もある。 |
| UVカットレース | 紫外線の透過率を低く抑える機能をもたせたレース地。家具や床の日焼けを防ぎ、日中、外から室内を見えにくくする効果も。 |
| 防炎 | 難燃糸の使用や防炎加工で、燃えにくくした生地。防炎は不燃とは異なり、万が一火がついても燃え広がりにくいという意。 |

インテリアにフィットする機能的な窓をデザイン

# アイテム別 ウインドートリートメントの選び方

窓まわりアイテムは、それぞれ特徴があります。
インテリアのテイストに合っているか、
使い勝手はいいかなどをこまかくチェックして。

## HOW TO SELECT

ITEM. 01

## カーテン

CURTAIN

POINT : 1

### インテリアと布地にマッチしたカーテンスタイルを選ぶ

吊り元のスタイルを決めるときは、インテリアとの調和のほか、生地の柄や風合いにも配慮することが大切です。どんなテイストのインテリアにも合い、生地の厚みや柄を問わないのが、「プリーツカーテン」です。２つ山ヒダが一般的ですが、３つ山ヒダにするとより豊かなドレープが楽しめます。美しいドレープが出るように、しなやかな生地が適しています。「ギャザープリーツ」には薄手の生地がよく、フェミニンでやさしい印象の窓辺を演出。「タブスタイル」や「はと目スタイル」など、ヒダをとらないフラットカーテンはカジュアルな空間にお似合い。奥行きをとらないので、狭い部屋でも圧迫感がなく、柄がそのまま生かせるのが特徴です。ある程度張りがある生地が適しています。

**吊り元のバリエーション例**

2つ山ヒダ

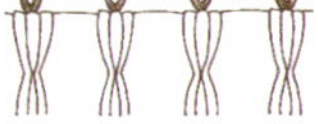
3つ山ヒダ

ギャザープリーツ

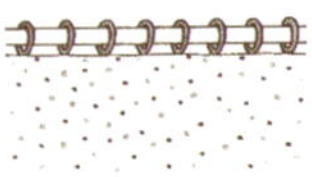
フラットスタイル

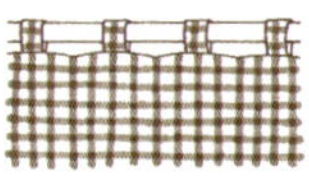
タブスタイル

はと目スタイル

**モノトーンの生地とアイアンレールでシックな窓辺に**

レースはシンプルなタブスタイル。プリントのドレープは、縦長窓にマッチする片開き。（マヤさん宅・ニューヨーク）

**リネンシーツをカーテンに利用して**

窓にあしらったのは、「MUJI」のシーツ。素朴な風合いの布を通して、やわらかな日ざしが楽しめる。（吉田さん宅・京都府）

**さわやかなリネンのパネルカーテン**

陽光を透過するリネン地で北欧風の空間に。淡いグリーンカラーで、外の景色ともなじんでいる。（牧野さん宅・北海道）

POINT : 2

## カーテンとレールの幅は、窓より少し広めにするのが正解

カーテンレールの長さとカーテンの仕上がり幅には、ゆとりが必要。レールの長さはカーテンのたたみしろ分として、窓幅の左右に10～15㎝プラスします。こうすると、カーテンを開けたときに、たまり部分が窓にかからず、窓面積がそのまま生かせます。2枚引きカーテンの仕上がり幅は、レールの長さに3～5％のゆるみ分を加えておくと、カーテンを閉めたときに、中央の合わせ目が開いて困ることがありません。中央のランナーをマグネットつきにすると、合わせ目がぴったり閉まります。

カーテンの両端と壁とのすき間をなくすと、カーテンの断熱性が向上。2枚引きのドレープカーテンでは、さらにリターン分として左右に約10㎝ずつ長くし、壁にリターン金具をつけてカーテンを壁に密着させます。

## カーテンの採寸方法

### カーテンの仕上がり幅

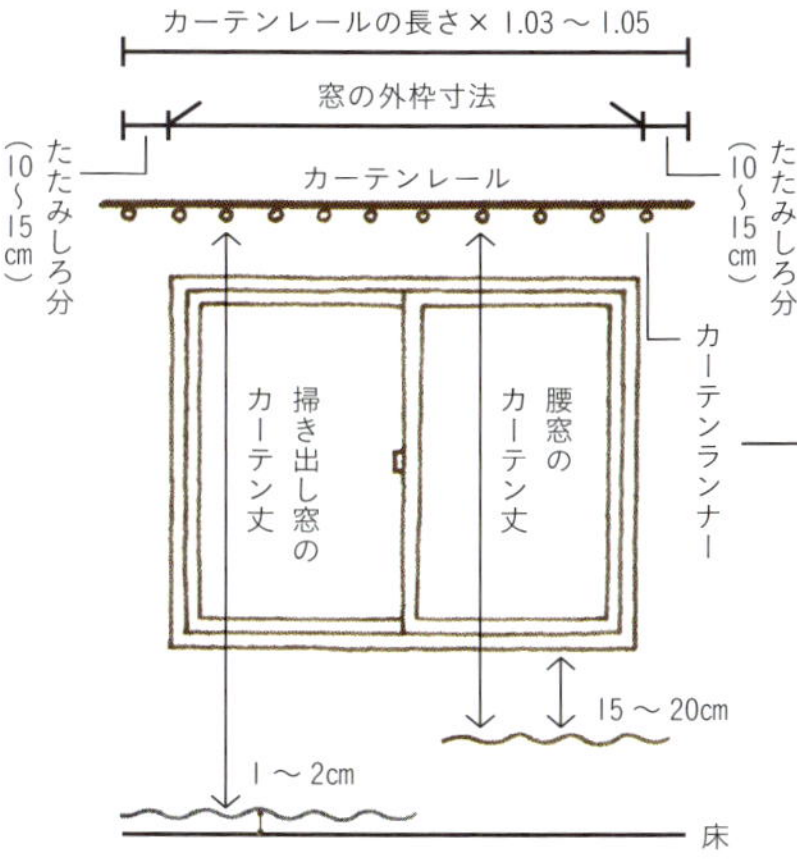


レールは窓幅に左右各 10 ～ 15㎝加えた長さにすると、カーテンを開けたときに窓にかからない。カーテンの仕上がり幅は、レールの長さにゆるみ分として合計３～５％加える。

## フックの種類

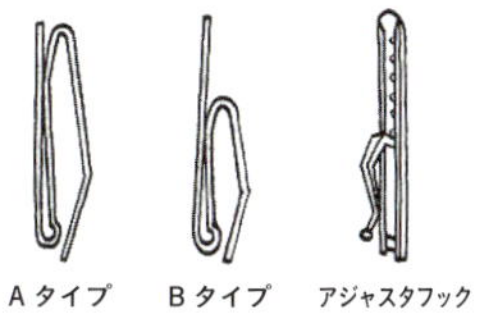


レールの見せ方により、フックも異なる。レールを見せる場合は天井づけ（Aタイプ）、レールを隠す場合は正面づけ（Bタイプ）に。

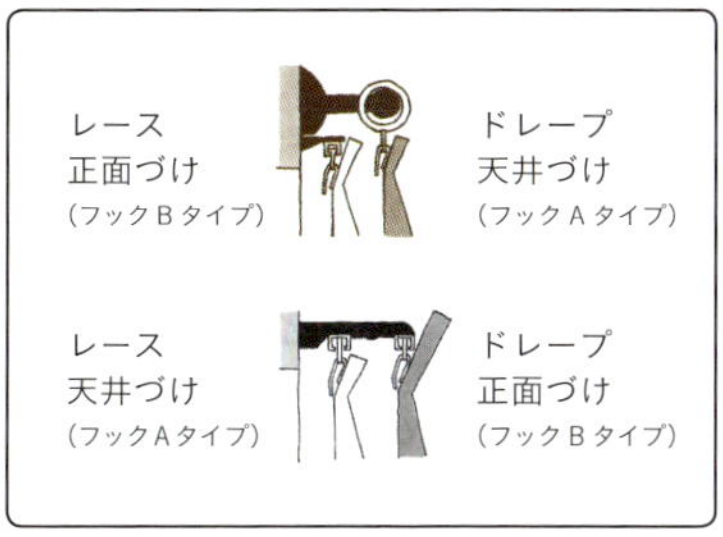

ITEM. 02

# 横型ブラインド

HORIZONTAL BLIND

**マニッシュな家具にもマッチ**

辛口の空間に、ダークなウッドブラインドがフィット。（脇さん宅・東京都）

POINT

**羽根の角度調節で、光も視線もコントロールできる**

横型ブラインドは、多数の水平なスラット（羽根）の傾斜角度を自由に調節できる構造です。そのため、直射日光をさえぎりながら明るさをとり入れたり、外からの視線を防ぎながら風を通したりできます。夏は熱い日ざしをさえぎり、冬はあたたかさが外に流出するのを抑えるため、冷暖房の効率がよくなり、省エネ効果もあります。

横型ブラインドの主流はアルミ製で、用途に合わせてさまざまな種類があります。ナチュラルなインテリアにぴったりなのが、木製ブラインド。アルミ製より高価ですが、木のぬくもりが魅力的です。また、スラットの幅にも種類があり、小さな窓には幅の狭いスラットが似合い、大きな窓には幅の広いタイプが向いています。

耐水性の高い部材を使った浴室用ブラインドには、タイル壁などネジの使えない場所にも固定できるテンションタイプもあります。

### 省エネ機能

直射日光をさえぎり、冷房効率をアップ。

あたたかな空気の流出を抑え、暖房効率をアップ。

### 調光・通風機能

夏は直射日光をさえぎりつつ、風をとり入れて涼しく。

冬は日ざしを部屋にとり入れ、明るくあたたかく。

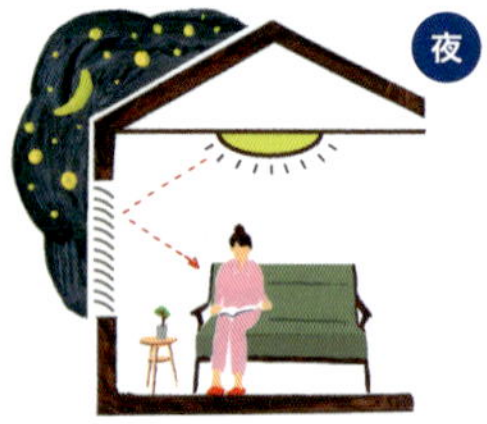


夜間、部屋の明かりが外に漏れるのを防ぐ。

**窓いっぱいの景色がとり込める**

羽根の角度調節ひとつで、陽光や庭の緑をとり込んだり、遮断したりできて快適。（笹目さん宅・茨城県）

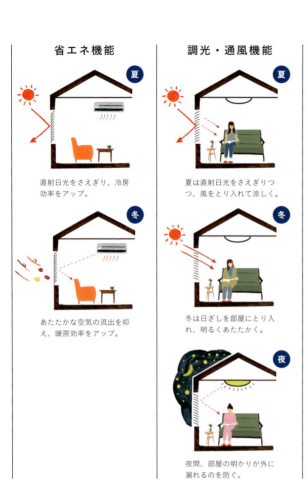

**間接照明のようにガラス器を引き立てる**

コレクションのガラス製オブジェが、ブラインド越しのやわらかな光でいっそう魅力的に見える。（Nさん宅・神奈川県）

**ミックススタイルにも美しくフィット**

モダンな家具にラタン小物をあしらったインテリア。窓は壁と同系色のスクリーンでコーディネート。（高倉さん宅・東京都）

ITEM. 03

## 縦型ブラインド

VERTICAL BLIND

POINT

**縦長のルーバー（羽根）から漏れる光のラインも美しい**

縦型ブラインドはバーチカルブラインドとも呼ばれ、多数の細長いルーバー（羽根）をレールに吊り下げた構造。ルーバーを回転させることで、日ざしや外からの視線を自在に調節できます。

従来、オフィスや商業施設でよく用いられてきましたが、やさしい風合いの布製ルーバーが登場して住宅にも普及しました。ルーバーの垂直のラインが、モダンでシャープな雰囲気を演出します。横長より縦長のバランスの窓に向いており、幅も高さもある大きな窓に適したアイテムといえます。

ITEM. 04

## プリーツスクリーン

PLEATED SCREEN

POINT

**繊細なヒダが生み出すデリケートな光の陰影が特徴**

スクリーンをこまかなプリーツ状に加工した、コードで上下に昇降させるタイプのシェードです。繊細な表情とソフトな光が楽しめ、大きな窓から小窓まで窓のサイズを問わず、和風インテリアからモダン空間まで幅広いテイストに調和します。

生地は主に薄手で光を適度に通すものが使われますが、遮光タイプもあります。ほかに、スクリーンが洗えるウォッシャブルタイプ、2種類のスクリーンを組み合わせるタイプなども。ボトムを持ってスクリーンを上下させるコードレスタイプは、乳幼児のいる家庭でも安心です。

ITEM. 05

## ロールスクリーン

ROLL SCREEN

POINT

**全開するとコンパクトにおさまり、スクリーンの開閉操作も簡単！**

ロールスクリーンは、簡単な操作でスクリーンを上げ下げでき、自由な高さで止められる便利なアイテム。すべて巻き上げれば、コンパクトなパイプ状におさまるため、眺望や採光はそのまま、すっきりした窓辺を楽しむことができます。

操作方法は片手でも操作できるスプリング式、コードを引いて開閉するコード式、トップライトや高い窓に便利な電動式などがあります。シンプル空間に調和するアイテムですが、豊富なファブリックがそろい、幅広く使えます。薄地と厚地の2枚のスクリーンを1台にまとめた、ダブル（ツイン）タイプもあります。

**天井を高く見せる縦ストライプ柄**

アンティークの家具や照明を中心にした部屋は、トラディショナルな柄のスクリーンで落ち着いた雰囲気に。（萩原さん宅・茨城県）

ITEM. 06

## ローマンシェード

ROMAN SHADE

POINT

**豊富なデザインバリエーション。上下昇降タイプで機能性も◎**

ローマンシェードは、ファブリックで仕立てられたシェード。コードを引くことで、すそからたたみ上げていく構造です。ちょっと下ろすだけで日ざしや上方向からの人目がカットできる、上下昇降タイプならではの機能は、ロールスクリーンと同じ。でも、布ヒダのやさしい風合いが楽しめるのも特徴です。

一番下まで下ろすと1枚の布がかかっているようになるプレーンスタイルは、どんなインテリアにも調和します。また、フェミニンな空間には、バルーンスタイルやルーススタイルなど、ドレープが美しいタイプが適しています。

**ハードな家具使いをやわらげるシェード**

工業系ランプやワイヤー棚などがアクセント。ストライプ柄のシェードで窓辺に動きや変化が生まれる。（井上さん宅・大阪府）

# TOPICS

## インテリアを彩る！ 窓辺の演出術

TOPICS：1

### ガーランドを飾って、楽しさと軽やかさをプラス

かわいらしいオーナメントを、ひも状のものにとりつけた飾りがガーランド。家族の記念日やイベント、季節感の演出にもおすすめです。

**サンルームの窓辺のアクセント**

窓にはカーテンをつけず、窓いっぱいの陽光を満喫。ガーランドでくつろぎ感をアップ。（増田さん宅・神奈川県）

**タッセルでよりあたたかな雰囲気に**

シャーベットオレンジの壁に色鮮やかな手作りガーランドがマッチ。（サラ＆エリックさん宅・ニューヨーク）

TOPICS：2

### 窓辺に棚をつくり、お気に入りの指定席に

心ときめくインテリア小物や雑貨、思い出のアイテムなどを飾るのもインテリアの楽しみ。窓辺に小さな棚を設置すれば、すてきなディスプレイスペースが誕生！

**２つの窓の前に棚を渡して**

外から見たときに、雑貨屋さんのようにしたかったそう。キッチン雑貨を見せる収納にして楽しんで。（岡崎さん宅・岐阜県）

TOPICS：3

### 室内側に飾り戸をつけるとより印象的な窓に

窓によろい戸をつけた、ヨーロッパのすてきな家々。本来、窓の外に雨戸がわりに設置するアイテムを、室内にもとり入れてみました。

**木製の飾り戸で山小屋の雰囲気に**

天井に勾配をつけ、力強い化粧梁を配置。さらに窓に飾り戸をプラスして、あこがれていたヨーロッパの山小屋風の寝室に。（高橋さん宅・神奈川県）

心地よい光と風が届ける快適な暮らしを

# 目的別・窓まわりプランニングの基礎知識

採光や通風、眺望を叶え、
厳しい自然から暮らしを守る窓。
外観デザインやインテリア、
住み心地にも影響するので、
多方面からよく検討して
ベストなプランを見つけましょう。

## PLANNING

POINT : 1

### インテリアスタイルに適した窓の素材・色・デザインを選ぶ

**木製窓が腰壁と調和した海辺のリゾート**

格子のついた上げ下げ窓を２つ並べたプラン。腰板上の壁をホワイトにし、窓の額縁も同色で統一することで、瀟洒な窓が際立っている。（川村さん宅・神奈川県）

**アイアン窓はオーダーメイド**

ライトトーンでまとめたインテリアに、黒の格子窓がアクセント。（藤川さん宅・京都府）

　インテリアの完成度を高めるには、窓枠の素材や色、デザインにも注目してほしいもの。ひと昔前と違い、アルミや樹脂のサッシもカラーバリエーションが豊富になりました。外観と室内側の色が数種類あり、外観は建物全体を1色で統一しながら、室内側はインテリアに合わせて白や木目調など、部屋ごとに色が選べるタイプもあります。こだわり派に人気なのが、輸入の木製窓。デザインがおしゃれなだけでなく、断熱性能にすぐれた製品がそろいます。

　開閉方式は以前、引き違い窓が主流でしたが、最近では滑り出し窓やフィックス窓など多彩な種類が。個性的な外観やインテリアをつくるには、細長いスリット窓や小窓をいくつか配置して、壁面にリズムを生み出す方法もあります。人が出入りできないサイズの小窓やスリット窓は、防犯面でもメリットがあります。

**サッシを全開すると室内とデッキが一体化**

ヘリなしの畳と力強い梁が印象的な和モダン空間。窓はすべて壁の中に引き込む全開口サッシ。開放的な広がりを満喫できる。（小松さん宅・千葉県）

POINT：2

## 外と内との一体感。大開口窓で部屋も広々、心もリフレッシュ！

床面積が限られてしまう、日本の住宅事情。快適さにつながる広々感を出すには、室内から屋外へ続く視覚的な広がりを意識した窓プランを。リビングルームの前にデッキや庭を設ける場合、可能な限り大きな開口部を設ければ、室内と屋外空間が連続して、伸びやかな広がりが生まれます。

おすすめは窓を全開できる全開口サッシで、折り戸タイプと引き戸タイプがあります。横の壁にサッシがすべて引き込めるタイプは、全開したときにサッシが見えずにすっきりして、圧倒的な開放感が味わえます。デッキをつくる場合は、床の段差が出ないタイプが最適です。

POINT：3

## 高窓や地窓の採用で、密集地でもプライバシーを確保できる

道路沿いの家や隣家が迫った家では、窓の配置にひと工夫して、プライバシーを守りましょう。天井近くに設ける高窓（ハイサイドライト）や床面近くに設ける地窓（ローサイドライト）を適材適所に設置すれば、外からの視線が防げます。開閉式にしておくと、換気ができて快適。

壁面に家具を置いたり絵を飾ったりしたい場合は、通常の高さの窓がとりにくいことも。そんなケースにも高窓や地窓はおすすめです。地窓は、座ったときに目線が低くなる和室とも好相性。隣家に面した部屋では、双方の窓が対面しないように、窓をずらして計画すれば、お互いの視線が気になりません。

**上からさし込む光がインテリアをより魅力的に**

天井近くにハイサイドライトを対面させた設計。時間の経過とともに、光の帯が壁面を移動する。（小畑さん宅・千葉県）

**畳に広がる陽光が美しいモダンな和室**

地窓は壁面に大きな収納が設置できるのも利点。（Mさん宅・滋賀県）

LESSON 4

家族を感じながら視界も広がる！

# 「室内窓」のプランニングの基礎知識

光と風をとり込み、内と外とをつなぐ──。
多彩な役割を演じる窓を室内にとり入れると、
空間に広がりが生まれ、家族の交流にも効果的。

## INDOOR WINDOW

POINT：1

### 壁面の「視線の抜け」が空間に広がりを生み出す

コンパクトで閉鎖的な空間にいると、だれしも圧迫感を感じるはず。それは内装の色使いにもよりますが、視覚的な広がりがとぼしいことも原因のひとつ。小さな家でも広々暮らしたいなら、部屋と部屋とを隔てる間仕切り壁に窓を設ける「室内窓」を検討してみては。

これまで壁だったところに窓ができると、2つの空間が連続して見えるため、視界が広々。明るい陽光が広がり、開放感あふれるスペースに。窓の設置位置はもちろん、窓枠のデザインやカラーに工夫すれば、インテリアのポイントにもなります。

- KID'S ROOM -

- ENTRANCE -

**広々見せてフォーカルポイントにも**

ピンクの壁の子ども部屋は、家具に合わせて窓枠を白く塗装。廊下側はブラウンで、小物を飾って楽しく。（Kさん宅・神奈川県）

- LDK -

**ブラックの窓枠が室内を引き締めて**

リビングと隣室との壁に、大きな室内窓を設けた。視線が奥の窓を通して、庭の緑にまで広がる。（岸本さん宅・大阪府）

- LDK -

**料理をしながら子どもたちの様子がわかる**

LDKに隣接したワークスペース。アイアンの窓越しに子どもたちが遊ぶ姿が望め、安心してごはんの準備ができる。（青木さん宅・神奈川県）

POINT : 2

## ガラス越しに伝わる家族の気配。安心感と一体感のある住まいに

室内窓を設けると、壁で遮断されている場合と違って、部屋と部屋のつながりが生まれます。子どもが小さい家では、子ども部屋とLDやキッチンとの境の壁に室内窓を設置してもいいでしょう。家族がそれぞれの部屋にいながら、ガラス越しにお互いの気配が伝わります。言葉を交わさなくても、双方の様子がわかるので、親にとっても子どもにとっても、安心感が得られるはずです。

また、昼間の採光だけでなく、夜間は窓からあたたかな明かりがもれ、家族のぬくもりを伝えてくれます。

最近は、吹き抜けを設けたリビングをプランする家が多いもの。吹き抜けに面した2階に子ども部屋や書斎をつくるなら、室内窓をとり入れるのもおすすめです。それぞれの階にいる家族と声をかけ合ったり、お互いの様子を感じたりすることもスムーズにできます。

- LDK -

**ワイドな室内窓は一部が開閉式**

スタディコーナーからは、ブラックの格子窓を通して子ども部屋が望める。室内窓により、子ども部屋の窓からの光が広がり、明るさいっぱい。（西迫さん宅・神奈川県）

- 1F LIVING ROOM -

- 2F KID'S ROOM -

**子どもと会話できるのもメリット**

吹き抜けに面した2階に子ども部屋を配置。リビングにいても気配が感じられ、食事やおやつの時間を声かけできるのも便利。（Nさん宅・岐阜県）

POINT：3

## 暗くなりがちな
## スペースも、明るく
## 風通しよくなる！

玄関や廊下など窓がとりにくいスペースも、室内窓を設けることで明るさや風通しを確保できます。換気をよくするには、窓が2面以上あることが理想ですが、マンションでは1面しか窓がない間取りが多いもの。その場合も、室内窓を設けると効率よく換気でき、明るさや視覚的な広がりも得られます。

暗い廊下では、隣室との境の壁に、横長の地窓や高窓をつけるのも一案です。特に地窓の場合は、隣室からの陽光や明かりが廊下に広がって足元が明るくなるため、歩行時の安全性が高まります。

プラン時には、明るくしたい、風通しをよくしたいなど、つける目的を明確にして、窓の開閉方式やサイズ、設置場所を決めます。

明るさの確保が目的なら、すっきりとしたフィックス窓にするほか、ガラスブロックを採用する方法もあります。換気のために開閉式にする場合は、窓を開けたときに、通行の妨げにならないかどうかも確認して、窓のスタイルや設置位置を決めます。狭いスペースでは引き違い窓にするといいでしょう。

- LIVING ROOM -

- ENTRANCE -

**来客の姿が窓越しに見え、**
**広がりもうれしい室内窓**

玄関ホールとリビングの間に設けた室内窓は、フランス製。部屋のアクセントにも、採光にも効果を発揮している。枠の塗装は玄関とリビングのインテリアに合わせて変化をつけて。（井上さん宅・埼玉県）

- LIVING ROOM -

**ダイニングキッチンに**
**光と風を届ける**
**白い室内窓**

室内窓の裏手にダイニングキッチンが。室内窓を設けたことで、心地よい光が入り、快適空間が誕生。リビングの壁面は、ダイニングからの視線を意識して飾っている。（増田さん宅・神奈川県）

- ENTRANCE -

- LIVING ROOM -

**玄関が明るく、風通しよく、**
**インテリアのポイントにも**

建物の設計を依頼した事務所に設置されていた室内窓を見て、自宅にも採用。黒皮鉄ならではの素朴な表情が、個性的な部屋づくりにひと役買って。（Mさん宅・滋賀県）

# CHAPTER

# 8

Art Body

# I DISPLAY

“好き”なアイテムがより引き立つような置き方、
色や形、素材や質感のバランスのとり方は？
空間を上手に生かして飾ることを楽しむ３軒を紹介します。

CASE.1 I display Art & Green
CASE.2 I display Antiquet & Natural products / CASE.3 I display Daily tools

CASE.1

—

# I display Art & Green

## Jono House

Concept: ART & GREEN　Area: TOKYO
Size: 90.8m2　Layout: 2LDK　Family: 3

—

**ごちゃごちゃしていても
なんかカッコいい、
海外の映画に出てくるような
雰囲気の部屋にあこがれて**

高い天井、白い枠の窓からさし込む光、ゆったりとしたソファ、そしてフレームやオブジェなどを並べた個性的なウォールディスプレイ。まるで海外のお宅のようなリラックスしたインテリアですが、都内の住宅地に立つ一戸建てです。

家を建てるとき、城野さん夫妻はお互い、好きなインテリアについてあらためて考えたといいます。

「もともとインテリアが大好きで、

共通の趣味が映画鑑賞。特に好きなのは、ウェス・アンダーソン監督の作品。ごちゃごちゃしていてもなんかカッコいい、映画のような部屋の雰囲気にしたいと思って」

そこから発想したのが、2階リビングにあるソファを背景にした壁のデコレーション。ネットやインテリアショップなどで1年ほどかけ、ひとつずつ買い集めました。

「特に海外インテリアのディテールにあこがれました。フランス映画の縦長の窓の形とか幅木とか、シンプルだけど雰囲気があって、大人っぽいきれいな部屋が好みです」

そう話す奈美さんに対し、ご主人の剛史さんはアンティークやアイアン素材、ファクトリーテイストのような武骨なインテリアが好み。

**明るい窓辺にはグリーンを飾って**

剛史さんが「TRUCK」で買った、イギリスアンティークの秤。シンプルかつエレガントさもある部屋の中で、古くて武骨なアイテムが引き締め役になっている。

**チェックのブランケットがアクセント**

ソファ脇のスツールは、あるガレージセールで譲ってくれたもの。小さなサイドテーブルがわりにして、読みかけの本や雑誌を置いている。肌寒いときに使うブランケットをかけて。

**LIVING & DINING**

2階にあるリビングは天井高 2.75 m。隣家の木々の緑が借景になって、気持ちがいい。広々としたリビングの主役のひとつが英国ソファ専門店「natural sofa」の「Alwinton」ソファ。映画を一本見ても疲れない、座り心地がお気に入り。白いカーテンとペンダントライトは「イケア」のもの。甘口と辛口の絶妙のバランス。

## LIVING & DINING

設計段階で考えたのは、「ベースはシンプルにして、インテリアで味つけできる家」。窓をつけることもできた場所をあえて広い壁にして、これまでに集めたアンティークのフレームやアルファベットオブジェ、鏡、ハンティングトロフィーなどを飾った。「壁にかける前に床に並べて、バランスを見ました。中央からレイアウトしていくのがコツ」

## I display
Art & Green

**階段の踊り場にもふたりの趣味をさりげなく**

以前、ロマン・ポランスキー監督の VHS 映画が入っていたフィルムケース。「踊り場がさびしいねと言って、置いてみたらちょうどよくて」。コーナーにはシンプルな観葉植物を。

**フォルムの美しい椅子は１脚置くだけで絵になる**

階段下のスペースに、お気に入りのアンティーク「アーコール」の子ども用チェアを。フォルムの美しい椅子は、壁をキャンバスにして余白を生かしながら置くと映える。凛とした雰囲気が漂う。

**「クール×フェンミン」のバランスをとりながら飾る**

塗装をはがしたクールな表情のスチールキャビネットは、剛史さんがネットショップで。上には「ペンギンブックス」のポスター。きれいな色の箱や本、キャンドルや花を飾って、やわらかさをプラス。

**黒い鉄骨階段とメガガラスブロックで引き締めて**

黒い鉄の階段と、間仕切りに使った 30㎝角のメガガラスブロックが男性的な印象。オーク材の床と白い壁というやわらかな内装に、構造をむき出しにしたようなハードなデザインと素材感がアクセントに。

**DINING & KITCHEN**

### オープン棚はガラスや透明容器でほどよい生活感

キッチンの壁にあるオープン棚には、グラスやコップ、マグ、カップ＆ソーサーなどふだん使いの食器、調味料や梅酒などを入れた保存容器、紅茶やジャムなどを飾りながら色彩を抑えて収納。ほどよく生活感が伝わり、あたたかな雰囲気。

### 植物や食べ物の旬を感じるディスプレイを楽しむ

キッチンとダイニングの間にあるカウンターのスペースもムダにせず、生花、バナナやりんごなどの果物、レモンのはちみつ漬けや焼き菓子などをなにげなく飾って。それだけでみずみずしい雰囲気に。

### 良質な木のダイニングテーブルには季節の果物を

キッチンは手元を隠しつつ、ダイニングにいる人とコミュニケーションがとれる間取り。ダイニングテーブルは、以前から使っている「木蔵（ボクラ）」のもの。椅子はアンティークの「アーコール」。

CASE.1

Jono House

—

# I display
## Art & Green

「そこでたとえば、リビングは縦長の白い窓に鉄骨の黒い階段など、両方の好みを反映した要素をとり入れて、部屋づくりをしていきました」

お互いに「それはゴツゴツしすぎる」「それは甘すぎる」と意見を言い合い、バランスをとりながら、今もインテリアを楽しんでいます。

「どちらかの好みにかたよらず、ふたりの意見で納得しながらつくるから、ふたりにとって心地いい空間になっているんだと思います」

ふたりの好みが絶妙なミックス感を生み、ほどよく肩の力が抜けたインテリア。暮らす人の心地よさが伝わってくる城野さん宅に、今年、新しい家族が誕生しました。この先どんな好みがミックスされていくのか、ますます楽しみな毎日です。

### BEDROOM

**ライトグレイッシュなグリーンで さわやかで落ち着いた空間に**

３階にあるベッドルームは、ペイントした壁がさわやかな空間。「ペイントは北欧風にならないグリーンを選びました」と奈美さん。微妙なニュアンスの色調にもこだわりが。

### ENTRANCE

**素材も見た目もイメージも ハード＆ソフトをミックスさせて**

玄関にはネットオークションで購入したベンチを置き、好きな写真家・米田知子さんの展覧会カタログをディスプレイ。ここも木、鉄、ペイント、モルタルなどをミックスして。

### DINING ROOM

**黒い「flame」のペンダントが空間を引き締めて**

ダイニング部分は吹き抜けになっていて、３階の寝室の室内窓から見下ろせる構造に。黒いペンダントライトは、神戸「flame」のもの。壁に立てかけられた大きなゴールドフレームの鏡に、同じゴールドのアンティークフレームを重ねて。

## LIVING & DINING

夫婦そろってアンティーク好き。リビングには東京・碑文谷の「JIPENQUO（ジーペンクオ）」で購入したテーブルや「ザ・グローブ」の革張りソファ、古い椅子などが。「TRUCK」の棚にアンティークの引き出しを組み合わせて。上部にかけたのは、なんとピアノの中身。東京・代官山の「ハイライト」で見つけたもの。

やさしくこまやかなタッチのイラストが人気。カードやラッピングペーパー、テキスタイルも手がける。愛犬・ポン太郎と。

**棚の上にお出かけアイテムを置き、壁に写真と作品を**

外出前の身支度スペースとして、時計やメガネ、指輪などお出かけアイテムをまとめて。壁にかけたフレームは、「ハイライト」で椅子を購入した際にもらった古い写真。3つの絵は大森さんの作品。

CASE.2

—

# I display Antique & Natural products

## Omori House

Concept: ANTIQUE & NATURAL PRODUCTS
Area: TOKYO Size: 89.5m² Layout: LDK Family: 2

—

**好きなものに囲まれていると、自分の家だなという気持ちがして、心が落ち着きます**

味わいのあるアンティーク家具といくつも置かれたグリーンが調和した心地いい部屋に、さりげなくちりばめられたアートや手作りの数々。「意識して飾るというより、いつも見ていたい好きなものだからそばに置く、という感じです」と大森さん。

たとえば、3階リビングの壁にかけた古い写真は、アンティークショップで椅子を購入した際、「そっくりの椅子が写っているから」ともらったもの。キッチンの壁には、古い洋書で見つけたお気に入りの挿絵ページを貼ったり、棚の上に和菓子の型や日本画用のパレットを置いたり。

自然の産物も、大森さんにとっては心ひかれるアートのひとつ。「形のいい小石を古い木のトレーにのせたり、切り花で楽しんだ花をドライフラワーにして、瓶にさしたり天井から吊るしたり。リビングが仕事場だから、そういったものを眺めながら、絵や模様を描いています」

**古いトランプもインテリアで楽しむ**

アンティークのトランプを木の器に入れ、ドライフラワーを添えて。小石は黒板塗料で塗り、麻ひもを巻いたもの。

## KITCHEN

### いちばん使いやすいところにさりげなく置いて

キッチンはむき出しのコンクリート地でクールな印象。「調理台上の壁についた電灯の白い枠の上にものを置き始めたら、楽しくなって」、植物や和菓子の型を置いたり、キッチンの壁を飾ったりするように。食器棚は「ツェツェ・アソシエ」の「インディアンキッチンラック」で、ふだん使いの食器を収納。

### レンジフード上のセンスがチャーミング

レンジフード上にそっと置かれた木彫りのゾウは、旅行好きの義祖父の海外みやげ。アンティークショップで出会った木のボードは、使いみちが不明ながら、どこかユーモラス。

### 編み目が美しいお気に入りの竹ざるは定位置に飾りながら

松本のクラフトフェアで手に入れた、「工人船工房」の竹製のざる。そばやうどんを入れて器にしたり、野菜の水切りかごとして使ったり。よく使うお気に入りの日用品を飾りながら収納。

## I display
## Antique & Natural products

**中央に絵を置き、
バランスをとりながら**

挿絵が気に入り、古い洋書のページをマスキングテープで貼った。「最初に中央の絵を配置して、それに合うように紙や小物をレイアウトしました」

**洗ったあと乾きやすい
使い勝手のいい場所に**

一番小さいのは「工房イサド」。ほか合羽橋道具街や世田谷観音の朝市で。よく使う日用品ほど、使い勝手のいい場所に。

**見やすさと全体を見て
キッチンの上に時計を**

「パシフィック ファニチャー サービス」で購入した「SEIKO」とのコラボ時計。「インテリア全体のバランスを考えて、この位置に決めました」

**新婚旅行の思い出をサイドテーブルに**

新婚旅行で訪れたフランスで買い集めたアンティークのフック。「まだ使う機会はないけど、いつか使おうと大切にとってあります」と大森さん。

## BEDROOM

**アンティークの椅子を花台にしていつも植物を**

「JIPENQUO」で買ったけれど座ることが少なかったアンティークの椅子を、花台として使用。「寝室は気持ちいい場所にしたいと思って、植物を欠かさないようにしています」

**帽子をアンティークの燭台に**

ファッションアイテムとして身に着けることの多い帽子を、ベッドルームの鏡の近くにまとめて。「JIPENQUO で買った燭台がほどよい高さなので、帽子置きにしています」

**季節ごとによく着る服だけを**

「JIPENQUO」で購入したハンガーラックをベッドルームに置き、季節ごとに愛用の服をセレクトしてかけている。その時期に合うバッグなども厳選して。

CASE.2
Omori House
—
# I display
## Antique & Natural products

**LAVATORY**

### 洗濯機もワイヤーかごも白く直線的なラインを

バスタブの向かいには、洗面台と洗濯機が。洗面まわりも浴室と同じように、すべて白で統一。「シンプルで小さめサイズが気に入りました」という洗濯機も、白いワイヤーかごも「無印良品」。シンプルで直線的なシルエットが気持ちいい。

**BATHROOM**

### コンクリートに映えるバスタブと容器類は白で統一

コンクリート打ち放しの壁が際立つ1階のバスルームは、バスタブを置いただけというシンプルさ。「浴室は清潔感を大切にしたかったので、白で統一しています」と大森さん。シャンプーやコンディショナーなどの容器は「無印良品」。

『トムとジェリー』が好きなので、コンクリートの壁にへこみをつくってもらい、自分で木のドアをつけた。小さなノブは、ボタン。ジェリーが今にも出てきそう。

2階にあるベッドルームは、年代ものの家具や小物で囲まれたほっと安らげる雰囲気に。また、1階の浴室は、バスタブからシャンプーまでシンプルなデザインで統一してクリーンなイメージにまとめています。

旅先で見つけたアンティークのフックをいくつも並べたサイドボードや、むき出しのままぽんと置いたバスタブといったディテールは、そのものがアートでなくても、どこかアーティスティック。

「少々の散らかりはご愛敬として、植物の水かえや換気をして、部屋に風が通るように心がけています。みんなが快適で、くつろげるように」

## DINING & KITCHEN

上．オープンなアイランドキッチンはさりげなく目隠しになるように、型ガラスの立ち上がりを設置。右奥の扉の中に冷蔵庫を置き、こちらも目隠し。下．「パシフィック ファニチャー サービス」のダイニングテーブルに、オランダのアンティークチェアを合わせて。

CASE.3

# I display Daily tools

## Nakano House

Concept: DAILY TOOLS　Area: AICHI
Size: $113.3\text{m}^2$　Layout: 3LDK　Family: 4

**お気に入りだけを飾って、**
**あとは中に隠してすっきりと。**
**家族みんなが使いやすいように**
**使う近くに分けて収納しています**

**ブルーのかごバッグに**
**図書館の本とリモコンを**

ソファ脇に置いたかごバッグには図書館の本やリモコンを収納。「もう、探さなくなりました」

**キッチンが見えないよう**
**型ガラスを立ち上げて**

「キッチンの上が多少散らかっていても、すっきり見えて助かっています」と中野さん。

### KITCHEN

**飾りながら使うオープン棚。**
**目に入るのは好きなものだけ**

調理台上のオープン棚。「ブラウンズ」のティーポットや「プジョー」のコーヒーミル、「turk」のフライパンなど、機能的で美しいアイテムを選び、ディスプレイしながら収納。調味料などはガラスジャーに詰め替えて調理台に。

**根菜類は木のトレーに、**
**お米は白いホーロー容器に**

シンク下に木のトレーを置き、常温野菜を。「市販の米びつが好きでなくて」、ホーロー容器を見つけて使用。

**LIVING ROOM**

**ソファ後ろに大収納庫。**
**ソファもテーブルも茶系で**

革のソファがほしくて、フランスのアンティークを購入。「パシフィック ファニチャー サービス」のテーブルと色のトーンがマッチして、部屋全体に自然となじんでいる。

**KID'S ROOM**

**子ども部屋の家具には**
**長く使えるアンティークを**

右．長女が生まれたとき、子ども服やおもちゃをしまうために購入したアンティークのチェスト。左．出産前から使っているアンティークワゴンはオープンなので、子どもの投げ入れ収納にもぴったり。今はぬいぐるみを、表情を楽しみながら。

「収納も掃除も苦手」という中野さんが2年前、マイホームを建てるにあたって真っ先に出した希望は「たっぷりの収納スペース」でした。

「子どもがいると、リビングで過ごすことがほとんど。だから、たくさんしまうのに困らないように、大きな収納庫をつくってもらいました」

食材や家電、おもちゃなど、雑多な印象になりがちな生活必需品は、まとめて中に隠して収納。そのかわり、美しいお茶の道具やアンティークのコーヒーミルなどの愛用品は厳選して、オープン棚に飾りながら収納。その結果、お気に入りが映える、すっきりとした住まいを叶えました。

中野さん宅に落ち着いた印象や趣をプラスしているのは、独身時代から愛用してきたアンティーク家具です。そのお気に入り家具は、収納アイテムとしても現役のものばかり。

「私自身、長く愛せる家具が好きなので、使い込んだ家具のよさを子どもたちにも伝えたいんです」

お子さんたちには、使う時期が限られている専用のおもちゃ収納や学習机を今は用意していません。

「子どもの机は、2つとも新婚時代にダイニングテーブルや作業机として使っていたもの。家具も収納も、限られた使い方だけでなく、いずれ違う使いみちができるものを選ぶようにしています」

**子どもたちのおもちゃも引き出しやすいようにバンカーズボックスへ**

おもちゃ、おけいこの道具など子どもアイテムを収納しているほか、空き箱もいくつかキープ。学期末に持ち帰る、絵の具や習字道具などの一時置きに。

**食材のストックはバンカーズボックス。棚の下段に、蓋をして**

収納庫の右半分はキッチンまわりの収納。スパゲッティや乾物、カレールウなどの食材を、アメリカの「バンカーズボックス」に入れ、蓋をしてソファ後ろの下段に。

**とりやすい中段は日常使い、上段にはカップ＆ソーサーを**

子どもたちもとりやすい中段の棚には、ふだん使いの食器を置き、上段にはお茶の時間に使うお気に入りカップ＆ソーサーを。

**ティータイムを楽しむときはかごごと持ってキッチンへ**

お茶の時間をのんびり過ごすため、よく飲むお茶の葉はかごにまとめ、とり出しやすくセット。かごごとキッチンへ。

**家族の常備薬はかごに入れ、とり出しやすく棚の下段へ**

おにぎりが何個か入るお弁当箱が、常備薬入れにぴったり。かご類は、棚の下から3段めにまとめ、出し入れしやすく。

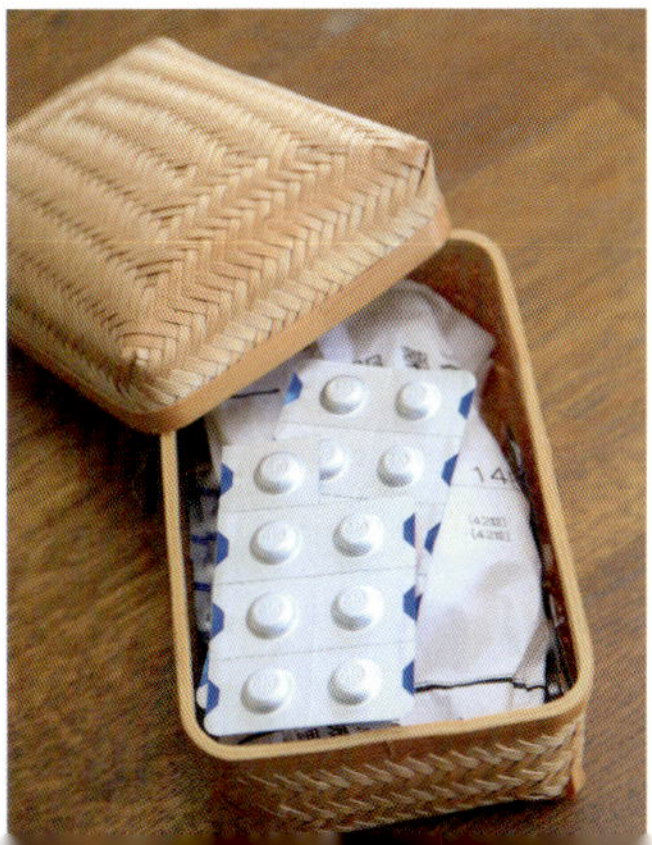

**右半分はキッチンまわり、左半分は子どもアイテムを**

キッチンに近い右半分の棚に食器や食材などを置き、左半分は子どもでも引き出しやすいようにボックスに子どもグッズを収納。

## ENTRANCE

「犬が自由に出入りできるように」玄関スペースに大きな土間を設け、「G-PLAN」のキャビネット上の壁には有孔ボードをとりつけ、ご主人が DIY などで愛用する脚立や工具など道具類をディスプレイ。収納パーツ類は、「アマゾン USA」で購入した crawford 社のもの。

**美しいフォルムは飾りながら収納して、使い勝手もいい**

右上. 天井にとりつけるリフトタイプのバイクラックで、ロードバイクを空間にディスプレイ。場所をとらず、広い土間に愛犬たちも大喜び。
左上. 家族の身長に合わせて、上から３段めまでが中野さん夫婦、その下が長女、その下が次女の靴箱。
左下. 土間コーナーの壁に、クリップでキャッチするグリップフックを設置。「crawford のフックを、夫が下地にアンカーを打ってビスでとりつけました」。ほうきやシャベルなど、置き場に困る柄の長い掃除道具をまとめて収納でき、すっきり。

**使い込んだ風合いのロッカーは靴箱。
木製キャビネットには掃除＆ペット用品を**

玄関の土間スペースに、名古屋の「アンティークマーケット吹上」で購入したロッカーを置き、家族の靴箱として愛用。ドライフラワーを飾り、やわらかさをプラス。

# CHAPTER

# 9

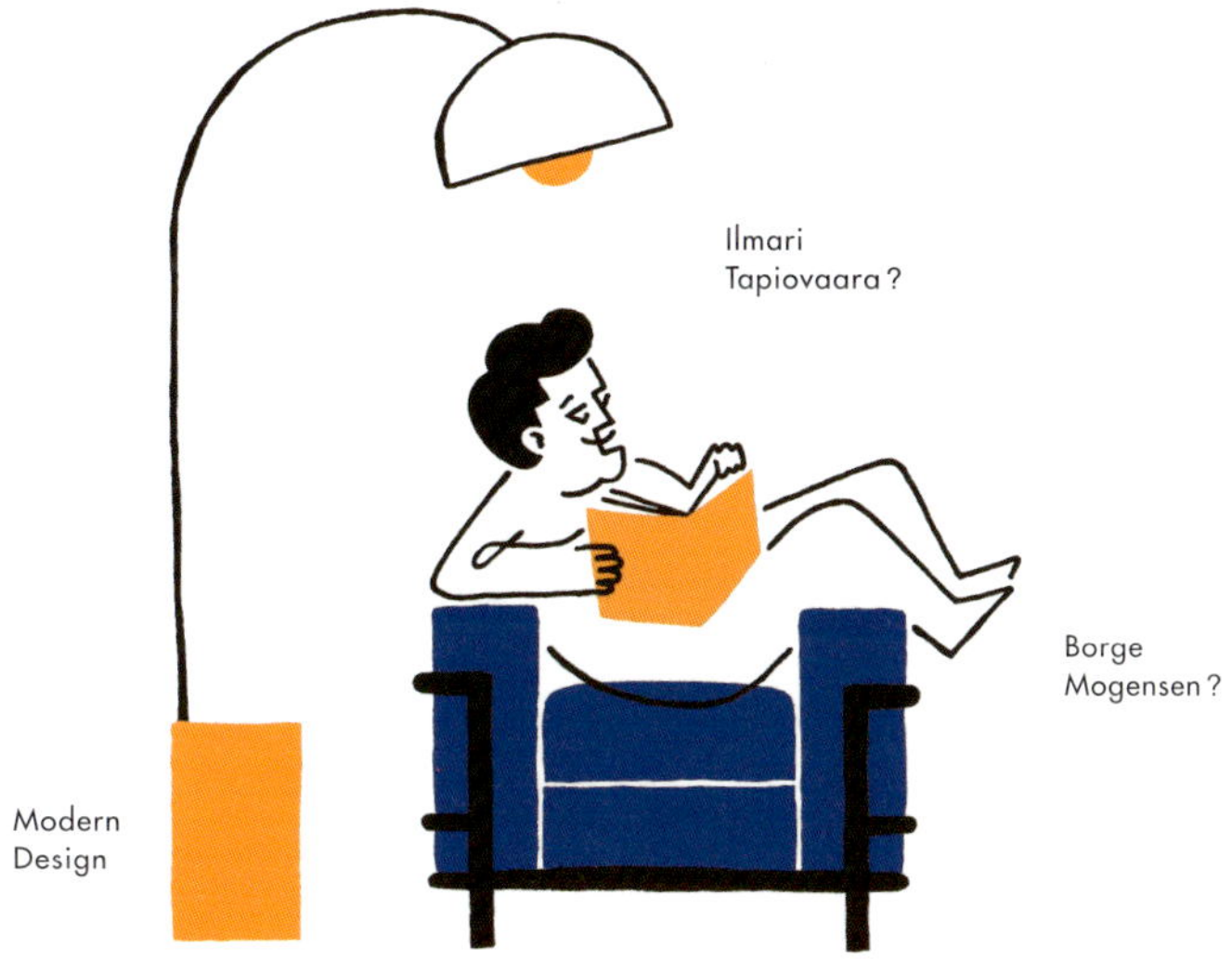


# INTERIOR WORD

人気デザイナーの名作家具やアンティーク家具から
家の造りや材質・内装材、照明まで、
もっと深く知るための必須インテリア用語をまとめました。

FILE.1 MODERN DESIGN / FILE.2 ANTIQUE / FILE.3 FURNITURE TERMS
FILE.4 INTERIOR ELEMENTS / FILE.5 MATERIAL / FILE.6 LIGHTING

# File.01 MODERN DESIGN

モダンデザインの家具

## Bauhaus

バウハウス

1919年、ドイツ・ワイマールに開校された造形芸術学校。ドイツの工業力を背景に生産形式と生活様式に適応した芸術のあり方を追究し、デザインの簡略化や量産という新しい考えが誕生した。ナチスによって1933年廃校となるが、その後も大きな影響を与えた。

name

### Le Corbusier

ル・コルビュジエ

[ 1887 – 1965 年／スイス ]

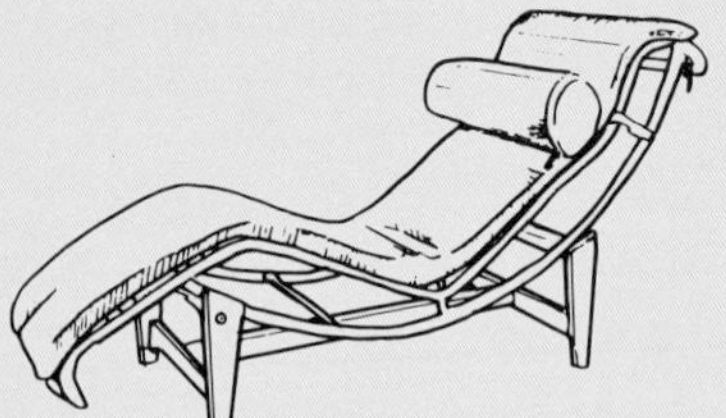

#### LC4 Chaise Longue

シューズ ロング（1928年）

世界的に最高の知名度を誇るこの名作チェアは、コルビュジエのアトリエが進めていたチャーチ邸の家具として、アシスタントのシャルロット・ペリアンがデザインしたもの。本人も「休養のための機械」と呼び、20世紀を代表する普遍的な椅子のひとつに。

#### LC2 Grand Comfort

グラン コンフォール（1928年）

近代建築の3大巨匠のひとり。家具を「一連の建築に連なるもの」ととらえ、多くの名作を生み出した。「大いなる快適」と名づけたこの作品は、スチールパイプのフレームに5個のクッションをはめ込んだ構造。2016年、上野「国立西洋美術館」が世界遺産に。

name

### Mies van der Rohe

ミース・ファン・デル・ローエ

[ 1886 – 1969 年／ドイツ ]

#### Barcelona Chair

バルセロナ チェア（1929年）

1929年開催のバルセロナ万博のドイツ館を設計した際、スペイン国王のためにデザイン。モダンで高級感にあふれながらも、空間に調和しやすいモダンデザインの傑作。「Less is more（より少ないことは、より豊かなことだ）」という名言も有名。

name

### Marcel Breuer

マルセル・ブロイヤー

[ 1902 – 1981 年／ハンガリー ]

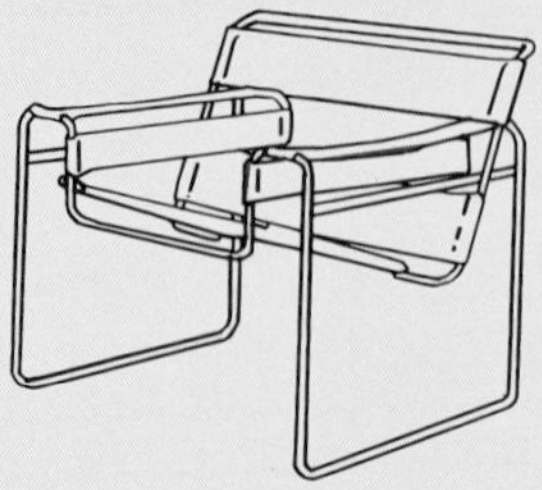

#### Cesca Arm Chair

チェスカ アーム チェア（1929年）

宙に浮いたようなフォルムを実現したキャンティレバーに、木枠に籐を張った背と座をとりつけたシンプルなチェア。“世界で最も真似された椅子”といわれたほど、コピー商品が出回っている。のちにブロイヤーの養女の愛称「チェスカ」で呼ばれるようになる。

#### Wassily Chair

ワシリー チェア（1925年）

当時、最先端の技術だった、アドラー社の自転車ハンドルに触発されて生まれたデザインで、スチールパイプの加工性と張り地の張力を利用してつくった世界初の椅子。バウハウスの教授、ワシリー・カンディンスキーのためにデザインした作品でもある。

name

### Mart Stam

マルト・スタム

[ 1899 – 1986 年／オランダ ]

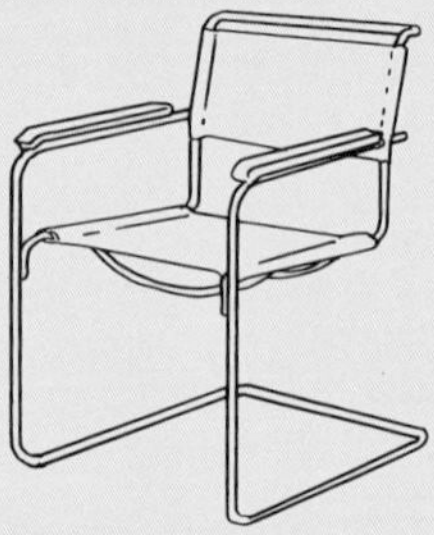

#### Cantilever Chair

キャンティレバー チェア（1933年）

世界初のキャンティレバー構造のチェアを発案。キャンティレバーとは「片持ち」という意味で、片側だけで全体を支える構造のこと。空気の上に座った感覚をデザイン化したものとされ、1本のスチールフレームを曲げた斬新なフォルムが注目を浴びた。

# Mid-Century

ミッド・センチュリー

1940 ～ 1960 年代半ば頃のモダンデザインの様式で、インテリアの黄金期。世界各地で傑作が生まれた。戦後、人々の目は生活用品へと向き、さらに新素材のプラスチックやウレタンの出現、木の新しい加工技術が椅子の開発に拍車をかける。

name

## Finn Juhl

フィン・ユール

[ 1912 ー 1986 年／デンマーク ]

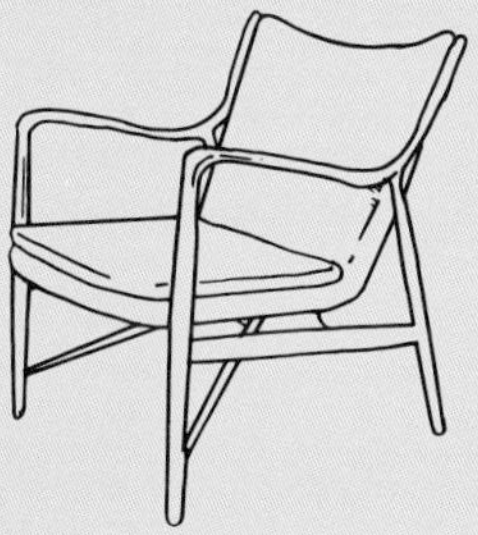

### No.45 Easy Chair

イージー チェア（1945 年）

「世界で最も美しいアームをもつチェア」または「彫刻的」と評されるフィン・ユールの代表作。座面がフレームから浮いているように見える、世界で初めてのデザイン。美しいカーブと座り心地を追求した曲線美、美しい後ろ姿など、再評価高まる椅子。

name

## Alvar Aalto

アルヴァ・アアルト

[ 1898 ー 1976 年／フィンランド ]

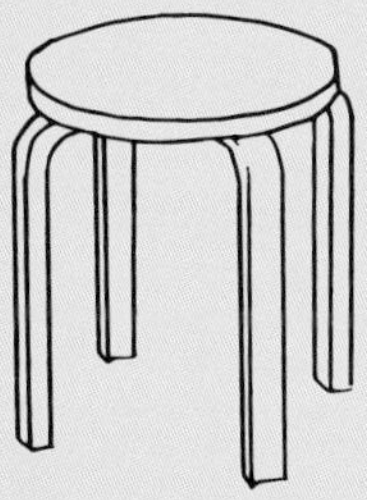

### Stool E60

スツール（1933 年）

アアルトが発表した究極のスツール。フィンランドのバーチ（白樺）材の成形合板で、ウィープリ市立図書館のためにつくった。木材をＬ字形に曲げた「アアルトレッグ」は特許も取得。シンプルで軽量、スタッキングも可能で、実用性にもすぐれた作品。

name

## Carl Malmsten

カール・マルムステン

[ 1888 ー 1972 年／スウェーデン ]

### Lilla Åland

リッラ オーランド（1942 年）

「スウェーデンの家具の父」と呼ばれるデザイナーの代表作。フィンランド・オーランド諸島の教会を訪ねたときにインスピレーションを受けたため、名づけられた。「すべての角はなくすこと」と考え、シンプルであたたかいデザインは世界中で愛されている。

name

## Ib Kofod-Larsen

イブ・コフォード＝ラーセン

[ 1921 ー 2003 年／デンマーク ]

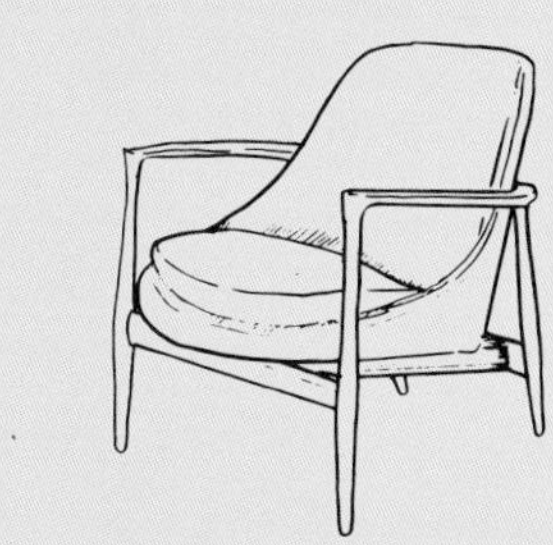

### IL01 Easy Chair

イージー チェア（1956 年）

優美なカーブを描いたアームの形状や小ぶりながら体にフィットするシートなど、考え抜かれた構造とディテール、ムダを省いたデザインは、彼の哲学そのもの。エリザベス女王も購入したことから「エリザベスチェア」と呼ばれ、人気チェアに。

name

## Ilmari Tapiovaara

イルマリ・タピオヴァーラ

[ 1914 ー 1999 年／フィンランド ]

### Pirkka Chair

ピルッカ チェア（1955 年）

木目や節が味わい深いパイン材を使った座面と、スタイリッシュな脚部のコントラストが人気の名作チェア。脚と座面のつけ根で三角を構成することで、強度を高めている。どの角度から見ても美しく、置くだけで絵になる。シリーズでテーブル、ベンチも。

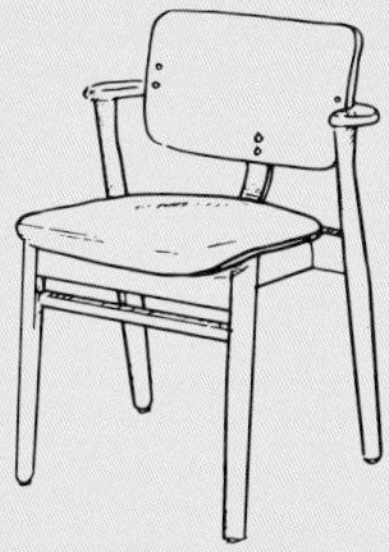

### Domus Chair

ドムス チェア（1947 年）

木のぬくもりを生かした独創的で繊細なデザインで、多くのファンをもつデザイナーの代表作。ヘルシンキの学生寮のためにデザインされ、フィンランドの公共施設でも多く利用された。木の美しい曲線が体に寄り添い、どこか懐かしいデザインも魅力。

# Kaare Klint

コーア・クリント

1888年生まれ、デンマーク王立芸術アカデミーのデザイン部門開設に力を尽くし、1924年から主任教授として就任。過去の歴史や様式を見直して再構築する「リ・デザイン」の考えを広め、アルネ・ヤコブセン、ボーエ・モーエンセンに多大な影響を与えた。

name

## Arne Jacobsen

アルネ・ヤコブセン

[ 1902 – 1971年／デンマーク ]

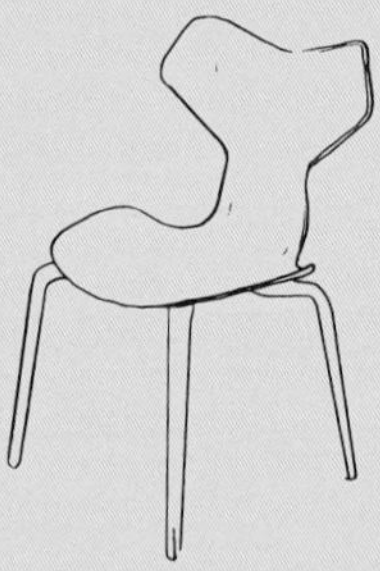

### Grand Prix Chair

グランプリ チェア（1952年）

1957年のミラノ・トリエンナーレに出品され、グランプリを受賞したことから命名された。体のラインに合わせて背面・座面の曲線がより繊細に進化し、Y字形の背もたれはひときわ印象的な表情に。2008年、フリッツ・ハンセン社より復刻された。

### Series 7 Chair

セブン チェア（1955年）

7枚の薄板と2枚の仕上げ板の積層合板から形成される座面・背面の成形合板は、座ったときに体のラインに沿う曲線に。左右に大きく広がった背もたれは、包み込むような安心感がある。ミッドセンチュリーを代表する名作で、ベストセラーアイテム。

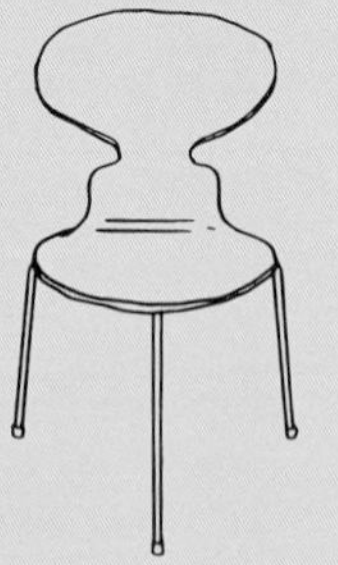

### Ant Chair

アント チェア（1952年）

ノボノルディスク製薬会社の社員食堂のためにデザインされ、背もたれから座面まで一体化された世界初の成形合板の椅子。蟻のような背面の形から「ant（蟻）」と名づけられた。ヤコブセンは3本脚の美しさにこだわったが、没後、4本脚タイプも発売された。

name

## Arne Jacobsen

アルネ・ヤコブセン

[1902 – 1971年／デンマーク]

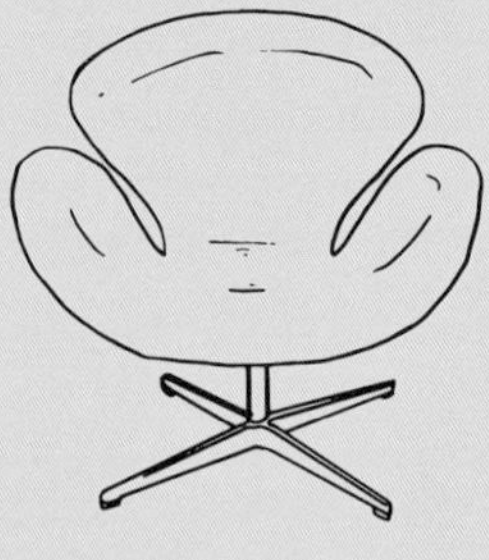

### Swan Chair

スワン チェア（1958年）

エッグチェアと同様、SASロイヤルホテルのロビーやラウンジに現在も現役で愛用されている。ゆったりと優雅に羽を広げた白鳥を思わせる美しいデザインは圧倒的な存在感で、椅子の常識をくつがえした。ソファもあり、ホテルで使用されている。

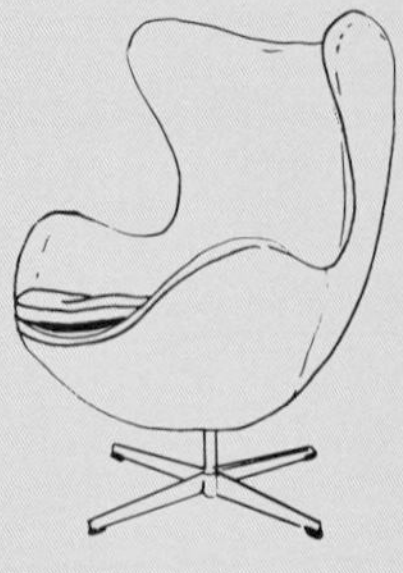

### Egg Chair

エッグ チェア（1958年）

SASロイヤルホテルのロビーやラウンジのためにデザインされ、今もゲストを迎える。当時、画期的な発泡ウレタンを加工して使用し、体をやさしく包み込む安心感のある座り心地を実現。その名のとおり卵の殻のような曲線のフォルムは芸術的でさえある。

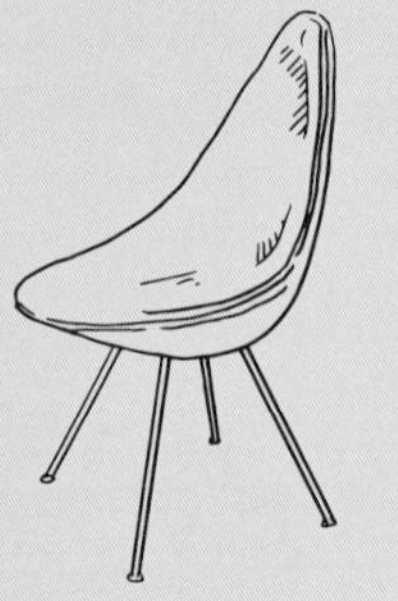

### Drop Chair

ドロップ チェア（1958年）

1960年、デンマーク・コペンハーゲンに誕生した「ラディソンSASロイヤルホテル」は、建物から家具、食器に至るまでヤコブセンがデザインした“世界初のデザインホテル”。このホテルのために200脚のみ製造されたが、2014年、一般発売となる。

# Morgensen × Wegner

**同年生まれの2大巨匠**

デンマーク生まれのモーエンセンとドイツ生まれのウェグナーは、1936〜38年にコペンハーゲン芸術工芸学校家具科で出会う。繊細でアーティスティックな家具をつくるウェグナーと、質実剛健で適正価格をめざすモーエンセン。二人はよきライバルで、親友だった。

name

## Børge Mogensen

**ボーエ・モーエンセン**

［ 1914 － 1972年／デンマーク ］

### Fredericia 2321 Sofa

**フレデリシア 2321 ソファ（1972年）**

装飾をそぎ落としたシンプルで端正なフォルムながら控えめな上品さが漂う、モーエンセンのデザイン哲学そのもののようなソファ。レザーとチーク材のみの組み合わせで、経年変化で風合いを増すレザーの魅力を存分に楽しめる。同シリーズの3シーターも人気。

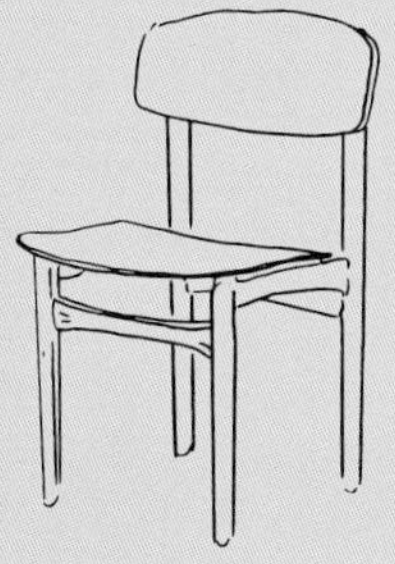

### 1222 Dining Chair

**1222 ダイニング チェア（1952年）**

背もたれと座面に使用されたプライウッドのやわらかな曲線や、全体に丸みを帯びたフォルムがぬくもりのある愛らしい印象を与えている。シンプルなデザインながら、チークとオークの木の質感のコントラストが美しい、実用性にも富んだ一脚。

### J39 Dinig Chair

**ダイニング チェア（1947年）**

「スパニッシュ チェア」（1959年）と並ぶ代表作。「一般市民のために安価で質の高い椅子をつくってほしい」というデンマーク協同組合連合会（FDB）の要望から、5年の歳月をかけて製作した名品。座面のペーパーコード（紙ひも）は職人の手わざ。

name

## Hans J. Wegner

**ハンス・J・ウェグナー**

［ 1914 － 2007年／デンマーク ］

### CH30 Dining Chair

**ダイニング チェア（1952年）**

Carl Hansen & Son 社によって製造された。シンプルで洗練されたデザインのなかに、親しみやすさが感じられる椅子。背もたれに施された、十字のジョイントまでアクセントに。座幅が広めで背当たりもよく、すみずみまで計算された実用的な魅力がいっぱい。

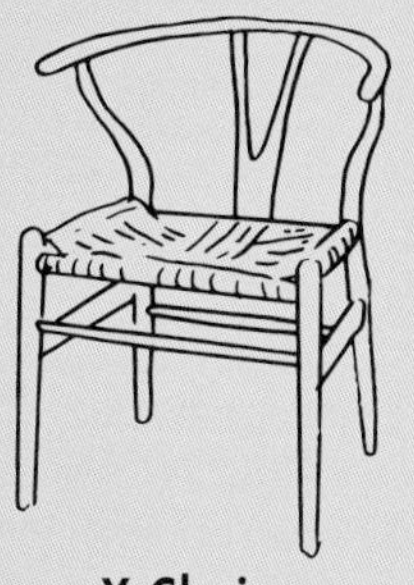

### Y Chair

**ワイ チェア（1950年）**

中国・明時代の木の椅子に触発されてデザインされ、ウェグナーの作品でいちばん売れた名作椅子。やわらかな曲線と背もたれが生み出す美しいライン、ペーパーコードによる抜群の座り心地、使い込むほどにあめ色になるビーチ材などすべてが魅力。

### The Chair

**ザ チェア（1949年）**

アルネ・ヤコブセンの建築事務所を経てデザイナーとなり、生涯に500脚以上を手がけたウェグナーの最高傑作。肘から背中に連なる笠木のラインが美しい。1960年のアメリカ大統領選挙の討論会でケネディが座ったことから、世界中で愛される椅子に。

# Herman Miller

ハーマンミラー社

1905 年に前身のスター・ファニチャー社が創業。1923 年、社長の D・J・デプリーが義父の名前からハーマンミラー・ファニチャー社に改める。イームズのプライウッド製品の専売権を得た 1947 年以来、世界中の卓越したデザイナーたちと名作をつくり続けている。

name

## George Nelson

ジョージ・ネルソン

［ 1908 － 1986年／アメリカ ］

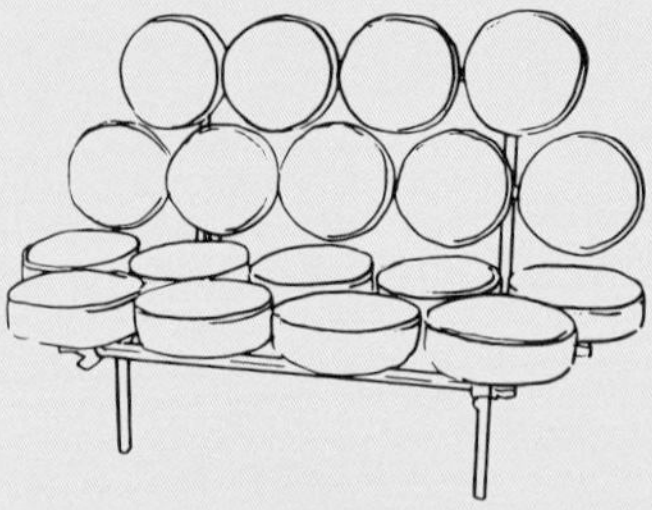

### Mashmallow Sofa

マシュマロ ソファ（1956年）

18 個のクッションを並べ、ポップアートを彷彿させる作品。ネルソンは 1946 年から 20 年間、ハーマンミラー社のデザインディレクターを務め、無名だったチャールズ・イームズ、エーロ・サーリネンらを起用して、世界的な家具メーカーへ成長させた。

name

## Charles & Ray Eames

チャールズ&レイ・イームズ

［ チャールズ：1907 － 1978年／アメリカ ］

［ レイ：1912 － 1988年／アメリカ ］

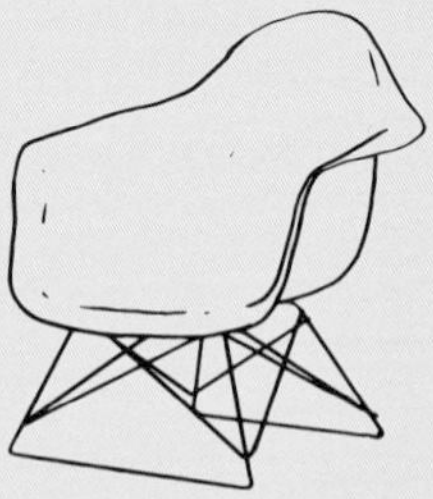

### Shell Arm Chair

シェル アーム チェア（1950年）

新素材・ファイバーグラスを使い、「小さなアパートメントでも使える丈夫で安価な椅子」として製作。包み込まれるような座り心地も魅力。脚のデザインにさまざまなバリエーションがある。ポリプロピレン製のほか、2014 年、新たなファイバーグラス製も復活。

### Plywood Dinig Chair

プライウッド ダイニング チェア（1945年）

1945 年、成形合板の三次元曲面の実用化に成功し、高品質ながら大量生産を可能にした画期的な椅子。以来、現在まで生産を続ける名品。米『タイム』誌から“20 世紀最高のデザイン”に選ばれ、MoMA（ニューヨーク近代美術館）の永久コレクションにも。

name

## Eero Saarinen

エーロ・サーリネン

［ 1910 － 1961 年／アメリカ ］

### Tulip Chair

チューリップ チェア（1956年）

フィンランドで生まれ、13 歳で渡米。美術大学でチャールズ&レイ・イームズと出会い、以後、親交を深める。床から伸びる 1 本の自立する脚は世界初のデザインで、それまでの椅子の概念をくつがえすものだった。NY・ケネディ空港 TWA ターミナルも設計。

name

## Charles & Ray Eames

チャールズ&レイ・イームズ

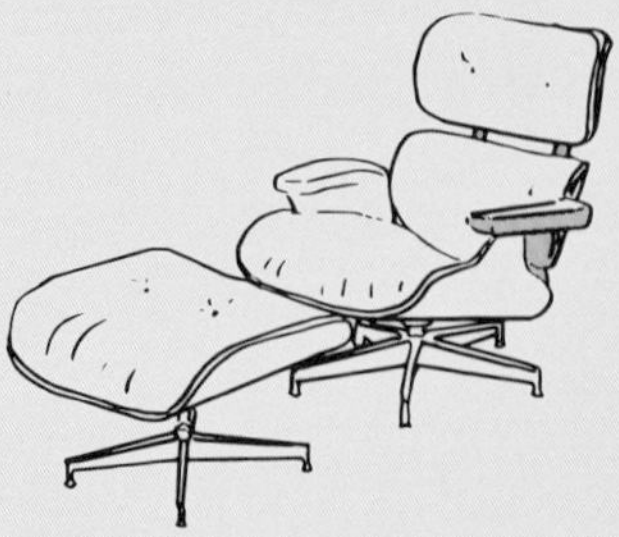

### Lounge Chair & Ottoman

ラウンジ チェア アンド オットマン（1956年）

モダンデザインの象徴ともいわれる作品。友人の映画監督、ビリー・ワイルダーから自宅用の椅子を依頼されてつくった。体にフィットするデザイン、ゆったりとしたレザーに包まれる感覚は至福そのもの。ハーマンミラー社によって今も製造されている。

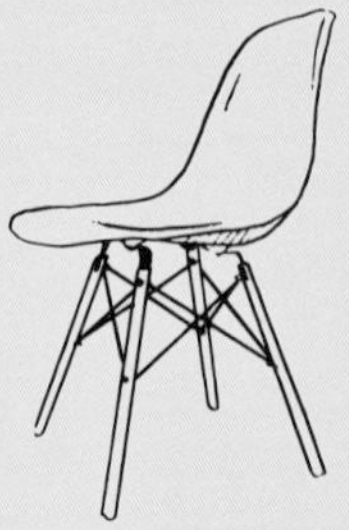

### Shell Side Chair

シェル サイド チェア（1953年）

シェルチェアは「快適さ」「多様性」を意識して製作されたが、この木製レッグ（ドゥエルレッグ）タイプはフロリーングや木製家具との相性がよく、ここ最近、人気アイテムに。2010 年からハーマンミラー社に販売が変わり、木部がナチュラルカラーに。

# Italian Modern

イタリアンモダン

実用性にすぐれているだけでなく、洗練されたテイストをもち、さらにムダのない機能的なフォルムやデザイン理念を有するところに、「イタリアンモダン」の特徴がある。

name

## Mario Bellini

マリオ・ベリーニ

[ 1935 ―／イタリア ]

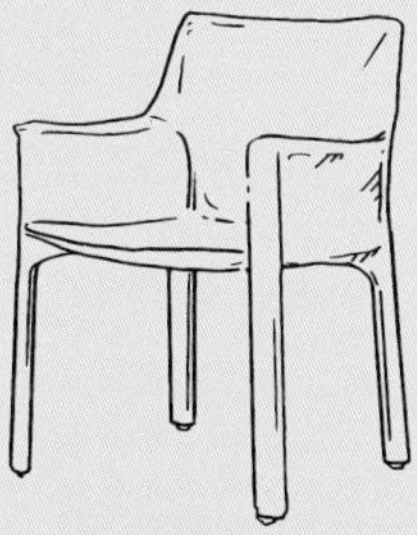

### Cab Arm Chair

キャブ アーム チェア（1977年）

イタリア建築・デザイン界の重鎮、ベリーニの代表作。金属フレームに最高級のなめし革をかぶせるという画期的な発想で構成。フィット感・座り心地ともに高い完成度を実現。

name

## Vico Magistretti

ヴィコ・マジストレッティ

[ 1920 ― 2006年／イタリア ]

### Maui Chair

マウイ チェア（1996年）

シンプルながらエレガントな曲線、カラーバリエーションも豊富で、強度と耐久性にもすぐれ、オフィスやカフェなどの椅子としても人気。カルテル社最大のベストセラーに。

name

## Gio Ponti

ジオ・ポンティ

[ 1891 ― 1979年／イタリア ]

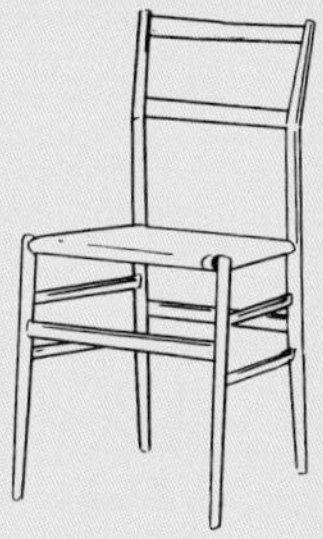

### Superleggera

スーパーレジェーラ（1957年）

「イタリアモダンデザインの父」と呼ばれ、建築・デザイン初の専門誌『ドムス』の創立者。この椅子は1.7kgと超軽量で、椅子の機能と美を極限にまで追求したロングセラー。

# Japanese Modern

ジャパニーズ・モダン

シャルロット・ペリアン、チャールズ・イームズなど海外のデザイナーと交流しながら椅子の知識を高め、日本の素材と技術と文化を生かした日本ならではの名作をつくり出した。

name

## 水之江忠臣

みずのえ ただおみ

[ 1921 ― 1977 年／日本 ]

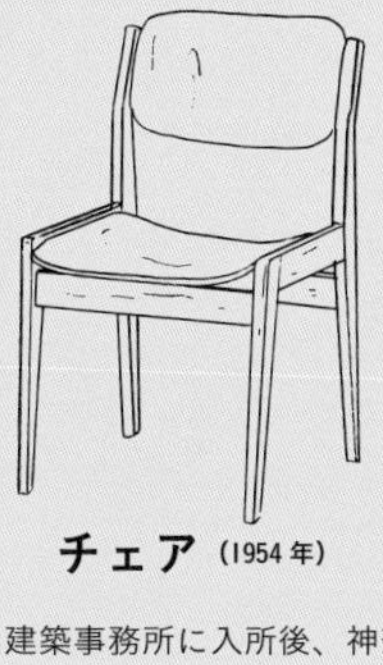

### チェア（1954 年）

前川國男建築事務所に入所後、神奈川県立図書館のインテリアを担当し、閲覧用椅子としてデザインしたもの。その後も100回以上の試作を重ね、家庭用しても発売。

name

## 柳 宗理

やなぎ そうり

[ 1915 ― 2011 年／日本 ]

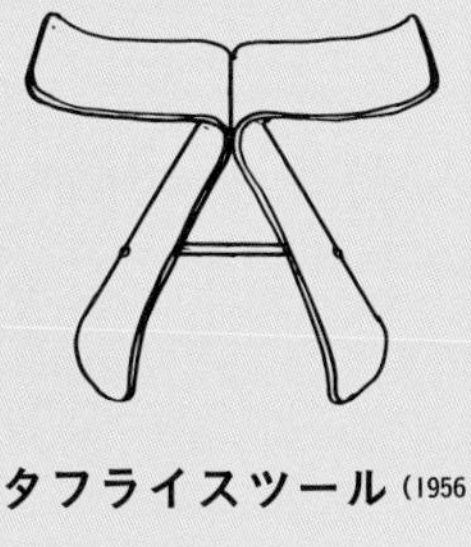

### バタフライスツール（1956 年）

傑作家具として、MoMAの永久コレクションにも選定。2 枚の成形合板を組み合わせた構造は蝶が飛んでいるよう。柳宗理は戦後日本のインダストリアルデザイン界最大の功労者。

name

## 渡辺 力

わたなべ りき

[ 1912 ― 2013 年／日本 ]

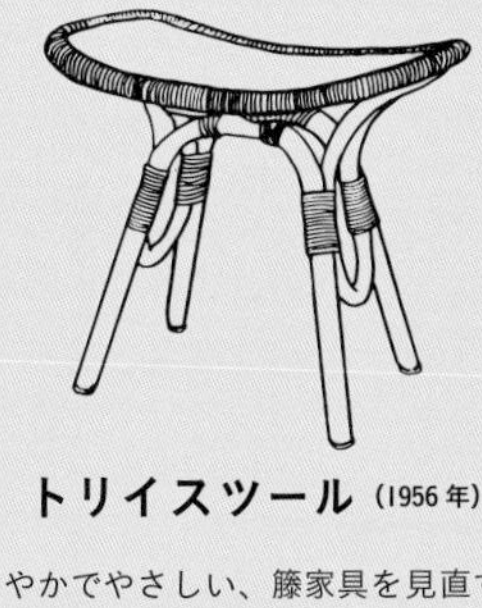

### トリイスツール（1956 年）

しなやかでやさしい、籐家具を見直すきっかけとなった記念碑的な作品。1957 年の第 11 回ミラノ・トリエンナーレで金賞を受賞する。発売以来 50 年近くロングセラーに。

# File.02 ANTIQUE

アンティーク

## アール・デコ

1920~30年頃に流行したデザイン様式。流線形や幾何学的なモチーフが特徴で、機能美を強調している。アール・ヌーボーを単純化する動きが始まりで、その後のモダンデザインのもとになったシンプルなスタイル。

## アール・ヌーボー

19世紀末~20世紀初頭にヨーロッパやアメリカで流行したデザイン様式。シンプルで波打つような曲線や、植物をモチーフにしたデザインが特徴。

## アンティーク

骨董品や古美術品のこと。第2次世界大戦以前に製作されたものを呼ぶことが多いが、輸入関税の法律上、製作後100年を経たものと定義されている。

## ヴィンテージ

製作後100年未満のもので、使い込まれた年月を経て味わいが増し、希少価値のあるアイテム。

## コレクティブルズ

収集品。100年を経たアンティークではないが、ジャンクやユーズド（古道具）と呼ぶにはもったいないものを、アメリカではコレクティブルズと呼ぶ。

## ジャンク

中古品、がらくたのこと。長年使い込まれた家具や道具、器などをさす。また、本来の機能を失ったパーツや、中古品を組み合わせてつくったアイテム、規格はずれのインテリアのこともいう。

## ブロカント

フランス語で、古道具のこと。主に欧州の骨董品のことをさすことが多い。

## リプロダクション

版権が切れてしまった製品を、正規メーカー以外が復元した製品のこと。英国では材料から構造、細部のデザインまで忠実に復元された家具をさすが、日本ではクラシック風に価格を抑えながら復元された家具のことが多い。「ジェネリック」「レプリカ」ともいう。

### 16世紀以降のイギリスの歴史と様式の変遷

| | イギリスの統治者 | スタイル区分 | 様式 | よく使われた材質 | ほかの欧米諸国 |
|---|---|---|---|---|---|
| 16世紀 | ヘンリー8世 (1491-1547) | チューダー | ゴシック | オーク | ルネッサンス様式（イタリア） |
| | エドワード6世 (1537-1553) | | | | ルネッサンス様式（フランス） |
| | メアリー1世 (1516-1558) | | | | |
| | エリザベス1世 (1533-1603) | エリザベシアン | | | バロック様式（イタリア） |
| 17世紀 | ジェームズ1世 (1603-1625) | ジャコビアン | ルネッサンス | ウォールナット | バロック様式（フランス） |
| | チャールズ1世 (1625-1649) | | | | |
| | 共和制 | クロムウェリアン | | | |
| | チャールズ2世 (1660-1685) | 王政復古 | バロック | | |
| | ジェームズ2世 (1685-1688) | | | | |
| | ウィリアム3世 & メアリー2世 (1689-1702) | ウィリアム & メアリー | | | ロココ様式（フランス） |
| 18世紀 | アン (1702-1714) | クイーン・アン | | | コロニアル様式（アメリカ） |
| | ジョージ1世 (1714-1727) | アーリージョージアン | ロココ | マホガニー | |
| | ジョージ2世 (1727-1760) | | | | |
| | ジョージ3世 (1760-1820) | ジョージアン | ネオ・クラシック エクレクティック など | | アンピール様式（フランス） |
| 19世紀 | 摂政政治 | リージェンシー | | | ビーダーマイヤー様式（ドイツ） |
| | ジョージ4世 (1820-1830) | | | | |
| | ウィリアム4世 (1830-1837) | | | | シェーカー様式（アメリカ） |
| | ヴィクトリア (1837-1901) | ヴィクトリアン | アーツ・アンド・クラフツ | | アール・ヌーボー様式（フランス） |
| 20世紀 | エドワード7世 (1901-1910) | エドワーディアン | モダン | | |

# 18 & 19th Interior Style

今も注目のインテリア様式

ヨーロッパ家具における「クラシックスタイル」は、17世紀後半のフランス・ロココ様式以降のものがほとんど。今、注目したいヨーロッパのインテリア様式を紹介します。

## Biedermeier

ビーダーマイヤースタイル
［19世紀前半～／ドイツ］

19世紀前半、ドイツ・オーストリアで広まった家具様式のこと。反貴族趣味ながら優美な曲線を残し、豪華絢爛さや装飾過多を排して素材のもつよさを生かした。シンプルで良質、実用美というポリシーが受け入れられた。

## Sheraton

シェラトンスタイル
［18世紀後半～／イギリス］

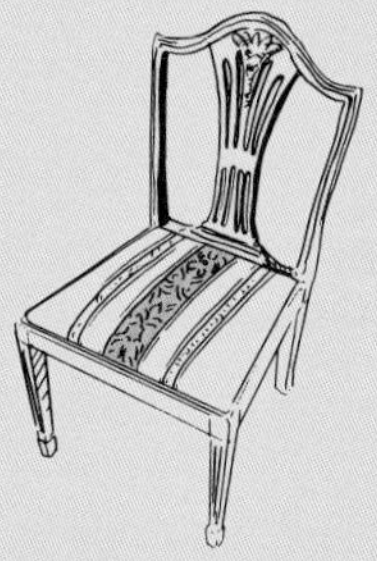

18世紀後半から19世紀前半にかけて、イギリスの家具作家、トマス・シェラトンに代表される家具様式のこと。垂直線をとり入れた軽快なフォルムに、装飾モチーフとしてバラ、壺、花飾りが多く、脚は線が細くなっている。

## Chippendale

チッペンデールスタイル
［18世紀中頃～／イギリス］

イギリスの家具作家、トーマス・チッペンデールにちなんだ、18世紀中頃の家具様式のこと。フランス貴族のロココ調や中国趣味のシノワズリなどの影響を受け、華麗さと気品、実用性を両立させたデザインが特徴。

# Popular Antique

今も人気の高いアンティーク

北欧をはじめとするモダンデザインの家具デザイナーや大衆的な家具メーカーにも影響を与え、現在にいたるまで人気の高いアンティーク家具について説明します。

## Lloyd Loom Chair

ロイドルームチェア
［1917年～／アメリカ］

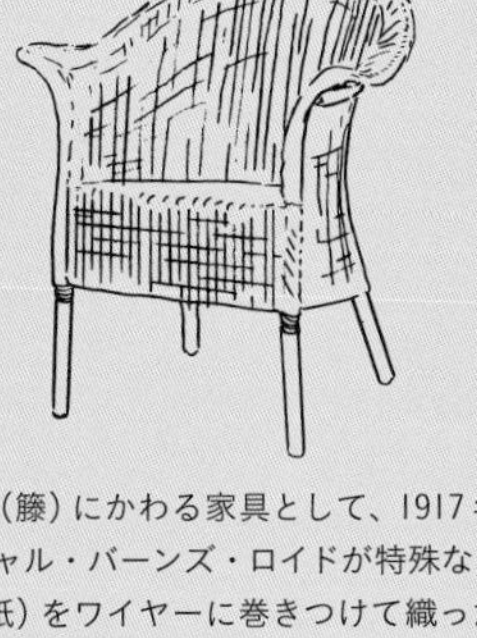

ラタン（籐）にかわる家具として、1917年にマーシャル・バーンズ・ロイドが特殊なクラフト（紙）をワイヤーに巻きつけて織ったエレガントな家具を開発。1922年に英国で製造販売され、またたく間に世界中に広まった。

## Shaker Chair

シェーカーチェア
［18世紀後半～／アメリカ］

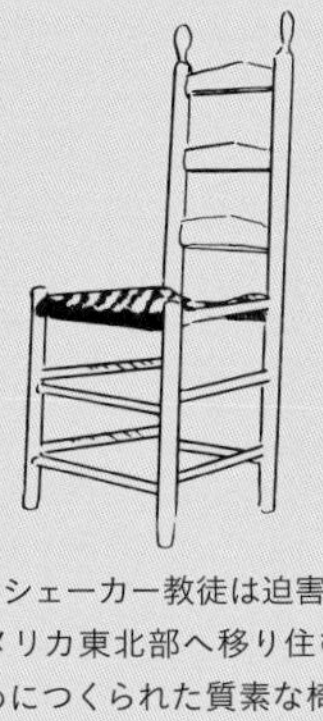

イギリスのシェーカー教徒は迫害を受け、18世紀にアメリカ東北部へ移り住む。そこで生活のためにつくられた質素な椅子のこと。背もたれがはしご状で、座面にはやわらかい綿テープが市松に張られているのが特徴。

## Windsor Chair

ウィンザーチェア
［17世紀後半～／イギリス］

17世紀後半、農民が自ら使うために木を伐採してつくった椅子がその原点。王侯貴族の好む装飾がなく、丈夫でムダのないデザインで、無名の人々によって長年改良されてきた。背にある何本ものスポークが特徴。

# Public Antique

公共施設で使われた人気アンティーク

学校や教会、カフェやレストランなどで使われていた椅子は、デザインも構造もシンプルで、つくりが丈夫、実用に徹した機能美が人気。一般住居で愛用する人がたくさんいます。

## Thonet Chair

トーネットチェア

1842年に特許を取得した「曲げ木」技術による曲げ木椅子のこと。山林近くに工場をつくり、製造を分業して大量生産した。特に1859年に発売した「No.14」は大ベストセラーになり、今日なお生産されている。

## Church Chair

チャーチチェア

19世紀頃から教会でよく使われたことから名前がついた。背面に十字架が入ったデザインや、聖書ボックスのあるタイプは人気。下についた2本のストラップ（桟）は、後ろの人が荷物を置く台として使われていたという。

## School Chair

スクールチェア

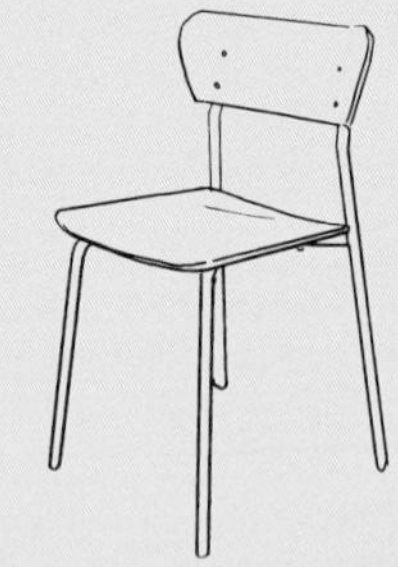

学校で児童が座ることを目的としてつくられたチェアの俗称で、ここ最近、アンティーク家具として人気が高い。時代や国によってデザインはさまざまだが、シンプルなデザインで丈夫な構造、スタッキングできるものが多い。

# ercol

アーコール社

1920年、家具デザイナーのルシアン・アーコラーニが、ウィンザー家具の中心地ハイウィッカムに設立した木工家具メーカー。軽くて丈夫、繊細で美しいデザインが人気の秘密。

## Windsor Kitchen Chair

ウィンザー キッチン チェア

「スティックバックチェア」とも呼ばれるロングセラー家具。背もたれのスティックが座面下のベースで固定されて、後ろ姿まで美しいデザイン。コンパクトで軽くて丈夫で美しいチェアは、ダイニングに最適。

## Stacking Chair

スタッキング チェア

1957年、積み重ねられる機能をシンプルなデザイン性のなかで追求して開発された名作。のちに、英国でスクールチェアとしてさまざまなサイズで生産され広まったため、アーコールチェアの代名詞となる。

## Windsor Quaker Chair

ウィンザー クエーカー チェア

1本の木材をアーチ状にしなやかに曲げた「ボウバック（弓形の背もたれ）」のラインが最大の特徴。背もたれが高く、くつろいで座れるため、ダイニングチェアとして人気。ほかの家具と相性がいいのも大きな魅力。

# File.03 FURNITURE TERMS

家具の用語

**アームチェア**
肘かけがついた椅子。

**アームレスチェア**
肘かけがついていない椅子。

**イージーチェア**
背もたれを傾斜させて肘かけをつけた休息用の椅子。普通の椅子にくらべて座面が低く、座軸と肘幅は広く、背面の傾斜が大きいのが特徴。クッション性も高い。安楽椅子。

**ウィングチェア**
耳つき椅子。ハイバックチェアのなかでも、背もたれ上部の両側が耳のように前方に突き出た休息用の椅子。

**エクステンションテーブル**
天板のサイズを変えられる伸長式テーブル。バタフライやドローリーフテーブルなど、しくみにより名称が違う。

**オットマン**
足をのせるためのスツール。全体を張りぐるみにしたもので、ソファやイージーチェアの前に置いて使う。または、厚く詰め物をした長椅子。

**カウチ**
片側または両側に低い背もたれと肘かけがついた休息用の寝椅子。

---

**カップボード**
食器を収納する戸棚。間仕切りを兼ねた両面使用のタイプをハッチと呼ぶ。

**キャビネット**
食器棚や飾り棚、たんす、小型の整理箱、保管庫など、収納家具。

**クローゼット**
主に衣類を収納するスペース。一般的に押入れより奥行きが浅いものが多い。

**コレクションテーブル**
テーブルの天板にガラスがはまり、収納物をディスプレイできるテーブル。

**コンソールテーブル**
壁につけて置く小さな装飾テーブル。花瓶や胸像を飾る台として18世紀初頭に登場した。

**サイドテーブル**
ソファやチェアなどの横に置く補助テーブル。

**サイドボード**
リビングに置く、低く横長の飾り棚のこと。食器棚もさす。

**スタッキングチェア**
積み重ねができる椅子。収納や運搬をするときにも便利。

---

**スツール**
背もたれと肘かけのない椅子。化粧用や補助用などに使う。座《ざ》高《たか》を高くしたものは、ハイスツールという。

**ソファベッド**
背もたれを倒すなどして、ベッドとしても使用できるソファ。

**チェスト**
衣類や小物類を収納する箱型の家具。現在は引き出しつきの収納家具をいう。高さによって、ハイチェスト、ローチェストに分けられる。腰かけられるベンチチェストもある。

**ディレクターズチェア**
木のフレームにキャンバス地を張った、折りたたみ式の椅子。

**デイベッド**
寝台兼用のソファ。

**デッキチェア**
木や金属パイプの枠に綿や麻などの厚地の平織り布を張った、折りたたみ式の肘かけ椅子。

**ネストテーブル**
同じデザインのサイズ違いのテーブルが入れ子の組になったもの。必要に応じてとり出して使える。

---

**バタフライテーブル**
エクステンションテーブルの一種で、天板のサイドに補助天板が下がり、羽のように持ち上げて広げるテーブル。

**ビストロテーブル**
円形の天板に一本脚がついた、小さなテーブル。

**ユニット家具**
箱や棚、引き出しなどのパーツを自由に組み合わせてつくる家具のこと。

**ライティングビューロー**
下部はチェスト、上部は扉つきの書棚や飾り棚などになっていて、扉を手前に倒すと書き物用の机になる。

**ラック**
物を飾ったり収納したりする棚や台などの総称。

**ラブチェア**
2人がけのソファ。斜めに向かい合うように席がつくられたものと、隣に腰かけるものとがある。ラブシート。

**リクライニングチェア**
背もたれの角度を変えられる椅子。

**ロッキングチェア**
前後に揺れる構造の椅子。

# File.04 INTERIOR ELEMENTS

家の造作

**アティック（グルニエ）**
屋根裏の空間を利用した部屋のこと。趣味の部屋や子ども部屋にすることが多い。フランス語でグルニエ。物置用の屋根裏部屋や倉庫の上の階などは、ロフトという。

**アプローチ**
道路から各住宅の玄関までをつなぐ通路。玄関前の屋根のある車寄せは、ポーチという。

**アルコーブ**
部屋の壁面の一部をへこませてつくった、小さなくぼみ状の空間。書斎やベッドを置く場所に用いられることが多い。和室の床の間もアルコーブの一種。アルコーブは床面からへこませるが、小さく壁をへこませた部分はニッチという。

**落とし掛**
和室で、床の間の上にある小壁の下にかけ渡す横木。

**オブジェ**
物体、対象の意で、芸術性をもたせた作品や象徴的なもの。

**笠木（かさぎ）**
手すりや塀などの上部につける仕上げ材のこと。笠のように張り出すデザインのため、このように呼ぶ。

**キット**
組み立て式の家具や模型に使われるひと組の材料。工具が含まれることも。

**クラフト**
手仕事によってつくられた作品、手工芸品。職人による手作り品。

**腰壁**
上部はクロス張り、下は板張りなど、上下で違う仕上げをする場合の下の壁をさすときに用いる。

**コーニス**
壁などを区切る帯状の装飾。洋風の建築や家具デザインでよく使われる。

**コンサバトリー**
植物を寒さから守る温室として、18世紀のイギリスで生まれたもの。現在は、植物を置くだけでなく、人もくつろぐ空間として使われるように。外で過ごす気持ちよさと、家の中の快適さをあわせもつ、自由度の高いスペース。

**コントラクト**
公共施設向けの製品のこと。カーペット、カーテン、家具など各種ある。

**サニタリー**
洗面所や浴室、トイレなど、衛生のための空間。

**シーリングファン**
プロペラ状の羽根がついた、天井扇。天井付近の空気を拡散する効果がある。

**書院**
書院造りの和室の重要な構成要素のひとつ。出書院（付け書院）と平書院（略式）とがある。

**スキップフロア**
半階ずつ高さをずらして床を設けた住まいの構造のこと。段差をつけながら空間をつなぐため、視界が広く、立体感のある空間になる。

**タペストリー**
壁かけ用織物のこと。装飾的に使われることが多いため、色柄は絵画に近いものが多く見られる。

**床框（とこがまち）**
和室の床の間で、畳との段差にとりつけた横木。

**床柱（とこばしら）**
床の間と床脇の間に立てる化粧柱のこと。

**デン**
薄暗い部屋あるいは趣味の部屋、こぢんまりした私室などをさす。もとは隠れ家、穴ぐらという意味。北米の住宅ではよく見られるスペース。

**ニッチ**
花瓶や雑貨を飾ることができるように壁の一部をへこませた部分。

**ヌック**
心地よい隠れ場所という意。簡単な食事やお茶、趣味などを楽しむことができるスペースをさすことも。

**バスコート**
夕涼みなどができるように浴室の外に設けられた空間。

**パティオ**
スペインの住宅建築に見られる中庭。建物で周囲を囲まれていて、小型の噴水や井戸を設けるのが特徴。

**バルコニー**
建物の外壁の一部から突き出した、地面から離れて屋根のない屋外空間。地面についているとテラス、屋根がついたものはベランダという。

**幅木**
壁の一番下の部分と床との間にとりつける横板。壁と床のおさまり部分を美しく見せ、汚れや傷から守る役目も。木製や塩化ビニール製が多い。

**梁（はり）**
屋根や上階の重みを支えるために横に

## 洋室のインテリアエレメンツ

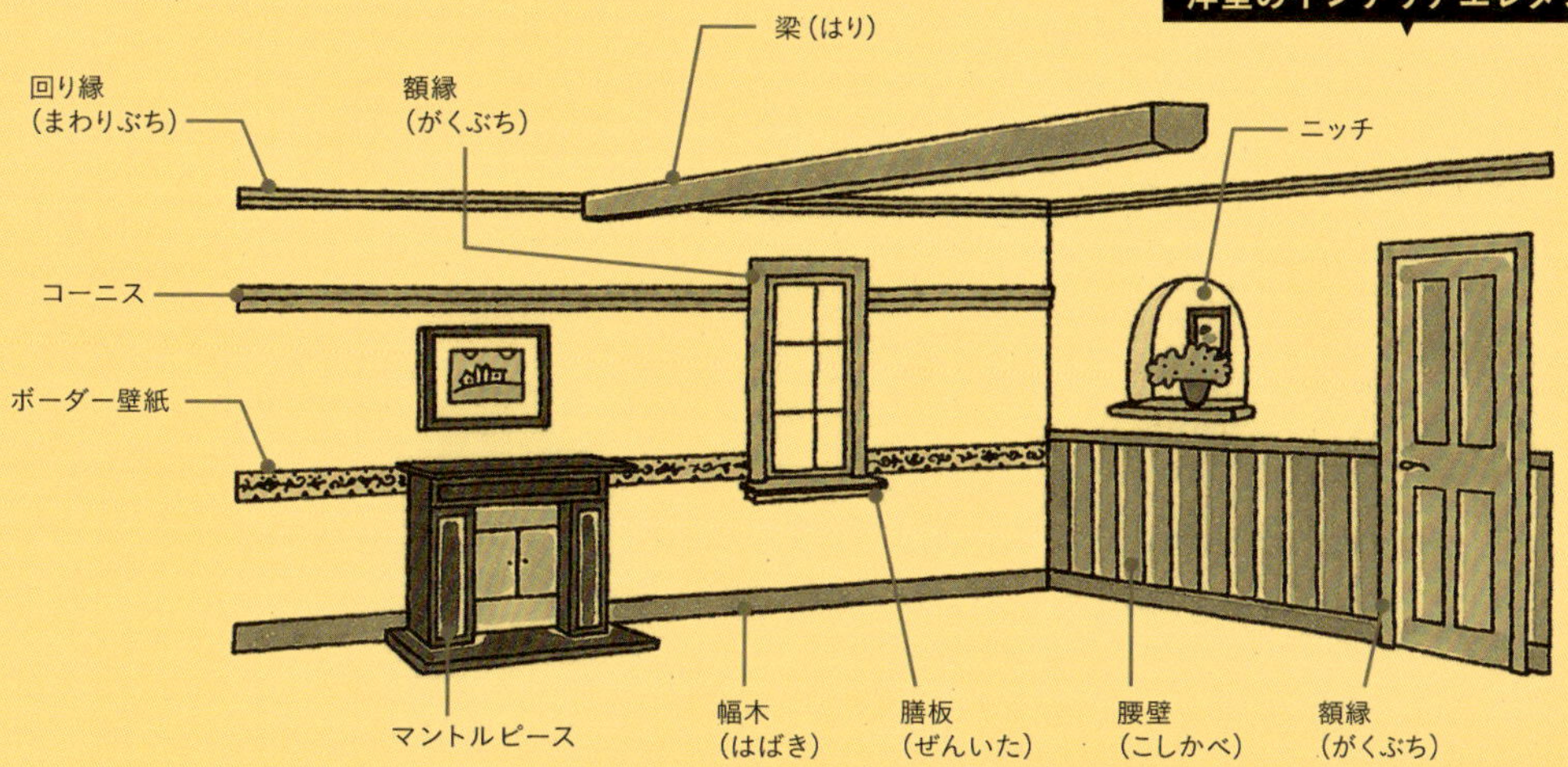


## 和室のインテリアエレメンツ

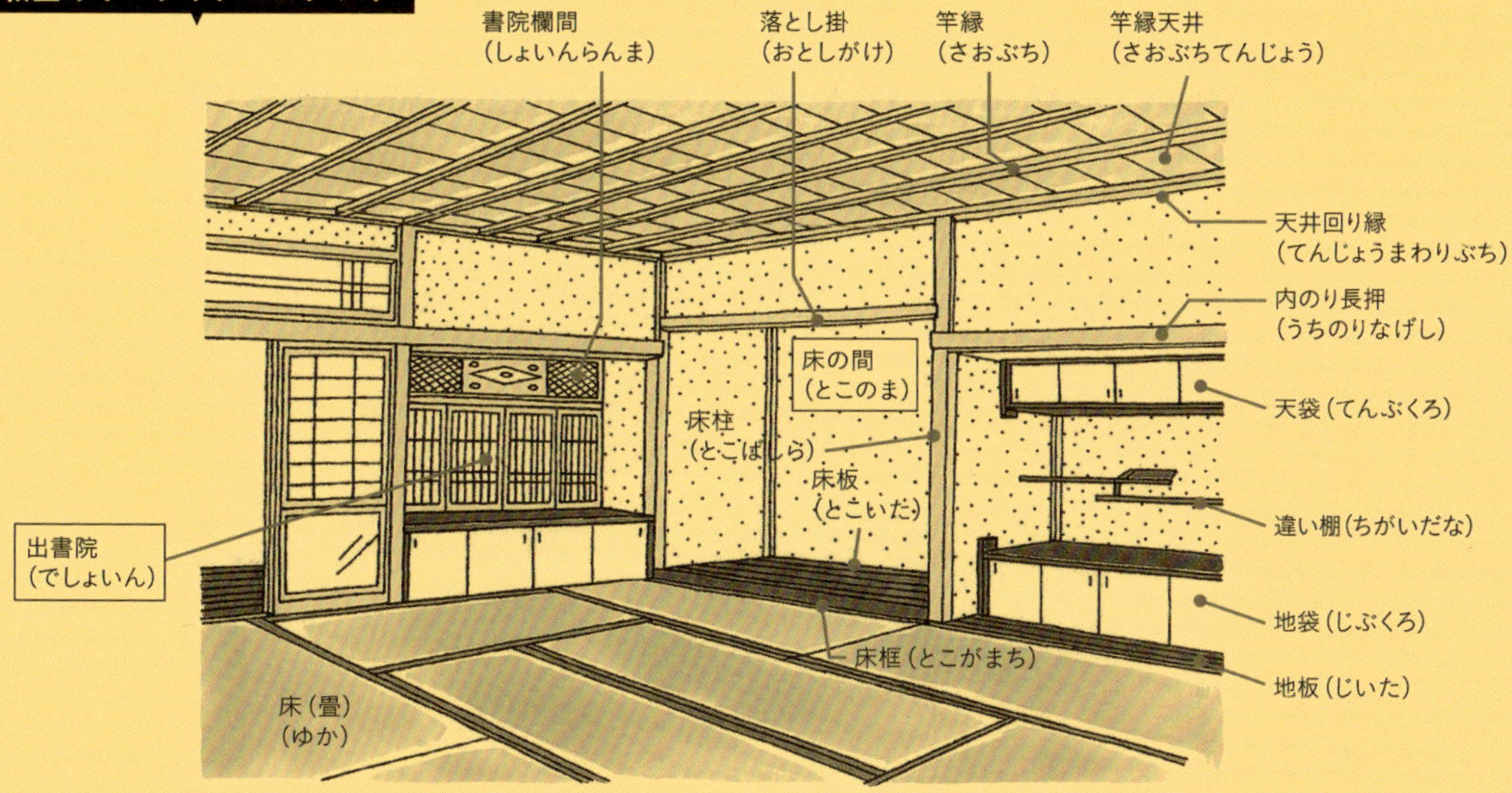


渡す構造材。装飾用にあとからつける梁を、化粧梁（つけ梁）という。

**吹き抜け**
室内で2層以上にわたって設けられる空間。上階の床がなく、天井の高い住宅構造。開放的な雰囲気を演出できる。

**回り縁**
天井と壁の間にとりつける横木。天井と壁の仕上げを美しく見せる。

**マントルピース**
壁づけの暖炉につける前飾りのことで、焚き口のまわりを囲む飾り枠をさす。

**水回り**
キッチンや洗面所、トイレ、浴室など、水を使う場所のこと。

**メゾネット**
中・高層の集合住宅で、一つの住戸が2層以上で構成されたもの。

**モールディング**
額縁や回り縁で、内装や家具の飾りとしてつけられる帯状の装飾品。

**ユーティリティ**
洗濯やアイロンがけなどの家事を行うスペース。主婦の個室としても使われることが多い。

# File.05 INTERIOR MATERIAL

材質・内装材

**アクリルラッカー**
アクリル樹脂を使った塗料。速乾性があって丈夫なので、家具の仕上げ材として広く使われる。

**アンティーク仕上げ**
アンティーク風の雰囲気を出すため、人工的に古い時代の仕上がりに見せたり経年変化を演出したりする加工方法。

**ウレタン塗装**
ポリウレタン樹脂塗料を塗った仕上げ。表面に透明な膜ができて光沢があり、傷や汚れ、熱や水に強くて手入れがラク。木の質感が感じられないことも。

**ウレタンフォーム**
ポリウレタン樹脂を発泡させた、スポンジ状のクッション材。椅子やソファの充てん材として多く使われる。

**Sバネ**
鋼鉄線をS字形に曲げて、弾力性を出したバネ。椅子やソファの背もたれの基部や座面に使われる。

**MDF**
ミディアムデンシティファイバーボードの略。木のこまかい繊維を高温高圧で圧縮し、板状にしたもの。表面が平滑で加工性が高く、家具や建具の芯材に多く使われる。

**オイル仕上げ**
亜麻仁油や天然樹脂をベースにしたオイルを使った仕上げ。塗膜ができず、木目が生かされたナチュラルな仕上がりになるが、傷がつきやすい。

**オイルステイン**
木材の着色剤。揮発性溶剤に顔料と亜麻仁油などを混合したもの。木の内部にしみ込ませて着色するため、木目を生かした仕上がりになる。

**木地**
塗装をしない、木肌そのままの地質。

**キャッチ**
扉を閉めたときに開かないようにする金具。スプリングやマグネットを利用したものがある。

**キャンバス**
綿や麻を使用した厚地の平織物。椅子の張り地に使われる。

**クッションフロア**
ビニールコーティングしたクッション性のある床材。防水性が高く、トイレや洗面所など水回りに多く用いられる。

**クロス**
壁紙。紙製、ビニール製、布製などがあり、色柄が豊富。

**珪藻土（けいそうど）**
海や湖に生息している珪藻（プランクトン）の死骸が堆積し化石化した土で、有害物質を含まない、体にやさしい素材。粒子に無数の微細な穴があいているため、断熱・保温性をはじめ、遮音性、吸・放湿性なども高い。

**化粧合板**
合板の表面を美しく仕上げるために、各種手法で加工したもの。なかでも、薄くスライスした銘木などを張って、一見無垢材のように仕上げたものは、天然木化粧合板と呼ばれる。

**合成皮革**
人工皮革。合成樹脂からつくられた、皮革に似た素材。変色せず耐汚性にすぐれるが、天然皮革に比べて通気性や吸湿性は劣る。

**合板**
薄くスライスした木材を、繊維方向を変えて接着剤で何枚も張り合わせたもの。ベニヤ板、プライウッド。

**漆喰**
壁の左官仕上げ材で、消石灰に、わらすさなど繊維や糊を配合して水で練り上げたもの。調湿機能があり、左官仕上げ材特有のあたたかみがあるテクスチャーのよさが見直されている。

**集成材**
厚さ2・5〜5㎝のブロック状の木材を、繊維方向と平行に接着剤で張り合わせたもの。比較的安価で、強度が均質な点が長所。ドア枠など造作・構造用や家具に見られる。

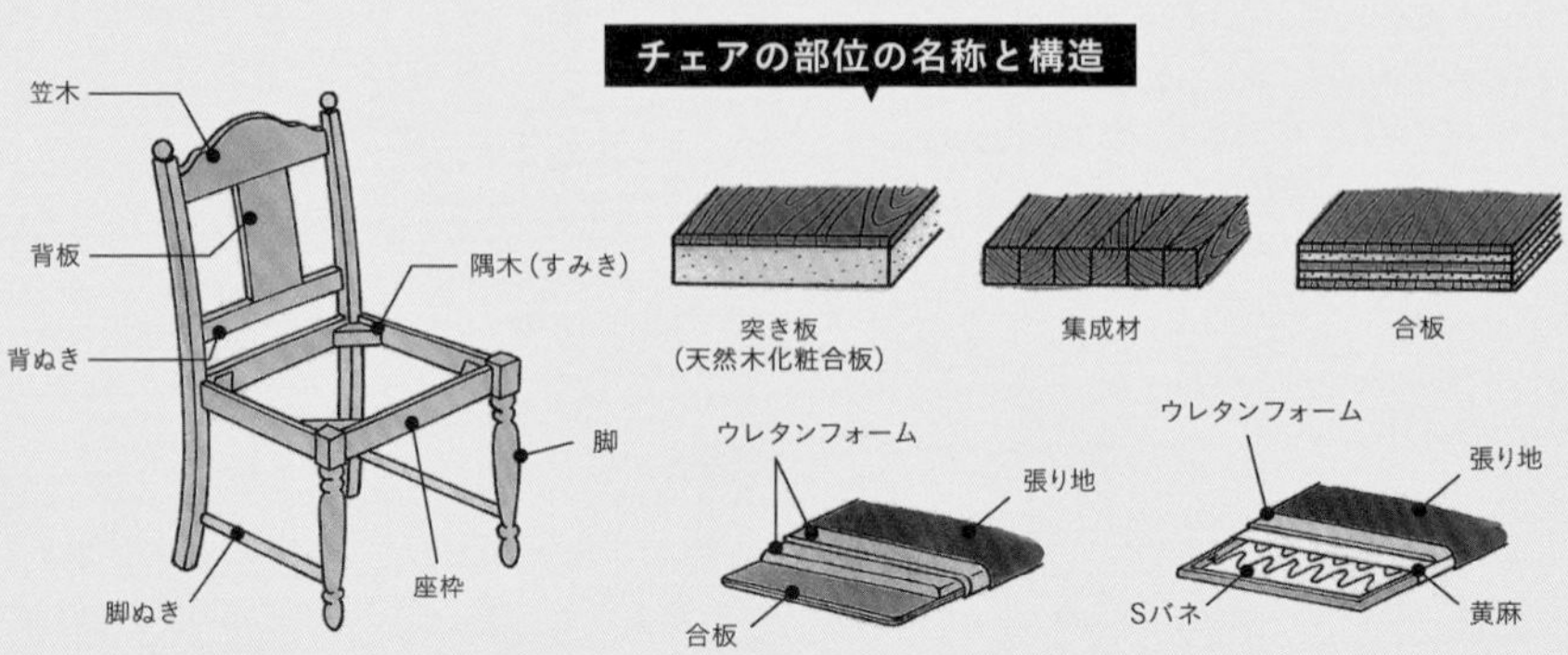

**白木**
塗料をしない、木地のままの材。

**スチール**
鉄、鋼鉄。

**隅木（すみき）**
椅子の構成部材のひとつ。座枠を補強する役目をもち、接着剤と木ネジの併用で固定することが多い。

**スライドレール**
引き出しの開閉をスムーズにするための金具。レール部分には引き出しを軽くするボールベアリングやホイールが入っていて、耐荷重や引き出し量によってさまざまなタイプがある。

**背板**
家具の後ろの部分の板。

**ダボ**
2つの部材のずれを防ぐために接合箇所に穴をあけ、さし込む小さな丸棒。収納家具で棚板の高さや間隔を調節するものを、棚受けダボという。

**蝶番（ちょうつがい）**
扉の開閉の軸になる金具。ヒンジ。

**突き板**
合板の化粧張りに使う、薄くスライスした天然木のシート状の単板。

**テラコッタ**
素焼き。

**天板**
テーブルやチェストなどの最上部の板。甲板。

**ブラス**
真鍮。銅と亜鉛の合金。

**プリント化粧板**
木目などを印刷して樹脂加工した紙を、合板に張って仕上げた板。

**収納家具の部位の名称と構造**

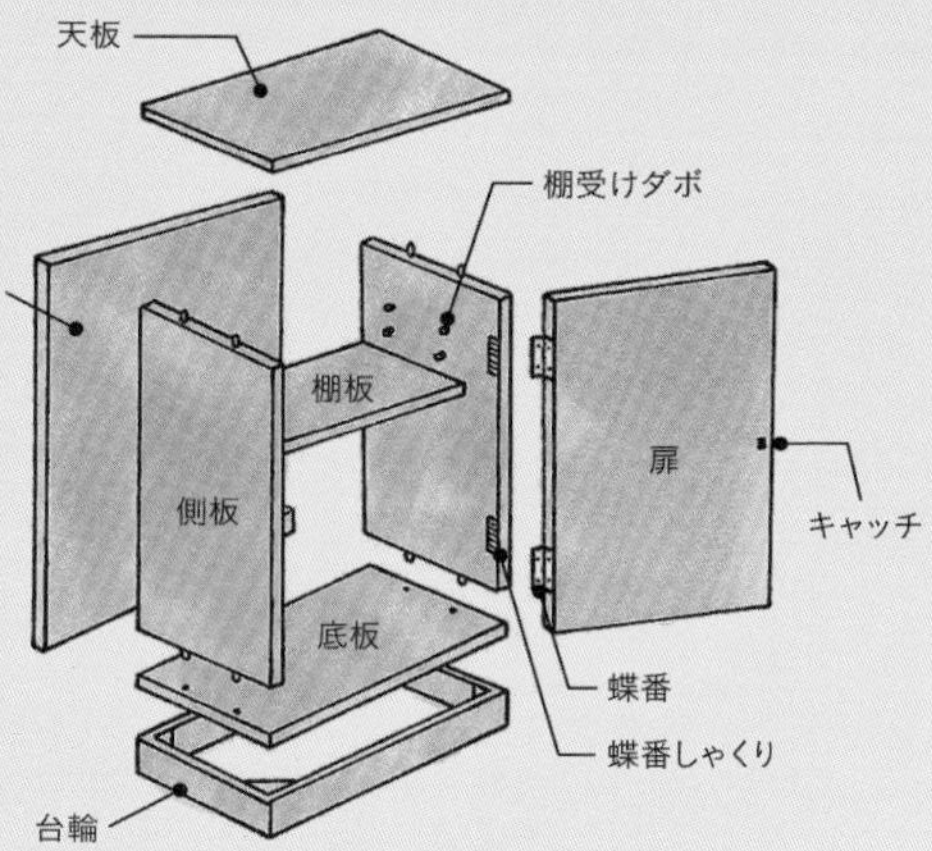


**ソファの構造例**

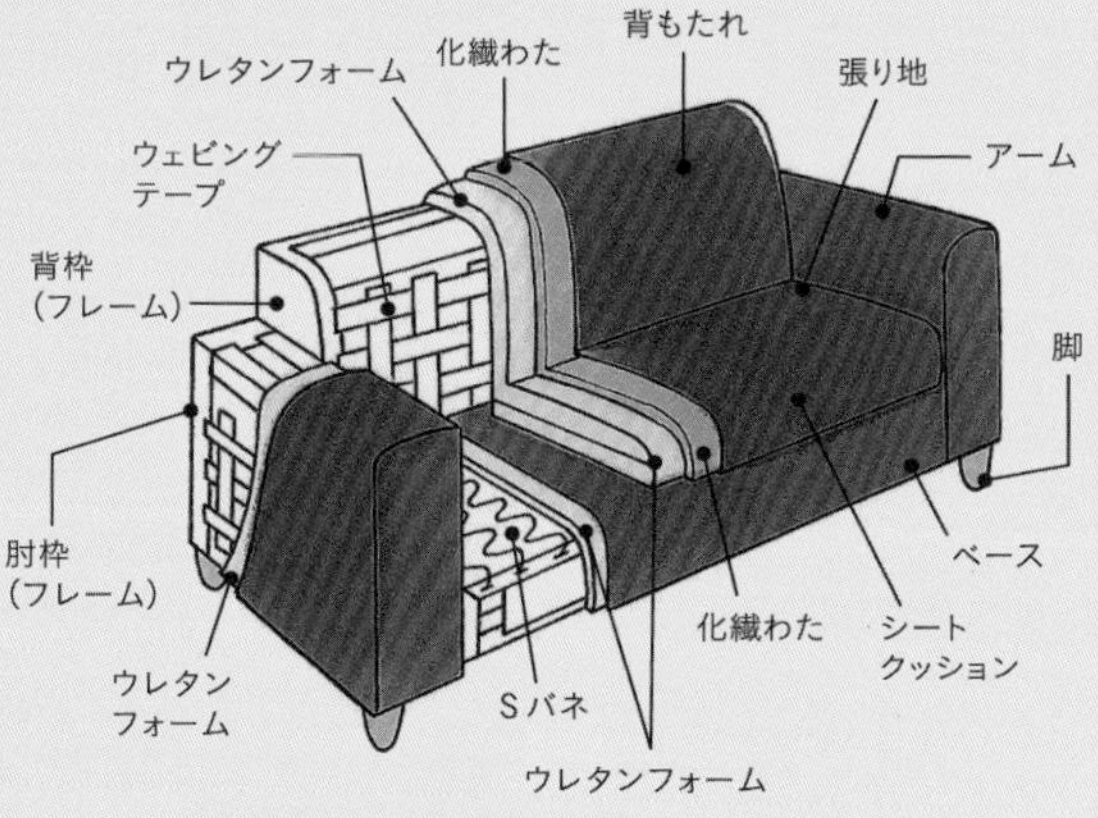


**フローリング**
板や木質系素材からなる床板。現在は、1枚ずつ張らず、1つのパターンになったパネルを張る場合が多い。

**柾目（まさめ）**
年輪が平行になってあらわれた木目。反りや狂い、割れが少ない。

**無垢材**
何も張り合わせたりまぜたりしない材木。木の味わいや魅力を味わえるが、高価。乾燥によって反りや割れが起きやすいというデメリットも。

**メラミン樹脂**
プラスチックの一種。耐水性や耐熱性にすぐれ、加工しやすいのでテーブルトップに使ったり、塗装材として家具の仕上げに用いられる。

**ラッカー塗装**
樹脂などを溶かした透明の塗料で、木の表面に膜をつくる仕上げ。光沢はあるが、膜が薄いので耐久性は劣る。木の質感は感じられる。

**ワックス仕上げ**
天然素材をベースにしたワックスを塗る仕上げ。木の内部にしみ込むが、表面にろうの成分が残るので、水や汚れを防ぐ。年1〜2回塗り直しが必要。

# File.06 LIGHTING

照明

**間接照明**
壁面や天井を照らして、明かりのやわらかさや装飾的な効果をねらう照明。

**蛍光灯**
放電によって発生する紫外線が、ガラス管内の蛍光物質を刺激して光を放つ光源。白熱電球に比べて電気代は経済的。寿命が長い。

**コーブ照明**
天井や壁の隅のくぼみに光源を隠し、天井を明るく照らす間接照明のこと。

**シャンデリア**
複数の電球をつけた、天井から吊り下げるタイプの照明器具。

**シーリングライト**
天井に直接とりつける照明。天井埋め込み型と直づけ型がある。広い範囲を均等に照らすので、全体照明に使う。

**スポットライト**
壁面の絵や棚の上のものなど特定の場所を照らし、アクセントとして使う照明。集光性が高く、対象物を効果的に引き立たせる。

**全体（全般）照明**
部屋全体を平均的に照らす照明で、ベース照明ともいう。

**ダウンライト**
天井に埋め込む小型の照明器具。器具が埋め込まれて目立たないため、空間がすっきりとする。

**ダクトレール**
天井に設置してスポットライトなどをとりつけるためのレール。ライトはレールの任意の位置につけることができる。ライティングダクト（レール）ともいう。

**電球形蛍光灯**
白熱電球とほぼ同じ形状の蛍光灯。白熱電球とくらべ高価だが長寿命。

**白熱電球**
フィラメントを高温に熱することで光を放つ光源。蛍光灯にくらべてあたたかみのある光で、調光が簡単にできるが、電気代はかかる。高熱をもち、寿命は短い。安価なのも特徴。

**ハロゲン電球**
一般の白熱電球より小型で、発光部の輝きが強く、空間に光のメリハリがつけられる。スポットライトやダウンライトに多く使われる。

**引っ掛けシーリング**
天井の照明用コンセントを兼ね備えた吊り具。

**照明器具の種類**

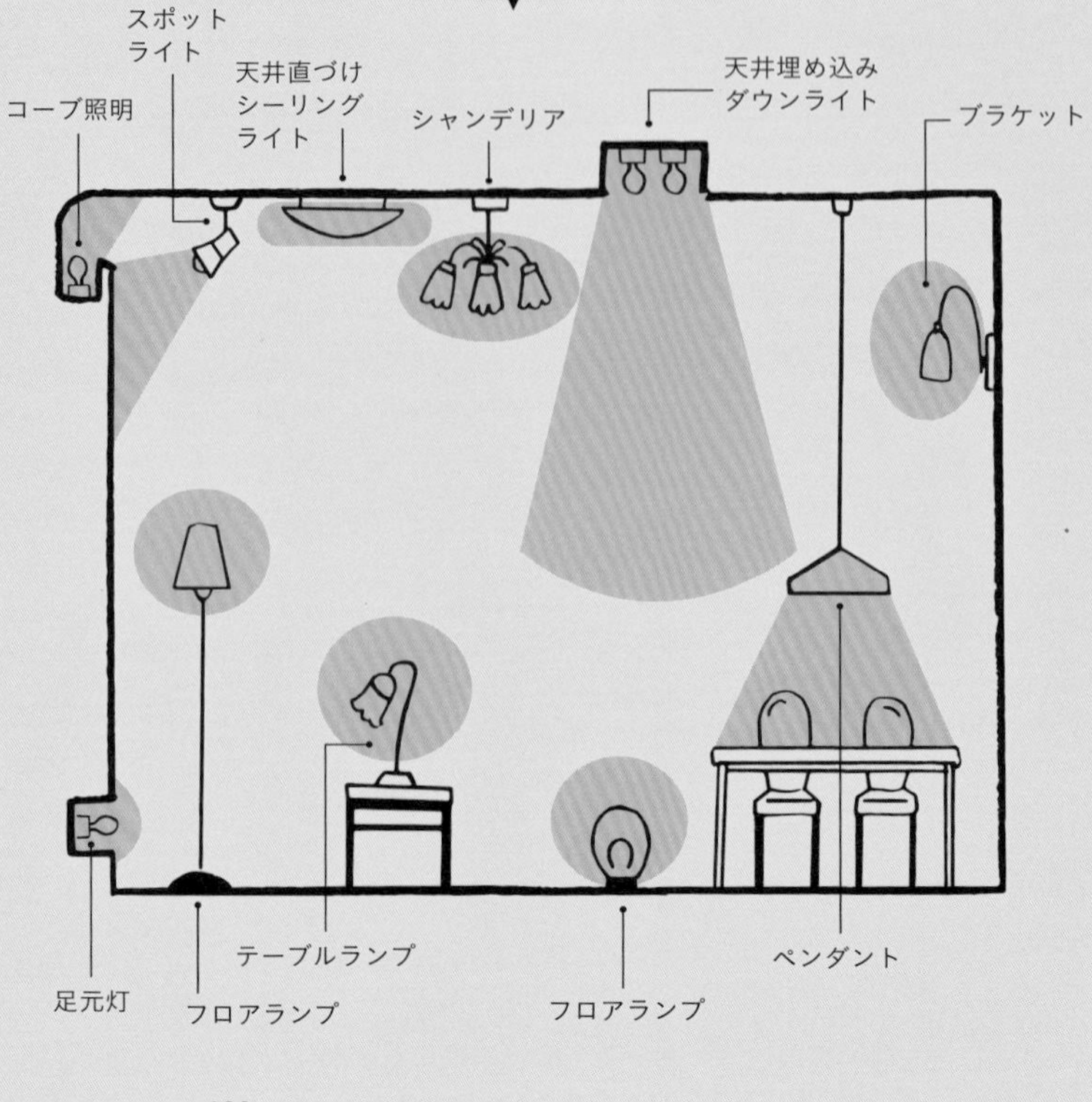


**部分照明**
全体ではなく特定の場所を照らす照明方法、または照明器具。

**ブラケット**
壁面につける照明器具。壁の反射光やシェードを通った光がアクセントに。

**フロアランプ**
床に置く照明。フロアスタンド。

**ペンダント**
コードやチェーンで、天井から吊り下げるタイプの照明器具。室内照明のなかで最もポピュラーなもののひとつ。

**ルクス**
場所の照度（明るさ）をあらわす単位。

**ワット**
消費電力をあらわす単位。

# CHAPTER

# 10

Trick?

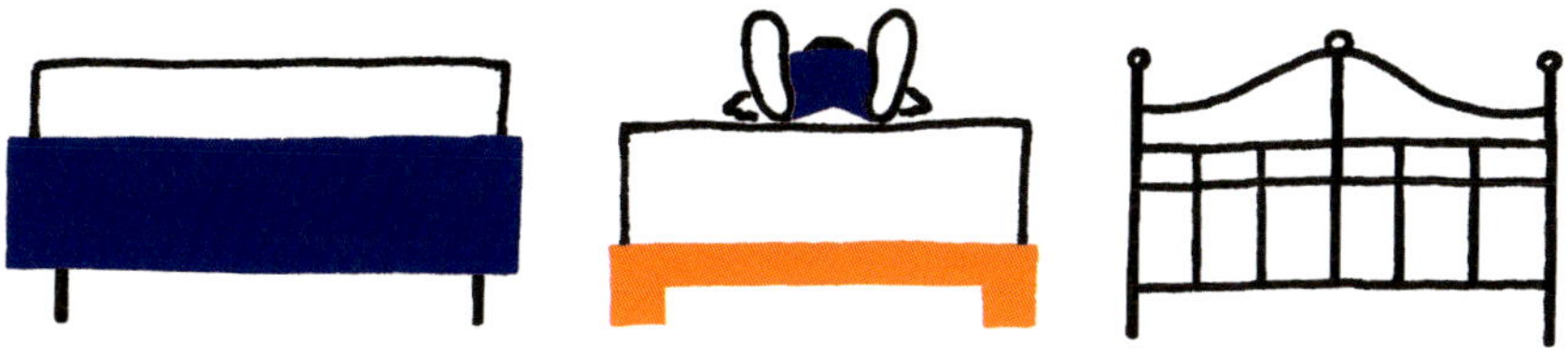

Blue Velbed

Elegant Bridge

# SHOP & SHOWROOM

心地いい部屋づくりに欠かせないのが、
お気に入りの家具や照明、カーテン、ベッドなどインテリアアイテム。
ぜひ訪ねたいショップとショールームを全国から96軒厳選！

FURNITURE
[ TOTAL, NATURAL, SIMPLE & NATURAL, COUNTRY, NORDIC, MODERN, ANTIQUE&CLASSICAL, BED ]
WINDOW & FABRIC etc. / LIGHTING

東京都渋谷区宇田川町 12-9
JouLe SHIBUYA B1～3F
営 11:00～21:30
休 不定休

## SHIBUYA Francfranc

03-6415-7788
www.francfranc.com

**カラフルでファッショナブルなアイテムがそろう人気店**

スタンダードとトレンドをほどよくミックスしたデザインが魅力。家具やファブリック、生活雑貨、オリジナル家電などまでそろい、暮らしをトータルにサポートしています。ビビッドカラーの商品は、インテリアのアクセントにも。

千葉県船橋市浜町 2-3-30
営 10:00～21:00
（土曜・日曜・祝日 9:00～）
休 無休（元日を除く）

## イケア・ジャパン

IKEA Tokyo-Bay

0570-01-3900
www.ikea.jp

**スウェーデン発の機能的な北欧アイテムがリーズナブルに**

セルフサービス販売による手ごろな価格設定で、デザインと機能にすぐれた家具や生活雑貨など、住まいのシーンに対応する充実のラインナップ。アイテムどうしがコーディネートされたルームセットは、インテリアの参考にも。

東京都武蔵野市吉祥寺本町 2-24-1
営 11:00～20:00
休 不定休

## ノーチェ

吉祥寺店

0422-23-2488
www.noce.co.jp/

**気どらず落ち着きのあるリーズナブルな家具がそろう**

家具やラグ、キッチンウェアなど、使い始めた日から家になじむ、あたたかみのあるシンプルなアイテムが豊富にそろいます。工場直接買い付けによるお手ごろプライスで、サイズやカラーも充実。全国に 15 店舗を展開。

東京都江東区有明 3-6-11
東京ファッションタウンビル東館
営 10:30～19:00
休 年末年始

## IDC OTSUKA

有明本社ショールーム

03-5530-5555
www.idc-otsuka.jp

**あらゆるアイテムがそろう国内最大級のショールーム**

家具やファブリック、照明、小物まで、国内外から厳選。北欧やアンティークなどさまざまなスタイルがそろい、部屋づくりのノウハウがわかる体験的スタジオも。自分好みのコーディネートが可能に。全国に 19 店舗を展開。

東京都千代田区丸の内 3-8-3
インフォス有楽町 1～3F
営 10:00～21:00
休 不定休

## 無印良品

有楽町

03-5208-8241
www.muji.com

**“感じいいくらし”を提案する無印良品の旗艦店**

生活者の視点でつくられた機能的な家具や雑貨が多数そろう人気店。組み合わせしだいで自在な使い方ができる家具をはじめ、快適な住まいづくりをサポート。収納家具やテーブル、カーテン、ラグなどのサイズオーダーも。

横浜市中区新港 2-2-1
横浜ワールドポーターズ 4F
営 10:30～21:00
休 無休（横浜ワールドポーターズに準じる）

## OKAY

みなとみらい店

045-222-2411
www.okay-japan.com/

**ベルギー生まれのライフデザインショップ**

ヨーロッパ各国の最新トレンドをとり入れた家具や雑貨がリーズナブルにそろう、ベルギー生まれのライフデザインショップ。シンプルな家具と、デコレーションとしての雑貨も人気です。関東に 4 店舗を展開。

大阪市北区茶屋町 8-26
NU 茶屋町プラス 2 階
営 11:00～21:00
休 無休（NU茶屋町プラスに準ずる）

## ダブルデイ

NU 茶屋町プラス店

06-6292-8526
www.doubleday.jp/

**コンセプトは「新しさと懐かしさのミックス」**

国内外から厳選した家具やキッチン用品、ラグ、アンティーク家具などを幅広く展開。ベーシックなデザインの家具は、ナチュラルやモダンなど、どんなテイストにもばっちり。全国に 20 店舗を展開。

東京都港区南青山 5-1-22
青山ライズスクエア 1F
営 10:30～21:00
（日曜・祝日～20:00）
休 不定休

## ZARA HOME

青山

03-6418-5171
www.zarahome.com/jp/

**トレンドが詰まったアイテムが背伸びしないで手に入る**

「ZARA」と同グループが手がけるファッションインテリアブランド。週 2 回新作が入荷する店内には約 4 万点も商品が並び、ファッショナブルなインテリア空間が楽しめます。毎週更新のオンラインショップにも注目です。

東京都港区南青山 5-9-5
営 10:30 〜 19:30
休 年末年始

## 家具蔵
表参道店

03-3797-1700
www.kagura.co.jp

**職人がていねいに仕上げた**
**無垢材家具の工場直営店**

家具職人自らが選び抜いた銘木を使い、木本来の美しさを生かした家具づくりが持ち味。8 種類の無垢材や豊富なデザインから好みを選び、理想の家具をつくるセミオーダーシステムで、多様なインテリアに対応します。

東京都新宿区西新宿 1-23-7
新宿ファーストウエスト 3 F
営 11:00 〜 18:30
休 水曜、年末年始

## カンディハウス
東京

03-5339-8260
www.condehouse.co.jp

**機能的で飽きのこない**
**心に響く家具づくりを**

上質な木材を選び、タイムレスな美しさと使いやすさを備えた堅牢な製品づくりが特徴。国内外のデザイナーと共同開発し、常に新しいデザインをめざしています。旭川に自社工場をもち、修理や買い取りも受け付けています。

東京都目黒区
自由が丘 3-11-24
営 11:00 〜 19:00
休 水曜（祝日の場合は営業）

## Kuro Enpitsu
自由が丘

03-6421-4810
http://kuro-enpitsu.jp/

**無垢材のぬくもりあふれる**
**一生つき合える家具**

主にウォールナット材、チェリー材、ナラ材を使った味わいのある木の家具を製作。住まいに合うオーダー家具にも力を入れています。インテリアグリーンの販売のほか、家具のリメイク、住宅のリフォーム相談も。

東京都渋谷区神宮前 3-6-26
Greens well 1F
営 11:00 〜 19:00
休 月曜、第 3 日曜

## ザ・シグネチャーストア

03-5772-7583
www.signature-store.com

**ジョン・ケリーの家具と**
**ヴィンテージ塗装家具を扱う店**

シャープなデザインにファンの多い NY 在住のデザイナー、ジョン・ケリーの家具と、カラーオーダーが可能なヴィンテージ塗装の家具「デ・モード」は、自分らしさを表現する部屋づくりに最適です。

東京都渋谷区神宮前 3-1-25
営 11:00ごろ 〜 19:00ごろ
休 月曜、火曜、水曜

## 青山BC工房

03-3746-0822
www.bc-kobo.co.jp

**体にやさしくなじむ家具は**
**ほのぼのとした雰囲気が特徴**

無垢材のテーブルと椅子の専門店。ユニークな形のテーブルやゆったり座れる椅子など、体になじむ家具が手に入ります。アレンジや、より体にフィットするカスタムメイドも可能。東京・神奈川に 3 店舗展開。

東京都目黒区
目黒本町 1-15-21
目黒工業会議所 102 号室
営 11:00 〜 19:00
休 木曜不定休

## interior & furniture CLASKA

03-3713-7740
www.claska.com/design/

**「CLASKA」のインテリアは**
**上質なライフスタイルを提案**

ライフスタイルブランド「CLASKA」のインテリアプロダクトレーベルのショールーム。張り地に洋服の生地を使った岡嶌要作の「Bread Arm Sofa」は人気が高く、オーダー家具の受付も。

東京都渋谷区神宮前 5-48-1
営 11:00 〜 21:00
休 水曜

## ウッドユウライクカンパニー

03-5468-0014
www.woodyoulike.co.jp

**シンプルかつひねりのきいた**
**無垢材の家具が手に入る**

東京・昭島のファクトリーでは、分業せずスタッフが完成まで丹念に製作。時を重ねるごとに新たな感動がある家具を追求しています。機能的でシンプルな家具、遊び心が光るデザインや和室に合うアイテムにも出会えます。

東京都渋谷区神宮前 5-2-11
営 11:00 〜 19:30
休 不定休

## H.P.DECO
渋谷店

03-3406-0313
www.hpdeco.com

**個性的なユーズド家具など**
**独自のセレクトが光る人気店**

魅力的なユーズド家具のほか、「ツェツェ・アソシエ」の照明、「アスティエ・ド・ヴィラット」の白い陶器をはじめヨーロッパの有名デザイナーのアイテムなど、ほかにはない存在感たっぷりのアイテムが見つかります。

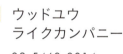

東京都武蔵野市吉祥寺本町
2-28-3 2F
営 12:30～18:00
休 火曜、水曜

## ソリウッド・クラフィス

0422-21-8487
www.soliwood.com

**無垢材にこだわる家具屋。無垢の耳つきテーブルも充実**

心安らぐ無垢材のオーダー家具を販売。国内でつくられた木の椅子のほか、オーダーの参考になる棚や収納家具なども展示。職人が手をかけてつくった家具は細部までていねいな仕上がり。一生ものの家具として人気です。

東京都世田谷区
等々力 8-11-3
営 10:30～18:30
休 月曜

## 巣巣

03-5760-7020
www.susu.co.jp

**あたたかみのあるアイテムでくつろぎの部屋づくりを**

「天然素材で丁寧につくられたものを日常生活で使う贅沢を」と、無垢材のオリジナル家具から直輸入雑貨まで、手ごろな価格で展開。色鮮やかなラトビアの布製品など、オーナーこだわりの魅力的なアイテムがいっぱい。

東京都港区赤坂 9-7-4
東京ミッドタウン
ガレリア 3F
営 11:00～21:00
休 無休

## TIME & STYLE MIDTOWN
六本木

03-5413-3501
www.timeandstyle.com/

**日本の住まいに合う洗練されたモダンデザイン**

緊張感、調和、繊細さといった、日本人特有の美意識をコンセプトにしたオリジナル家具がそろうショップ。高品質の家具が並ぶ店内には、静謐な空気が流れています。ナチュラルな素材も、洗練されたモダンデザインの家具に。

東京都目黒区目黒 4-10-6
営 11:00～19:30(日曜12:00～)
休 木曜（祝日の場合は営業）

## スタンリーズ
目黒店

03-3760-7167
www.stanleys.co.jp/

**ソファのことならおまかせの職人技が光る専門店**

職人が1台ずつ手がけるオーダーソファやチェアの専門店他社製を含めソファや椅子の張り替えもしています。座り心地のいいソファは人気が高く、サイズや張り地も思いのまま。オリジナルデザインの木製家具も評判。

東京都目黒区自由が丘2-9-11
自由が丘八幸ビル
営 11:00～20:00
休 第3水曜（ほか不定休）

## T.C / タイムレスコンフォート
自由が丘店

03-5701-5271
www.timelesscomfort.com

**世界中から集めた上質なアイテムで心地いい暮らしを**

「時代を超越した快適さ」がコンセプトのライフスタイルショップ。世界各国よりセレクトされた、家具やインテリア雑貨、キッチンウェアなどを取り扱います。全国で21店舗を展開。

東京都品川区東品川 2-1-3
営 11:00～20:00
休 不定休

## スローハウス

03-5495-9471
www.slow-house.com/

**ACTUS が提案するライフスタイルショップ**

インテリアショップ「ACTUS」のライフスタイルブランド。「ていねいな暮らし」をコンセプトに、シンプルで上質な家具とインテリア雑貨がそろいます。北欧を中心としたヴィンテージアイテムも評判です。

東京都世田谷区奥沢 8-3-2
営 12:00～20:00
休 水曜

## D & DEPARTMENT TOKYO

03-5752-0120
www.d-department.com

**流行に左右されない普遍的なロングライフ商品をセレクト**

「ロングライフデザイン」をテーマに、すでに世に生み出され、長く使い続けられている家具や生活用品を紹介しています。「カリモク60」のソファやテーブルは、日本の住宅に合うコンパクトサイズなのもうれしい。

東京都品川区西五反田
7-22-17 TOC ビル 9F
営 10:00～18:00
休 年末年始

## 関家具
五反田ショールーム

03-6420-3856
www.sekikagu.co.jp/

**福岡県・大川発「関家具」の人気ブランドが一堂に展示**

関家具のブランド「CRUSH CRASH PROJECT」「RELAX FORM」「シェララフィア」「NO WHERE LIKE HOME」「INTERIOR'S」などを一堂に展示したショールーム。お気に入りの家具をゆっくり探せます。

## BRUNCH

03-5773-8299
brunchone.com

### ゆったりとした日常を彩る おしゃれで洗練された家具

東京都目黒区下目黒 5-18-20
営 11:00 ～ 19:00
休 水曜

「木と暮らす」をテーマにつくられた家具は、素材や仕上げ、デザインはシンプルでも、あたたかみを感じさせるものばかり。東京・目黒通りにテイスト別に5店舗を展開し、多彩な世界観を表現。千葉店、横浜港北店もあり。

## knock on wood《ノックオンウッド》

自由が丘店

03-5726-3675
www.knockonwood.co.jp/

### 時代に左右されないつくりとデザインの家具を提供

東京都目黒区自由が丘 2-2-12
リバティコート橋本 101
営 11:00 ～ 19:00
休 水曜（祝日の場合は木曜）、年末年始
●工場・本店／海老名店
☎ 046-292-3511

木のよさを生かすため、ウォールナットやナラ、チェリーなどの無垢材を厳選し、自社工房で職人がひとつひとつ手仕事で製作。クラシックからシンプルまで、長く愛用できるデザインも好評です。

## Playmountain

03-5775-6747
www.landscape-products.net

### シンプルかつオリジナルな アイテムを厳選して展開

東京都渋谷区千駄ヶ谷 3-52-5
原宿ニュースカイハイツ
アネックス # 105
営 12:00 ～ 20:00
休 不定休

オリジナル家具のほか、ミッドセンチュリー家具や現代のデザイナーによるプロダクツ、工芸品など、国内外のインテリアアイテムを厳選。いずれもさりげない個性を放ちながら、どんなアイテムともしっくりなじむ自由さが魅力。

## HAY hutte shoto

03-6804-9056
http://hayhutte.com/

### オリジナル家具と 世界を旅して見つけた雑貨

東京都渋谷区松濤 2-13-1
松濤ハウス 202
営 12:00 ～ 19:00
休 水曜、木曜、日曜

「自然とのかかわりを意識する、日々の暮らし」をテーマに、素材の風合いが伝わるオリジナル家具や、世界を旅して見つけたヴィンテージ雑貨、手工芸品などを販売。インテリアやオーダー家具の相談もできます。

## 平安工房

03-3259-0070
www.heian-kobo.co.jp

### 自宅にいる感覚で家具選びができるくつろぎの空間

東京都千代田区
神田神保町 1-46
Greens well 1F
営 12:00 ～ 19:00
（土曜・日曜・祝日～ 18:00）
休 水曜、第2・4日曜

製本所の建物を改装した店内には、テーブルや収納などのオーダー家具、ショップ厳選の椅子やソファがゆったり並びます。また、「mother tool」や「つくし文具店」のスペースを併設していて、オリジナルアイテムの購入が可能。

## パシフィック ファニチャーサービス

03-3710-9865
www.pfservice.co.jp

### スタイルを限定しない スタンダードな家具を提供

東京都渋谷区恵比寿南 1-20-4
営 11:00 ～ 20:00
休 火曜

メンズライクな雰囲気のショップに、流行に左右されず、普遍的で心地よく使えるオリジナル家具や輸入照明などが並びます。姉妹店の「P.F.S. PARTS CENTER」では、使い心地のいい生活雑貨や各種パーツ類を販売。

## リビング・モティーフ

03-3587-2784
www.livingmotif.com

### 上質な生活をイメージできる ライフスタイルショップ

東京都港区六本木 5-17-1
AXIS ビル B1 ～ 2F
営 11:00 ～ 19:00
休 無休

1階は素材にこだわったバスアイテム、プロも認めるキッチンウェア、2階はデザイン書籍やオフィス家具＆ビジネスグッズ、地下1階はリビング家具、インテリアファブリックと、あらゆる生活シーンに対応しています。

## pour annick

目黒店

03-6303-4511
www.pourannick.comco.jp

### 暮らしにすっととけ込む 軽やかな家具に出会える

東京都目黒区中町 1-6-14
営 11:00 ～ 20:00
休 水曜、夏季、年末年始

国籍やデザイナー、ブランドにこだわらず、暮らしを美しく、楽しくするアイテムが豊富。洗練されたフォルムの北欧風ソファや、カラフルでユニークなスツールなど、「プールアニック」ならではの家具が見つかります。

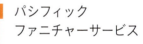

## FURNITURE / COUNTRY

東京都渋谷区渋谷 2-3-3
青山Ｏビル 1F
営 11:00 ～ 19:30
(日曜・祝日～ 19:00)
休 月曜（祝日の場合は営業）

### メゾン オルネ ド フォイユ

03-3499-0140
www.ornedefeuilles.com/

**オーナー自らセレクトする
パリの生活を感じるインテリア**

ヨーロッパから届いたアンティーク家具や雑貨が並ぶ店内は、パリの郊外の一軒家をイメージしたディスプレイ。インテリアの販売のほか、リノベーションの提案も行っており、部屋づくりの可能性が広がります。

神奈川県鎌倉市
鎌倉山 3-15-5
営 10:00 ～ 17:00
休 日曜

### RUSTIC TWENTY SEVEN
鎌倉ショールーム

0467-81-5550
www.rustic.ne.jp

**100 年後、アンティークになる
本物の家具づくりをめざして**

総無垢とハンドメイドにこだわった上質な家具やキッチンを販売。イギリスの古材（オールドパイン）を使ったテーブルは、本物の風格と味わい。英国のカーテン・照明と合わせ、こだわりのインテリア空間を提案します。

東京都渋谷区神宮前 1-13-14
原宿クエスト 2F
営 11:00 ～ 20:00
休 不定休

### ローラ アシュレイ
表参道店

03-5772-6905
www.laura-ashley.co.jp

**優雅で上質なアイテムで
クオリティの高い暮らしを**

古きよきイギリスを感じさせる、エレガントなプリントデザインが人気のブランド旗艦店。家具やファブリックのほか、インテリア雑貨やキッチン、バスルームアイテムなどさまざまな商品を扱っています。全国に現在 108 店舗、アウトレット 8 店舗を展開。

大阪府池田市満寿美町 11-20
営 10:00 ～ 18:30
休 火曜

### モビリグランデ
池田本店

072-751-4701
www.mobilegrande.com

**多彩なテイストの家具が
織りなすスタイルミックス**

3 階建ての店内では、パインやオーク、ホワイト家具、英仏の家具、アンティーク、アイアン素材をミックスし、フェミニンでも甘すぎないインテリアを提案。オーダー家具や自然素材の子ども家具、シャンデリア、照明なども。

## FURNITURE / SIMPLE & NATURAL

東京都渋谷区神宮前 5-12-7
カルチャー表参道ビル
1・2F
営 11:00 ～ 18:00（予約制）
休 日曜、祝日

### ワイス・ワイス
表参道

03-5467-7001
wisewise.com

**自然素材のやさしさと
シンプルモダンが共存した店**

一軒家を改装した居心地のいいショールームでは、心地よく豊かに暮らすためのインテリア相談を受け付けています。環境に配慮した素材や“にっぽんの木”でつくられたオリジナル家具を中心に、生活雑貨などの取り扱いも。

横浜市中区桜木町 1-1-7
TOC みなとみらい
コレットマーレ 4F
営 11:00 ～ 20:00
休 不定休（横浜みなとみらいに準ずる）

### CRASH《クラッシュ》 GATE《ゲート》
横浜みなとみらい店

045-228-9163
http://crashgate.jp/

**デザイナーの遊び心と
実験精神にあふれるインテリア**

「関家具」のデザイナーが立ち上げたブランド。異なる素材やテイストをミックスした、遊び心あふれるデザインがオリジナリティを生み出します。ガレージセールをイメージした店内ディスプレイも楽しげ。

岐阜県高山市上岡本町 1-260
（柏館）
営 9:30 ～ 17:30
休 年末年始

### 柏木工
高山ショールーム

0577-32-7288
www.kashiwa.gr.jp/

**飛騨高山を拠点とする
オリジナル家具メーカー**

和・洋のボーダーを超えた「飛騨デザイン」の家具で、上質な空間を演出。日本の伝統を大切に、新しい感性をとり入れた、美しいデザインに出会えます。家具、キッチンや建具など生活空間をトータルで提案しています。

京都市左京区下鴨西本町 30
営 10:00 ～ 18:00
休 水曜、木曜

### FILE home & interior
Kyoto

075-712-0041
http://file-g.com/

**組み合わせて楽しめる
オリジナル＆名作ファニチャー**

京都の自社工場で製造するオリジナル＆オーダー家具のほか、北欧のヴィンテージを含めた名作家具を厳選して展示。新築やリノベーションのプランも得意とし、照明や窓まわりといったトータルコーディネートにも対応。

東京都目黒区東山1-10-11
営 11:00～18:00
休 火曜、水曜

## HIKE

03-5768-7180
www.hike-shop.com/

**アフターフォローも万全な一生もののヴィンテージ家具**

北欧ユーズド家具の草分け的存在。厳選した1930～1960年代の北欧ヴィンテージをていねいにリペアし、ゆったりと展示。質のよさはもちろん、家具の組み合わせや配置などコーディネートにも注目を。

東京都中央区日本橋室町2-4-3 YUITO 2F
営 11:00～20:00
休 不定休

## イムルス

日本橋

03-3548-8881
www.illums.co.jp/

**スカンジナビアンモダンの上質なブランドアイテムが結集**

デンマークのインテリアショップ「イルムスボリフス」をベースに、スカンジナビアンモダンをコンセプトにしたライフスタイル専門店。北欧ブランドの定番家具から、照明、雑貨まで幅広くそろいます。

東京都千代田区神田須田町1-25-4 マーチエキュート神田万世橋
営 11:00～21:00
(日曜・祝日～20:00)
休 年末年始

## haluta kanda

03-5295-0061
www.haluta.jp/

**北欧のヴィンテージが手に入る、長野発のセレクトショップ**

明治時代からある旧万世橋駅をリノベーションした店内には、北欧のヴィンテージ家具や食器、国内ブランドの雑貨やアパレルが並びます。デンマークのブランド「Irma」といった、日本では手に入りにくいアイテムも。

東京都渋谷区神宮前2-5-10 青山アートワークス1・2F
営 11:00～20:00
(土曜・日曜・祝日～19:00)
休 不定休

## カール・ハンセン＆サン

フラッグシップ・ストア

03-5413-5421
www.carlhansen.jp

**美しく使いやすい名作家具「CH24 / Y チェア」**

1908年創業のデンマークの家具メーカー、カール・ハンセン＆サンの日本で唯一のフラッグシップ・ストア。ハンス J. ウェグナーの作品を中心とした、海外の一流デザイナーズ家具を実際に体感できる空間です。

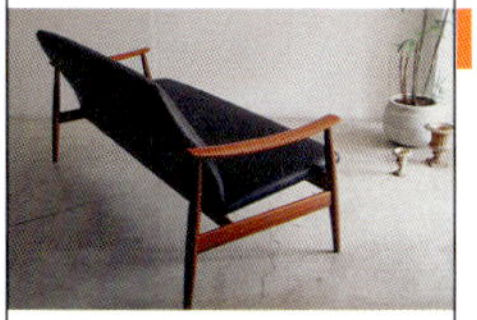

東京都目黒区中央町1-4-15
営 11:00～19:00
休 水曜

## Fusion Interiors

03-3710-5099
www.fusion-interiors.com/

**年代・デザイナーを問わず、良質な中古家具を集めて**

Fusion(融合)とEclectic(折衷)がコンセプト。北欧を中心に集めた中古家具は、その魅力を損なうことなく修理・補修してから店頭へ。ボーエ・モーエンセン、ハンス J. ウェグナーのソファの取り扱いも。

東京都渋谷区猿楽町29-10 HILLSIDETERRACE代官山C棟
営 11:00～19:00
休 水曜

## グリニッチ

代官山

03-6416-5650
www.greeniche.jp

**長く愛用できる、北欧を中心とした上質な家具が見つかる**

北欧のヴィンテージ家具や国内外のスタンダードな家具、無垢材のオリジナル家具、照明などを販売。スウェーデン生まれの壁づけ家具「string」や、日本初上陸のデンマークの老舗メーカー「FDB mobler」も展開。

大阪市北区天神橋1-1-11 天一ビル1・2F
営 12:00～19:00
休 火曜

## dieci

06-6882-7828
http://dieci-cafe.com/dieci/

**時代やジャンルにとらわれない日常で使いたいアイテムがそろう**

世界中から買い付けた家具やインテリア雑貨を販売。取り扱いジャンルはさまざまながら、上質な暮らしに寄り添う「dieci」らしさが詰まっています。スウェーデンのブランド「リサ・ラーソン」のアイテムも販売。

東京都新宿区西新宿3-7-1 新宿パークタワー内 リビングデザインセンターOZONE 5F
営 10:30～19:00
休 水曜(祝日の場合は営業)、夏期、年末年始

## ノルディックフォルム

03-5322-6565
www.ozone.co.jp/nordicform/

**日本の住まいになじむ北欧スタイルのインテリアを紹介**

北欧が誇る世界的デザイナーたちの家具が一堂に。家具はもちろん、照明やファブリック、食器までそろい、生活シーン別にわかりやすくディスプレイされています。座り心地に定評のある椅子のコレクションも必見。

## hhstyle.com
青山本店

03-5772-1112
www.hhstyle.com

東京都港区北青山 2-7-15
NTT 青山ビル 1F
営 12:00～19:30
休 年末年始

**アートのような存在感をもつ**
**デザイナーズ家具が勢ぞろい**

外観、ランドスケープを建築家の隈研吾氏が手がけた、スタイリッシュなショップ。ミッドセンチュリーの名作から、現在活躍のデザイナーの家具まで充実のラインナップ。家具との「幸せな出会い」の空間になっています。

## アートスタイルマーケット

03-3486-4875
www.artstylemarket.net

東京都渋谷区神宮前 6-14-10
営 11:00～20:00
休 水曜（ほか不定休）

**ステンレス製家具をメインに**
**機能美が感じられるデザイン**

クールな表情のステンレス製のテーブルやシェルフ、メタル製の照明を中心に製造、販売。サイズ変更やフルオーダーも可能です。ヴィンテージウッドを用いた木製家具もあり、ミニマルでウッディなぬくもりを感じられます。

## AREA TOKYO

03-3479-5553
www.area-japan.co.jp/

東京都港区北青山 2-10-28 1F
営 11:00～20:00
休 年末年始

**限られた空間を最大限に生かす**
**唯一無二の使い心地**

ロングセラーのフルオーダー壁面収納「A-FIX SYSTEM」やテーブル、チェア、ソファなど、腕利きの職人が生み出すハイエンドなオリジナル家具や、ニーズに合わせた空間デザインを提案しています。

## arenot
渋谷本店

03-3400-9777
www.arenot.com/

東京都渋谷区渋谷 1-4-12
営 11:00～21:00
休 不定休

**国や年代を超える**
**デザイン性の高いアイテム**

年代やテイストを問わず、世界各国からデザイン性の高い家具や雑貨をセレクト。「ノーマン コペンハーゲン」の人気デザイン「フォームチェア」や、幻想的な照明「NORM（ノーム）シリーズ」などの取り扱いも。

## カッシーナ・イクスシー
青山本店

03-5474-9001
www.cassina-ixc.jp

東京都港区南青山 2-12-14
ユニマット青山ビル 1～3F
営 11:00～19:00
休 水曜

**巨匠によるモダンデザインの**
**名作家具を見つけるならここ**

イタリアンモダンデザインを代表するカッシーナをはじめ、世界的デザイナーによるオリジナル家具を販売。店内には、近代建築の巨匠たちの名作家具がずらりと並ぶほか、カーテンや雑貨、アートなどの取り扱いもあります。

## アイデック
ショールーム

03-5772-6660
www.aidec.jp

東京都渋谷区神宮前 2-4-11
Daiwa 神宮前ビル 2F
営 10:30～18:30
休 日曜、祝日

**歴史的な名作はじめ**
**最新のデザインにふれる**

曲げ木椅子で知られるドイツ、トーネット社やバウハウスの歴史的な名作チェアなど、世界有数のブランドアイテムをディスプレイ。ショールームでは椅子やソファはすべて、座り心地を試すことが可能。全国に 4 店舗を展開。

## SEMPRE《センプレ》 HONTEN《本店》

03-6407-9081
www.sempre.jp

東京都目黒区大橋2-16-26
1～3F
営 11:00～20:00（日曜・祝日～19:00）
休 年末年始

**スタイリッシュで**
**グッドデザインの照明を探すなら**

世界中から選び抜いた美しいデザインのインテリアが並ぶショップ。「ルイス・ポールセン」「BTC」など、すぐれたデザイン性で時代を超えて愛される照明が見つかります。また、おしゃれでユニークな和の明かりにも注目。

## アビターレ

03-5724-6780
www.abitare.co.jp

東京都目黒区三田 2-4-4
営 11:00～19:00
休 火曜（祝日の場合は営業）

**不思議な魅力をもつ、**
**北イタリアの美しい伝統家具**

メインで取り扱うのは、北イタリア、マルケッティ社の家具。木の素材を大切にし、装飾的すぎないおおらかさが持ち味。厳選した 40 色の中から仕上げや取っ手を選べるので、モダンやクラシックなどさまざまに合わせられます。

## FURNITURE / ANTIQUE & CLASSICAL

東京都目黒区鷹番 1-4-9
営 11:00 ～ 20:00
休 年末年始

### OTSU FURNITURE

03-3794-7883
http://demode-furniture.net/otsu/

**日本の古きよき時代の実用的なアイテムがそろう**

明治から昭和初期の日本の家具を取り扱う。ガラス戸棚、ちゃぶ台、照明などラインナップが豊富。古きよき時代のデザインと時を経た木の魅力が感じられます。和室にはもちろん、モダンな部屋づくりにもおすすめ。

東京都世田谷区池尻 2-7-8
営 11:00 ～ 20:00
休 年末年始

### ザ・グローブ アンティークス

03-5430-3662
www.globe-antiques.com

**伝統的な英国アンティークを心ゆくまで堪能できる**

家具やキッチン、ガーデニンググッズなど、英国アンティークをゆっくり楽しみながら選べます。ガラスシェードのランプや真鍮スタンドなど、照明も充実。フレームやバスケットなどインテリアを彩る小物選びにもおすすめ。

東京都目黒区中町 1-25-20
営 11:00 ～ 20:00
休 年末年始

### ジェオグラフィカ

03-5773-1145
http://geographica.jp/

**職人が美しく修復するアンティークの総合ショップ**

イギリスを中心に買い付けたアンティーク家具を、専門のレストア技術を習得したスタッフが、自社倉庫内の工房で修復、本来の天然塗料で仕上げています。アンティーク照明や、オーダーメイドファニチャーも。

東京都武蔵野市吉祥寺本町
3-20-5-102
営 11:00 ～ 19:00
休 火曜

### トランジスタ

0422-51-5707
www.transista.jp

**古さと新しさが同居するユーズド&新作家具の店**

「G-PLAN」など 1950 ～ 60 年代のイギリス中古家具をメインに、将来アンティークになるような現代の国内家具、インテリア雑貨を厳選。古いものと新しいものがとけ合う心地よさにこだわっています。

## FURNITURE / MODERN

東京都港区北青山 2-5-8
青山 OM-SQUARE 1・3F
営 11:00～19:00
休 水曜（祝日の場合は営業）

### B&B ITALIA
Tokyo Showroom

0120-595-591
https://bebitalia.co.jp

**高いデザイン性を誇るモダン家具のトップブランド**

美術品のようなデザイン性の高さと、繊細で贅沢な存在感が魅力のイタリアモダン家具を堪能できます。各国の著名なデザイナーとのコラボレーションによる、最先端のインテリアアイテムも評判です。

東京都港区北青山 3-10-12
営 11:00 ～ 19:00
休 日曜

### ビスレー

03-3797-6766
www.bisley.co.jp

**美しい収納・デスクまわりを叶える、英国発スチール家具**

スチール家具メーカー「ビスレー」のパイロットショップ。発色が美しく、シンプルで機能的なデザインのスチールキャビネットは 9 カラー、5 スタイル、16 タイプから選べます。天板と組み合わせ、デスクとすることも可能。

東京都渋谷区猿楽町 11-8
メゾン代官山 1F
営 11:00 ～ 20:00
休 無休

### ミッド・センチュリー モダン

03-3477-1950
www.mid-centurymodern.com

**デッドストックも現行品も。ミッドセンチュリーの専門店**

1940 ～ 70 年代に活躍したデザイナーの作品が勢ぞろい。名作家具を中心に、コレクション性の高いヴィンテージアイテムを数多く扱っています。コンディションのよさにも定評が。インテリアのアクセントになる雑貨も豊富。

東京都品川区西五反田
7-22-17 TOC ビル 4F
営 11:00 ～ 18:00
休 水曜（年末年始を除く）

### モーダ・エン・カーサ

03-6431-8510
www.modaencasa.jp

**日本の住宅のサイズ感に合うヨーロピアンテイストの家具**

北欧風や 1960 年代風のレトロモダンなど、ヨーロッパ各地の最新デザインをとり入れ、リーズナブルな価格で提供。東京、北海道の直営店のほか、オンラインショップ、全国のパートナーショップでも購入できます。

神奈川県大和市大和南 1-7-1
営 10:00 〜 19:00
休 水曜

## コマチ家具

046-262-8181
www.komachikagu.com/

**アンティークが生きる**
**インテリアデザインの提案**

1900 〜 1940 年を中心とした英国製アンティークをはじめ、常時 500 点以上を展示。対面販売にこだわり、家具や照明、カーテン、雑貨にいたるまで、美しさと暮らしやすさを両立する部屋づくりを提案しています。

横浜市中区元町 3-126
営 10:30 〜 19:00
休 月曜（祝日の場合は営業）

## ダニエル
元町本店

045-661-1171
www.daniel.co.jp

**高品質でエレガントな**
**横浜クラシック家具の老舗**

日本の洋家具発祥の地・横浜で育まれた高い技術でつくられる家具は、飽きのこないデザインと長年の使用に耐える丈夫さで、「百年家具」といわれるほど。イギリスのブランド「アーコール」の輸入販売も。

大阪市北区梅田 2-2-22
ハービスプラザエント 3F
営 11:00 〜 20:00
休 不定休

## 北欧.Style + 1 ANTIKAとモダン
大阪店

06-6344-1944
www.antika.jp

**高いクラフツマンシップの**
**インテリアスタイルを紹介**

北欧や英国などのヴィンテージインテリアの専門店。北欧デザイナー家具、アーコール社や「G-PLAN」など卓越したアイテムが数多くそろいます。「ロイヤル コペンハーゲン」の取り扱いも。

福岡市中央区薬院 1-7-12
セルクル薬院 1・2F
営 11:00 〜 19:00
休 水曜（ほか不定休）

## eel《イール》

092-406-8035
www.witch-valley.com

**ヨーロッパ各国から集めた**
**趣のあるアンティークを提供**

たくさんの人に「古くても長く使えるものを手にしてほしい」と、イギリスやフランスなどのヴィンテージ家具やアンティークをていねいにリペアして販売。アンティークのドアや照明、テーブルウェアも充実。コーディネート相談も受け付けています。

東京都港区白金台 3-2-10
白金台ビル 1F
営 10:00 〜 19:00
休 月曜

## 西村貿易
東京ショールーム

03-5793-3694
www.maitland-smith.jp

**気品と風格が漂う、**
**珠玉のアイテムに出会える**

アメリカの有名家具メーカー「メートランドスミス」をはじめ、ラグジュアリーな欧米ブランド家具などを販売。ショールームには知識豊富なスタッフが常駐し、空間演出のスタイリングアドバイスも。

東京都渋谷区神宮前 3-1-30
営 11:00 〜 19:00
休 無休

## ロイズ・アンティークス青山

03-5413-3666
www.lloyds.co.jp

**トレンド感のある状態のよい**
**アンティークがそろう**

英国を中心に欧州のアンティークやヴィンテージ家具のほか、金属のインダストリアル家具、大人に向けたカントリー家具など、アンティークを組み合わせる「ミックスカルチャー・スタイル」を提案。全国に 10 店舗を展開。

横浜市青葉区
あざみ野南 2-11-1
営 10:30 〜 19:00
休 水曜（祝日の場合は営業）

## アシュレイ ファニチャー ホームストア
横浜店

045-914-3580
www.ashley-furniture.jp/

**アメリカを拠点とする**
**ラグジュアリーなインテリア**

1945 年に設立されたアシュレイ社の日本ショールーム。重厚かつ華やかなインテリアをリーズナブルな価格で販売。アメリカ直輸入のアクセサリーを含め、トータルに提案しています。

神奈川県藤沢市石川 4-8-15
営 11:00 〜 19:00
休 月曜（祝日の場合は営業）

## キヤアンティークス
藤沢ウェアハウス

0466-86-8341
www.kiya-co.jp

**1000㎡の倉庫に集めた**
**世界のアンティーク家具の店**

広い店内に、圧倒的な品ぞろえで並ぶヨーロッパのアンティーク家具。人気のアーコール社の家具、ステンドグラスやドアパーツ、雑貨まで幅広いアイテムがそろいます。本物の質感を生かした家の新築・増築も行っています。

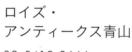

## WINDOW & FABRIC etc

### 川島織物セルコン
東京ショールーム

03-5144-3980
www.kawashimaselkon.co.jp

東京都江東区豊洲5-6-15
NBF豊洲ガーデンフロント6F
営 10:00～18:00（コーディネート相談は予約制）
休 水曜、GW、夏期、年末年始

**幅広い商品ラインナップで インテリアをトータルに提案**

上質なシリーズ「フィーロ」、さまざまなテイストに対応する「アイム」など、幅広いニーズに合うカーテンを約3000点の実物大サンプルで展示。ラグといった床材もあり、専属コーディネーターがインテリアづくりの相談の対応。

### cocca

03-3463-7681
www.cocca.ne.jp

東京都渋谷区恵比寿西1-31-13
営 11:00～19:00
休 月曜

**「日本の美意識」をデザイン。東京発ファブリックブランド**

今も色褪せない昭和の復刻柄や、日本の美意識を現代の感性でデザインしたオリジナル柄など、布の魅力を堪能できる。布張りの椅子、布製シェードのランプ、ラグ、クッションカバーなど、新鮮な柄のアイテムがそろいます。

### コロニアルチェック

03-3449-4568
www.colonialcheck.com

東京都港区白金台5-3-6 2F
営 11:00～19:30
休 火曜

**ナチュラルテイストの 上質なファブリックを展開**

「ザ・ペニーワイズ」が展開する、ファブリックショップ。伝統的なハンドルームで織られたやさしい風合いのコットンや、ベルギーやリトアニアの厳選されたリネンでつくる、ナチュラルなインテリアスタイルを提案しています。

### サンゲツ
品川ショールーム

0570-055-134
www.sangetsu.co.jp/showroom/tokyo/

東京都港区港南2-16-4
品川グランドセントラルタワー4F
営 10:00～17:00
休 水曜（祝日の場合は営業）夏期、年末年始、11月第3日曜

**豊富なアイテムを間近で感じて イメージをより具体化**

壁紙やカーテン、床材、椅子生地などのトータルインテリアを提案。約4000点そろった窓まわりアイテムはデザイン、色、機能が充実。多様な用途や好みに応じる幅広いラインナップが魅力です。全国に9店舗を展開。

## FURNITURE / BED

### ドリームベッド
東京ショールーム

03-6419-8228
dreambed.jp

東京都渋谷区渋谷2-12-19
東建インターナショナルビル1F
営 11:00～19:00
休 水曜

**眠りの質を左右する寝室環境を トータルコーディネート**

全米売上No.1の「サータ」や、ドイツのファブリックベッド「ルフ」など海外ブランド製品をライセンス生産。ショールームにはウォーターベッドも展示しており、通常のマットレスにはない独特の寝心地も体感できます。

### 日本ベッド
青山ショールーム

03-3423-1886
www.nihonbed.com

東京都港区南青山1-1-1
新青山ビル東館1F
営 10:00～18:00
休 水曜、年末年始

**贅沢な寝心地を約束する 上質なベッドが選べる**

国内外の一流ホテルで使われているトップブランド。シンプルでシックなベッドがそろい、マットレスは体に合うかたさやスプリングの種類が選べます。枕やベッドリネンなども含め、トータルコーディネートが可能。

### 日比谷 シモンズギャラリー

03-3504-2480
www.simmons.co.jp

東京都千代田区有楽町1-5-2
東宝ツインタワービル1F
営 10:00～19:00
休 年末年始

**「世界のベッド」と称される 米国生まれの老舗メーカー**

1870年の創業以来、最上の眠りを追求。世界の一流ホテルで採用されています。マットレスのスプリングを1つずつ独立させ、体を「点」で支える「ポケットコイル」がすばらしい寝心地を提供。全国に13店舗を展開。

### フランスベッド
六本木ショールーム

03-5573-4451
www.francebed.co.jp

東京都港区六本木4-1-16
営 11:00～19:00
休 水曜

**質のよい眠りが叶うアイテム を眠りのプロが提案**

店内には“スリープアドバイザー”が常駐し、寝姿勢を測定する機器を使って体に最適なマットレスをチョイス。住空間に合わせたベッド選びや、上質な眠りに関するアドバイスも。ショールームは全国に14店舗展開。

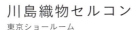

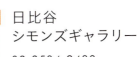

東京都目黒区上目黒 1-26-9
中目黒オークラビル 4F
営 10:00 ～ 18:30（土曜・日曜・祝日～ 18:00）
休 年末年始

## マナトレーディング
東京ショールーム

03-5721-2831
www.manas.co.jp/

**ひと窓分からオーダーできる**
**バリエーション豊富なカーテン**

高品質のインテリアテキスタイルを、ヨーロッパをはじめ世界各国から輸入、および企画開発しています。オリジナルのコレクション「マナテックス」も展開。イメージに合うオーダーカーテンもじっくり相談できます。

東京都中央区銀座 8-8-15
営 10:00 ～ 18:00
休 月曜、祝日（土曜・日曜の場合は営業）

## タチカワブラインド
銀座ショールーム

03-3571-1373
www.blind.co.jp

**豊富なバリエーションから**
**ベストブラインドが見つかる**

横型ブラインド「シルキー」をはじめ、ロールスクリーンやプリーツスクリーンなど豊富な品ぞろえ。色のバリエーションも充実しています。ショールームには、太陽光を通したときの印象がわかるテスティングウィンドウを設置。

東京都新宿区西新宿 7-5-20
リリカラ本社 2F
営 10:00 ～ 18:00（土曜・日曜・祝日～ 17：00）
休 水曜、年末年始、お盆

## リリカラ
東京ショールーム

03-3366-7824
www.lilycolor.co.jp

**独自性の高い商品でカーテン、**
**壁紙、床材をトータル提案**

江戸小紋など日本の伝統的なデザインをとり入れたブランド「Ｋｉｏｉ」をはじめ、「ウィリアム・モリス」の壁紙など海外ブランドも豊富。オーダーカーテンは全国に縫製工場をもち、高品質と短納期体制を実現しています。

東京都品川区東五反田
5-25-19
東京デザインセンター 4F
営 10:00 ～ 18:00
休 水曜、祝日、ＧＷ、夏期、年末年始

## 東リ
東京ショールーム

03-5421-3711
www.toli.co.jp

**見て、触れて、楽しめる**
**コーディネート・スペース**

ショールームでは、カーテンや壁紙、カーペット、床材など、さまざまな製品を実際に手にとり、写真では伝わりにくい質感を確かめられます。他の製品と比較検討も可能で、専門のスタッフが理想的な住空間づくりをしっかりサポート。

東京都渋谷区恵比寿 2-36-13
広尾 SK ビル 1F
営 11:00 ～ 20:00
休 不定休

## Y's for living + fabric furnishings

03-5795-1520
www.ysforliving.jp

**毎日の使いやすさと**
**デザインを追求したリネン**

シンプルな生活空間を背景とし、ベーシックなトーンを基本としながら、常に新しい感覚を追求した商品を展開。シーツやブランケット、ホームウェアなど、オフタイムを快適にしてくれるアイテムがたくさん。

東京都中央区新川 1-4-9
営 10:00 ～ 17:30
休 土曜、日曜、祝日、夏期、年末年始

## トーソープラザ
東京ショールーム

03-3552-1255
www.toso.co.jp/

**多彩なテイストのアイテムで**
**理想の窓まわりを実現**

アジアン、スカンジナビアン、新和風、コンチネンタルなど、さまざまなテイストの窓まわりアイテムがずらり。ブラインド、ロールスクリーン、カーテンレールなど、自分の好みにぴったりの商品が見つかります。

東京都渋谷区恵比寿西 1-17-2
シャルマンコーポ恵比寿 1F
101 号室
営 11:00 ～ 19:00
休 水曜、夏期、年末年始

## WALPA store TOKYO

03-6416-3410
http://walpa.jp/

**世界中のブランドを集めた**
**輸入壁紙専門店**

フランスやイギリス、アメリカなどの輸入壁紙を取り扱う人気店。定番から最先端デザインのものまで約 2 万種類。壁紙はロール単位のほか、切り売りも行っており、自分で貼れるように貼り方のワークショップも開催。

東京都中央区日本橋 3-15-4
営 9:00 ～ 17:30
休 日曜、祝日、夏期、年末年始

## ニチベイ
日本橋ショールーム

03-3272-0445
www.nichi-bei.co.jp

**高いデザイン性と機能性を**
**誇るブラインドメーカー**

遮へい性にすぐれ節電効果の高いブラインドや、竹素材のブラインド、ファブリックの風合いを生かしたロールスクリーンなど、さまざまな形の窓に対応するオリジナル商品を展開。ショールームは全国に 5 店舗を展開。

東京都中野区新井 1-43-7
営 11:00～19:00
休 木曜

## Lampada《らんぱだ》

03-5343-5053
www.lampada.co.jp

**オリジナルの和風照明のほか
世界のランプがそろう店**

照明器具メーカー、新洋電気の直営店。和風テイストのオリジナル照明のほか、インド、タイ、モロッコ、トルコ、イラン、スペインなど世界各国の個性豊かな照明器具を扱っています。フェアトレード品や衣類なども販売。

東京都杉並区宮前 1-17-5
営 10:00～18:00（土曜・日曜・祝日～18:30）
休 年末年始、夏期特別休館日

## オーデリック
東京ショールーム

03-3332-1102
www.odelic.co.jp

**ＬＥＤ照明が豊富にそろい、
最適な明かりを選べる**

リビング・ダイニングから寝室、水回り、エクステリアの照明まで、住まいの明かりをトータルにサポート。たくさんのＬＥＤ商品がそろい、明るさや光色の違いを確認して選べます。シンプル、クラシカルなどテイストも豊富。

東京都港区六本木 5-17-1
AXIS ビル 3F
営 11:00～19:00
休 土曜、日曜、祝日、夏期、年末年始

## ルイスポールセン

03-3586-5040
www.louispoulsen.com

**デンマーク発、格式ある
デザイナーズ照明**

デンマークを代表する照明器具メーカー。機能美を誇るポール・ヘニングセンの照明をはじめ、アルネ・ヤコブセンやヴァーナー・パントンなどの名作ほか、nendoやオイヴィン・スロットなど才気あふれるデザイナーの新作を展示。

東京都千代田区神田佐久間町 3-12 3・4F
営 10:00～17:30
休 火・水曜（祝日の場合は営業）、年末年始、夏期

## コイズミ照明
ショールーム東京

03-5687-0081
www.koizumi-lt.co.jp/

**生活シーン別に明かりを再現。
納得の照明プランを提供**

住空間の場所やシーンごとのさまざまな明かりをリアルに再現。照明アイテムの素材感や照射感、明かりによる雰囲気や効果の違いも体感できます。プロから照明選びの基礎を学べる「明かり教室」も好評です。

東京都港区北青山 1-3-1
鹿島ビル 1 F
営 10:00～18:00
休 水曜（祝日の場合は営業）

## LUCIVA《ルシーバ》

03-6455-4458
www.luciva.jp

**海外から国産照明まで
専門店ならではの品ぞろえ**

1976 年創業の老舗照明専門店。国内外の約 60 社のメーカーから、さまざまなスタイルの照明器具を展示販売。手持ちのインテリアに合う照明を知りたい、といったコーディネートの相談も好評です。

東京都台東区入谷 1-10-11
営 11:00～19:00
休 日曜、祝日

## lux di classe《ルクス ディクラッセ》

03-3876-6634
www.di-classe.com

**インテリア性の高い明かりが
多彩にラインナップ**

照明メーカー「DI CLASSE」の直営店。部屋に落ち着きをもたらす美しい影をデザインしたオリジナル照明をメインに、暮らしが楽しくなるインテリア雑貨などを取り扱っています。照明専用のフィッティングルームを併設。

東京都品川区東五反田 5-25-19
東京デザインセンター 4F
営 10:00～18:00
休 日曜、祝日

## ルミナベッラ
東京

03-5793-5931
www.luminabella.jp

**人の心も美しく照らす
上質なデザイン照明を提案**

イタリアやスペインなどヨーロッパの洗練されたデザイン照明を提供。店名には「美しい光」という意味が込められており、機能性はもちろん、明かりをつけたときにいっそう美しく映えるデザイン性も兼ね備えています。

東京都港区南青山 2-27-25
オリックス南青山ビル 9F
営 11:00～18:00
休 水曜、日曜

## yamagiwa
tokyo

03-6741-5800
www.yamagiwa.co.jp

**世界の名作から最新の LED
照明まで豊かな品ぞろえ**

オリジナルの照明器具のほか、北欧をはじめ世界の巨匠が手がけた数々の名作照明、最新のＬＥＤ照明などを通して、快適で上質な空間を提案しています。また、照明を中心とした光と家具のコーディネートが体感できます。

「毎日、目にするもの、手にするものこそ
デザインにこだわりたい。
アートもインテリアも日用品もそれは同じ」
（丸山さん）

「目の前の、今をときめきたい。
住むということをずっと楽しみたいと思う」
（高松さん）

「好きなものに囲まれていると、
自分の家だなという気持ちがして落ち着きます」
（大森さん）

やっぱり、わが家がいちばんだね ——
そんな笑顔の向こうに LIFE INTERIOR。

Janfamily
NOMA
BELGIAN DESIGNERS AND THEIR INTERIORS
HANDCRAFTED MODERN
COMITÉ COLBERT FÊTE la CHINE
HARMONIOUS HOME
Klaus Honnef
L'ART CONTEMPORAIN
Taschen
Mari Savio
Kati Rapia
Erilainen
lastenvaatekirja
HOW TO MAKE A JAPANESE HOUSE
日本の家の作り方

デザイン　山本洋介、大谷友之祐（MOUNTAIN BOOK DESIGN）
イラスト　松原 光（カバー、表紙、章扉、奥付）
Yunosuke（カバー、p.178～192）
撮　影　主婦の友社写真課、石川奈都子、宇壽山貴久子、衛藤キヨコ、川隅知明、坂上正治、坂本道浩、佐々木幹夫、鈴木江実子、滝浦 哲、多田昌弘、千葉 充、出合コウ介、中川正子、永田智恵、中西ゆき乃、西田香織、林ひろし、原野純一、松井ヒロシ、松竹修一、宮田知明、山口 明、山口幸一、Aurelie Lecuyer、Brian Fery
校　正　北原千鶴子
編　集　高橋由佳（chapter 2：p.30～52、chapter 3：p.54～72、chapter 4：p.80～93）
小田恵利花（chapter 4：p.96～106、chapter 10：p.194～205）
藤沢あかり（chapter 5：p.108～122）
藤城明子・ポルタ（chapter 6：p.124～129、p.136～142）
城谷千津子（chapter 7：p.145～153、p.156～158）
編集担当　東明高史（主婦の友社）

取材協力　ing design 前田久美子、ウッドユウライクカンパニー、カラーワークス、川島織物セルコン、工房スタンリーズ、コイズミ照明、スカンジナビアンリビング、トーソー、日本インテリアファブリック協会、フランスベッド、町田ひろ子アカデミー


# 心《ここ》地《ち》いいわが家《や》のつくり方《かた》

## 01 インテリアの基《き》本《ほん》

編　者　主婦の友社
発行者　矢﨑謙三
発行所　株式会社主婦の友社
〒101-8911　東京都千代田区駿河台2-9
電話（編集）03-5280-7537　（販売）03-5280-7551
印刷所　大日本印刷株式会社

●本書の内容に関するお問い合わせ、また、印刷・製本など製造上の不良がございましたら、主婦の友社（電話 03-5280-7537）までご連絡ください。 ●主婦の友社発行の書籍・ムックのご注文は、お近くの書店か主婦の友社 コールセンター（電話 0120-916-892）まで。 ＊お問い合わせ受付時間　月～金曜（祝日を除く）9：30～17：30　主婦の友社ホームページ http://www.shufunotomo.co.jp/




ISBN978-4-07-419331-8




※本書は『はじめてのインテリア 基本レッスン』に『PLUS 1 Living』『はじめての家づくり』『BonChic』の記事をプラスして大幅に加筆・再構成したものです。
つ-103107